소음의 법사회학

The Noise and Sociology of Law

이철호 지음

21세기사

머리말

소음(騷音)으로 인한 갈등과 다툼은, 고통은 지역을 가리지 않는다. 이제 소음은 개인의 문제를 넘어 사회문제화 되었다. 소음으로 인한 사회문제의 양상도 다양하다. 층간소음과 범죄, 집회 현장의 집회 소음으로 인한 갈등, 비행장 소음으로 인한 주민의 고통과 소송, 분단국가에서만 볼 수 있는 북한의 대남방송과 접경지 주민의 소음 고통 등 다양한 사회적 법적 문제를 야기하고 있다.

제1장에서는 건강·쾌적한 환경에서 생활할 권리의 헌법적 보장, 생활환경이란 대기 · 물 · 폐기물 · 소음 · 진동 · 악취 등 사람의 일상생활과 관련되는 환경과 같은 환경권의 대상으로서의 환경, 환경권의 특성과 환경권 침해에 대한 구제의 특수성 등을 중심으로 헌법상 환경권(Environmental Rights)이 건강하고 쾌적한 환경에서 생활할 권리라는 점, 환경권에는 환경침해 예방청구권, 환경침해배제 청구권, 쾌적한 주거생활권, 환경조성 청구권 등이 포함되고, 이 중 환경침해 예방 및 배제 청구권은 국가나 공동단체에 의한 침해뿐 아니라 사인의 침해에 대한 예방 및 배제를 국가에 요구할 수 있는 권리라고 할 수 있다. 헌법 제35조 제1항은 "모든 국민은 건강하고 쾌적한 환경에서 생활할 권리를 가지며, 국가와 국민은 환경보전을 위하여 노력하여야 한다."라고 규정하여 국민의 환경권을 보장함과 동시에 국가와 국민에게 환경보전을 위하여 노력하여야 할 의무를 부과하고 있고, 제2항에서 "환경권의 내용과 행사에 관하여는 법률로 정한다."라고 규정하여 환경권의 구체적 내용을 법률로써 정하도록 위임하고 있다. 이러한 것을 종합적으로 서술한다. 제1장 제2절에서는 소음 관련 법제를 개관한다. 환경정책기본법, 소음진동관리법을 중심으로 소음과 관련된 공직선거법 등을 살펴본다.

제2장에서는 공장 소음 · 진동의 관리와 공장 소음 · 진동 배출허용기준, 생활 소음 · 진동의 관리와 생활 소음과 진동의 규제, 생활 소음 · 진동의 규제기준을 초과한 자에 대한 조치명령 등, 이동소음의 규제, 교통 소음 · 진동의 관리와 교통 소음 · 진동의 관리기준, 방음시설의 설치 등, 자동차 운행의 규제 등의 문제를 규율하고 있는 '소음 · 진동 관리법'을 중심으로 서술한다.

제3장에서는 공항소음을 방지하고 소음 대책 지역의 공항소음대책사업 및 주민지원사업을 효율적으로 추진함으로써 주민의 복지증진과 쾌적한 생활환경을 보장하고, 항공교통 활성화하는 '공항소음 방지 및 소음대책지역 지원에 관한 법률' 을 서술하기로 한다.

제4장에서는 소음으로 인한 여러 문제를 살펴본다. 층간소음(層間騷音, neighbor noise complaints)이란 아파트나 다세대주택, 연립주택과 같은 공동주택에서 발생하는 소음 공해를 말한다. 층간소음은 공동주택의 한 층에서 발생한 소리가 다른 층 가구에 전달되는 것을 말한다. 층간소음의 특징과 층간소음 갈등 유형과 범죄 현황, 층간소음과 벽간소음 방지 방안을 법사회학적 관점에서 검토 서술하기로 한다. 또한 집회 소음의 문제를 다룬다. 집회의 자유와 환경권의 조화를 위한 규범으로써, 집시법은 일정 소음 이상의 확성기 등 사용을 제한하고, 소음기준 초과 시 ① 기준 이하의 소음 유지명령, ②확성기 등 사용 중지 명령, ③확성기 등의 일시 보관 등의 행정 제재를 규정하고 있으며, 해당 명령 위반 등의 경우 형사처벌 하도록 하고 있다.

집회가 일상 속 생활 양식으로 자리 잡음과 동시에, 환경권에 대한 인식 고양으로 집회 소음을 둘러싼 사회적 갈등이 지속될 가능성이 크다. 그 해소를 위하여 국가(질서 행정), 집회인(집회의 자유), 주민(환경권) 어느 일방의 시각이 강요되어서는 아니 될 것이다. 집회 및 환경권에 대한 국민 인식, 기술 환경 등 제반 여건을 종합적으로 고려하여 집회의 자유 및 환경권의 적절한 조화를 위한 합리적 제도 설계를 고민할 필요가 있다.

남한과 북한의 관계는 국가간의 관계가 아닌 통일을 지향하는 과정에서 잠정적으로 형성되는 특수관계이다. 대한민국 정부는 남북화해와 한반도의 평화를 증진시키기 위하여 노력하고 있다. 남북관계 발전에 관한 법률은 군사분계선 일대에서의 북한에 대한 확성기 방송과 군사분계선 일대에서의 북한에 대한 시각매개물(게시물) 게시 행위로 국민의 생명 · 신체에 위해를 끼치거나 심각한 위험을 발생시켜는 것을 금지하고 있다. 한편 북한의 대남방송으로 접경지 주민들이 소음으로 고통을 겪고 있다. 남북한이 긴장완화와 평화 공존을 위한 자세로 나아갈 때 접경지 주민들의 소음문제도 자연스럽게 해결될 수 있다.

소음 문제를 합리적으로 해결하고 예방하는 방법을 고민해 봤으나 원고를 마무리하고 보니 그리다 만 그림 같고, 다루지 못한 주제들이 많아 아쉬움이 많다. 기회가 되는 대로 증보 개정할 것을 다짐해 본다. 이러한 작업이 우리 사회를 더욱더 나은 사회로 나아가게 하는 마중물 역할을 한다면 더없는 영광이겠다.

2025년 11월

구현재(求賢齋)에서

이철호 합장(合掌)

목 차

제1장 헌법상 환경권과 소음 법제

제2장 소음 · 진동관리법

제3장 공항소음 방지 및 소음대책지역 지원에 관한 법률

제4장 소음의 여러 문제

[부록] 소음 판례

여는 글

외신에 의하면, 아파트 소음에 시달린 주민이 뱀을 아파트 복도에 3m가 넘는 뱀 2마리를 풀어 "반려동물이 금지된 아파트에서 개를 키우고 소음을 유발하는 이웃에 대해 경고"한 사건이 발생했다. 태국 방콕에 있는 1300여 세대가 사는 한 아파트는 반려동물 반입이 금지돼 있지만 일부 거주자들이 몰래 개와 고양이, 새 등을 키우기도 한다. 주민들은 반려동물로 인한 소음이 일어 민원을 제기했지만, 관리사무소는 이를 묵인해 온 것으로 전해졌다. 뱀을 푼 남성은 자신의 이웃도 2년째 반려견과 생활하며 지속적으로 소음을 유발해 관리사무소에 신고했지만 별다른 조치가 없어 스스로 '해결책'을 찾았다고 한다. 사건 이후 관리사무소는 견주에게 벌금 1만 바트(42만원)를 부과하고, 반려동물을 다른 곳으로 옮기도록 명령했다. 뱀을 푼 주민에게는 서면 경고를 한 것으로 알려졌다. 아울러 "이번 일로 물의를 일으켜 죄송하다. 모든 입주민께서는 반려동물 사육을 자제해 주시기를 요청한다"고 공식 입장을 밝혔다.1)

영국에서는 매일 새벽 키우는 수탉의 울음소리로 이웃의 수면을 방해한 사람이 우리 돈으로 약 785만원에 해당하는 4,000파운드의 벌금형을 선고받기도 했다.

일본에서는 제야(除夜)의 타종 소리가 시끄럽다는 사찰 인근 주민의 신고가 경찰에 접수되기도 하고, 제야의 타종행사 후 사찰에 원인 미상의 화재가 발생하여 사찰은 이러한 화재가 소음에 의한 보복으로 판단하고 추가 피해

---

1) '소음 짜증' 아파트에 뱀 푼 주민…"오늘은 두 마리이지만" [여기는 동남아] (https://nownews.seoul.co.kr/news/newsView.php?id=20250522601008) (2025. 5.23 검색).

를 막기 위해 타종행사를 없애기로 했다고 전해지기도 한다. 또 도쿄지방법원에는 이웃집 연못에 사는 개구리 울음소리를 참을 수 없다며 정원(庭園) 연못의 개구리를 전부 없앨 것과 우리 돈 682만원에 해당하는 약 75만 엔의 정신적 손해배상을 요구한 소송이 제기되기도 했다.

삼일절을 비롯한 광복절 등 각종 기념일 위주로 폭주족이 내는 무법의 소음 불법행위 등이 사회적 눈총을 받고 있으며, 자동차의 불법 개조 차량으로 인한 소음 야기로 민원이 제기되고 있다. 도로포장 공사장에서 발생한 소음 · 진동으로 주변 양식장의 뱀장어가 집단 폐사한 사건의 소송과 비행장 주변 주민의 소음피해 사건 소송 등이 발생하고 있으며, 하루가 멀다 하고 층간소음 피해가 접수되고 있는 실정이다. 심지어 대도시에서는 초등학교 운동회의 응원 소리나 함성 소리에 대한 인근 아파트 주민들의 민원 제기로 인해 운동회가 체험학습으로 대체되거나 운동회를 개최하지 않는 학교가 점점 늘어나고 있다. 운동회 소음에 대한 민원은 아이들의 휴식과 운동을 즐길 자유마저 빼앗고, 멀리는 금전으로 환산할 수 없는 미래의 추억마저 박탈하고 있다. 야박(野薄)한 사회가 되었다.

이처럼 사람이 사는 곳에는 갈등과 분쟁이 있기 마련이다. 국내건 외국이건 사람이 사는 지구촌(地球村)에는 별의별 일이 생긴다. 약간 상황이 다를 뿐 같은 문제로 갈등이 발생하고 있다. 층간소음(層間騷音) 문제만 하더라도 지구촌 곳곳에서 갈등의 원인으로 등장하였다.

매슬로(A. H. Maslow)의 욕구 계층이론(Hierarchy of Needs Theory)을 거론하지 않더라도 인간은 평안하고 정온(靜穩)한 상태에서 생활하고자 하는 기본적인 욕구를 가지고 있다. 소음(騷音, noise, undesired sound)은 인간이 바라지 않는 소리로 불쾌하게 느끼는 음이나 방해가 되는 소리를 말한다.

소음(騷音)은 일상생활에서 인간의 정신과 인체에 많은 영향을 미친다.

즉 소음은 의학적으로 순환계, 호흡계, 소화계 등에도 많은 영향을 미친다. 사람이 소음에 반복적으로 노출되면 수면장애, 작업 능률이나 학습 저하 등 일상생활에 방해가 되며, 짜증과 불쾌감, 스트레스 등 정서적 불안정을 가져올 수 있다. 심할 경우 두통, 위장 장애, 난청(難聽) 등의 장애가 생긴다.[2] 소음은 소음이 클수록, 낮은음보다는 높은음일수록, 지속시간이 길수록, 그리고 연속적으로 반복되는 소리일수록 인체에 치명적이다.

소음은 물질의 배출에 의한 다른 환경오염과는 다른 특성을 갖는다. 물질에 의한 오염이 물이나 대기를 통한 확산이기에 광역적(廣域的)인 데 비하여 소음의 전파는 급속히 감소됨으로써 국지적(局地的)인 경우가 많다. 또한 물질 오염이 누적되고 장시간 영향을 주는 경우가 많지만, 소음은 에너지가 순간적으로 소멸하면 발생원이 소멸된다는 점에서 일시적인 특성을 가지고 있다.[3] 한편 층간소음은 일회성이 아닌 지속성(持續性)이라는 특수성을 가지고 있다.

우리 사회에는 소음으로 인해 개인과 개인, 개인과 집단, 집단과 집단 사이에 다양한 갈등이 발생하고 있다. 2021년 인구주택총조사에 따르면, 국내 전체 주택 중 공동주택 비율은 78.8%에 이른다. 10명 중 8명은 아파트나 연립·다세대 주택 등에서 이웃과 벽을 맞대고 살고 있는 실정이다. 우리의 좁은 국토와 산악지형 등을 감안 할 때 거주의 효율성과 편리성을 중시하는 현대인의 욕구를 충족시키는 데 아파트[4]가 제격이다. 문명의 이기(利器)의 편리함 뒤에는 어두운 그늘이 있기 마련이다.[5] 이에 대표적인 것이 공동주택

---

2) 이지호, 소음의 건강 영향 연구(Ⅰ), 국립환경과학원, 2011, 123면.

3) 이기우, 「환경법」, 학현사, 1993, 167면.

4) 프랑스 지리학자 발레리 줄레조(Valérie Gelézeau)는 “한국의 아파트 단지는 권위주의 산업화의 구조와 특성, 계층적 차별 구조와 획일화된 문화양식을 가장 잘 보여주는 사례이자 산물”이라고 했다. 도시경관을 해치고 이웃 관계를 단절시키는 파괴자라고도 했다(발레리 줄레조(Valérie Gelézeau), 아파트 공화국, 후마니타스, 2007 참조).

5) “설왕설래-층간소음”, 「세계일보」 2022년 8월 26일, AI9면.

인 아파트에서 발생하는 층간소음(neighbor noise com- plaints)이다.

'집이란 한 인간에게 있어 피난처이고 안식처(安息處)이다(A home is the place of refuge and safety for a person)'라는 표현이 있고, '영국인의 집은 그의 성(城)이다(An Englishman's home is his castle)'라는 영국 속담이 회자되고 있다. 이는 집이 사생활(privacy)과 안전(security)을 보장받는 곳이라는 의미이다. 따라서 주거 공간에서 주거의 평온(平穩)이 깨뜨려지는 순간 불행이 시작되는 것이다. 이웃 간 층간소음 갈등은 폭력을 넘어 살인 등의 범죄행위로 이어지고 있다. 층간소음에 대한 보복으로 화장실에서 담배를 피우거나, 저음이 강한 우퍼 스피커를 통하여 복수까지 하다 보니 갈등이 증폭되고 있다. 층간소음 못지않은 벽간소음[6]이 사회문제로 부상했다. 심지어 '층견소음'[7]이라는 신조어까지 등장했고, 국회에는 공동주택 내 반려동물로 인한 소리를 소음으로 규정하는 법안이 발의 제출된 상황이다.[8] 또

---

6) 벽간소음은 층간소음과 달리 공동주택 같은 층에 있는 옆 세대에서 발생하는 소음을 가리킨다(에듀윌 상식연구소, 「에듀윌 시사상식」 2023년 2월호 참조).

7) "반려동물 양육 가구가 늘면서 '층견소음'이라는 신조어까지 생겼다. 사소한 시비부터 끔찍한 상해로까지 이어지는 '층간소음'이 초래하는 심각한 사회문제와 꼭 닮았기 때문이다. KB금융그룹이 반려인 1,000명을 대상으로 조사한 《2021년 한국반려동물보고서》에 따르면, 반려동물을 양육하며 타인과 분쟁을 경험한 반려인이 절반 이상 넘었고, 그중 소음으로 인한 분쟁이 30.8%로 가장 많았다. 실제로 개 짖음은 이웃에 불편을 끼치고 갈등을 얘기할 만하다. 개 짖는 소리(90-100dB)가 청소기(60~76dB)나 피아노(80~90dB) 소리보다 크고, 소형견은 소리는 작지만 음역대가 높아 더 시끄럽게 느껴진다."('층견소음'을 아십니까, 매일경제 Citylife 제897호).

8) 소음 · 진동관리법 일부개정법률안(박대수의원 대표발의)(의안번호 20385, 발의연월일 2023.3.2.): "제안이유 주요 내용 - 현행법은 기계 · 기구 · 시설, 그 밖의 물체 사용 또는 공동주택 등 환경부령으로 정하는 장소에서 사람의 활동으로 인하여 발생하는 강한 소리를 '소음(騷音)'이라 정의하면서 이에 대한 기준 등을 마련하고 벌칙 규정도 두고 있음. 그러나 최근 급격한 반려동물 증가(반려견의 경우 2021년 말 기준 270만여 마리가 등록되었음) 추세와 함께 반려동물의 짖는 소리 등에 따른 층간소음(이른바 '층견 소음') 문제로 주민 간의 갈등도 커지고 있으나 이에 대한 규제가 미흡하다

한 집회 시위 현장이나 선거운동 과정에서 발생하는 소음으로 지역주민의 민원이 증가하고 있다. 집회 시위 현장에서 고음의 개 짖는 소리, 아기 울음, 심지어 장송곡[9]등 매일 반복되는 혐오스러운 소음으로 집회 시위 현장 인근 시민들은 피해를 보고 있다.

현행 집회 및 시위에 관한 법률상 집회 소음에 대한 규제가 소음의 평균값만을 제한하고 있어 집회 소음피해가 자주 발생하고 있다. 집회 및 시위에 관한 법률은 집회 시 10분간 측정한 평균 소음이 65데시벨(주거지역 기준)을 넘거나, 최고소음 기준인 85데시벨을 1시간 동안 세 차례 이상 넘기면 규제가 가능하다(집회 및 시위에 관한 법률 제14조 및 동법 시행령 제14조). 그러나 집회 시위 참가자들은 5분간 큰 소음을 낸 후 나머지 5분 동안 소리를 줄여 평균값을 낮추거나, 1시간에 두 번만 기준을 초과하는 소음을 내는 등의 방법으로 집회 및 시위에 관한 법률상의 제재를 피하는 편법이 만연하고 있다. 집회 및 시위에 관한 법률에는 소음의 지속시간, 반복적 재생, 혐오감을 유발하는 소음의 내용 등에 대한 규제가 입법적으로 부재하다.

는 지적이 있음. 이와 관련하여 국민권익위원회는 공동주택 내 반려동물 소음 제재기준을 마련할 필요가 있다는 의견이 담긴 「층간소음 갈등 해소방안 권고안」을 발표한 바 있음. 이에 현행법상 소음의 정의에 반려 및 그 밖의 목적으로 사육 · 관리 · 보호하고 있는 동물의 활동으로 인하여 발생하는 소리를 포함시켜 반려동물 등에 대한 소음의 피해를 예방하고자 함(안 제2조)."

9) 장송곡(葬送曲)은 상여 행렬이 행진할 때 부르는 곡이다. 사회변화에 따라 상여와 장송곡은 자취를 감춘지 오래다. 간혹 유림(儒林)의 거목이 숨졌을 때나 언론에 등장하는 판국이다. 그랬던 것이 어느 순간 거리로 뛰쳐나와 시위의 단골 메뉴가 됐다. 스피커로 소리를 증폭시킨 장송곡은 사람의 귀를 자극한다. 특히 주택가 등의 장송곡 시위는 주민들에게도 엄청난 스트레스이다. 혐오감과 위압감을 주기 때문에 시위 상대방을 굴복(?)시키는 데는 그만이다. 근로자 등이 애용하던 방법이 일반화됐다. 집단의 이해 주장에 주요 수단이 됐다(장송곡 시위, 「경북매일」 2022년 9월 27일, 19면).

제 1 장

헌법상 환경권과 소음 법제

제1절
헌법상 환경권

환경권(Environmental Rights)이란 건강하고 쾌적한 환경에서 생활할 권리를 말한다. 환경권에는 환경침해 예방 청구권, 환경침해배제 청구권, 쾌적한 주거생활권, 환경조성 청구권 등이 포함되고, 이 중 환경침해 예방 및 배제 청구권은 국가나 공동단체에 의한 침해뿐 아니라 사인의 침해에 대한 예방 및 배제를 국가에 요구할 수 있는 권리라고 할 수 있다.

헌법 제35조 제1항은 "모든 국민은 건강하고 쾌적한 환경에서 생활할 권리를 가지며, 국가와 국민은 환경보전을 위하여 노력하여야 한다."라고 규정하여 국민의 환경권을 보장함과 동시에 국가와 국민에게 환경보전을 위하여 노력하여야 할 의무를 부과하고 있고, 제2항에서 "환경권의 내용과 행사에 관하여는 법률로 정한다."라고 규정하여 환경권의 구체적 내용을 법률로써 정하도록 위임하고 있다. 이에 따라 환경정책기본법, 환경분쟁 조정법, 환경영향평가법, 소음진동관리법 등이 제정되어 있다.

1. 건강 · 쾌적한 환경에서 생활할 권리의 헌법적 보장

헌법상 환경권은 생명 · 신체의 자유를 보호하는 토대를 이루며, 궁극적으로 '삶의 질' 확보를 목표로 하는 권리이다. 환경권을 행사함에 있어 국민은 국가로부터 건강하고 쾌적한 환경을 누릴 수 있는 자유를 침해당하지 않을 권리를 행사할 수 있고, 일정한 경우 국가에 대하여 건강하고 쾌적한 환경에서 생활할 수 있도록 요구할 수 있는 권리가 인정되기도 하는바, 환경권은 그 자체 종합적 기본권으로서의 성격을 지닌다.

'건강하고 쾌적한 환경에서 생활할 권리'를 보장하는 환경권의 보호 대상이 되는 환경에는 자연환경뿐만 아니라 인공적 환경과 같은 생활환경도 포함된다.[10] 환경권을 구체화한 입법이라 할 환경정책기본법 제3조에서도 환경을 자연환경과 생활환경으로 분류하고 있다. 환경권의 내용과 행사는 법률에 따라 구체적으로 정해지는 것이기는 하나(헌법 제35조 제2항), 헌법 조항의 취지는 특별히 명문으로 헌법에서 정한 환경권을 입법자가 그 취지에 부합하도록 법률로써 내용을 구체화하도록 한 것이지 환경권이 완전히 무의미하게 되는데도 그에 관한 입법을 전혀 하지 아니하거나, 어떠한 내용이든 법률로써 정하기만 하면 된다는 것은 아니다. 그러므로 일정한 요건이 충족될 때 환경권 보호를 위한 입법이 없거나 현저히 불충분하여 국민의 환경권을 침해하고 있다면 헌법재판소에 그 구제를 구할 수 있다고 해야 할 것이다(헌재 2008. 7. 31. 2006헌마711; 헌재 2019. 12. 27. 2018헌마730 참조).[11] 환경권의 내용에는 국가에 대해 건강하고 쾌적한 생활환경을 만들고 보전해 달라고 요구할 수 있는 생활환경조성 청구권도 포함된다고 하겠다.

2. 환경권의 대상으로서의 환경

환경권(環境權)의 대상이 되는 환경(環境)을 환경정책기본법에서는 자연환경과 생활환경으로 구분하고 있다. 자연환경이란 지하 · 지표 및 지상의 모든 생물과 이를 둘러싸고 있는 미생물적인 것을 포함한 자연의 상태를 의미하고, 생활환경이란 대기 · 물 · 폐기물 · 소음 · 진동 · 악취 등 사람의 일

10) 남궁승태, "문화재 보호와 역사적 문화환경권", 「법정 고시」 1997년 5월호, 131면.

11) 헌재 2020. 3. 26. 2017헌마1281, 공보 282, 548면.

상생활과 관련되는 환경을 의미한다(환경정책기본법 제3조 제1호).

오늘날 환경권은 넓은 의미로 이해하므로 환경권의 대상으로서의 환경에는 자연적 환경뿐만 아니라 문화적 · 사회적 환경까지 포함하는 것으로 이해하여야 할 것이다.[12)]

3. 환경권의 특성과 환경권 침해에 대한 구제의 특수성

환경권은 i) 환경 그 자체는 권리의 대상이 될 수 없고, 환경에 미치는 인간의 행위를 규제함으로써 그 실효성을 거둘 수 있기 때문에 타 기본권의 제한을 전제로 하는 기본권이라는 점, ii) 다른 기본권보다 의무성이 강하므로 환경보전 의무의 이행, 상린관계의 존중 등을 통해서만 비로소 실현될 수 있는 기본권이라는 점, iii) 산업발전을 억제하거나 산업체 활동을 제약하는 장애요인으로 기능할 수 있는 기본권이라는 점, iv) 현재 살고 있는 현존세대만의 기본권이 아니라 미래세대의 기본권적인 성격도 지닌 항구성 있는 기본권이라는 점 등의 특성을 갖고 있다.

환경권은 성질상 자연인에게만 인정된다. 환경소송의 원고적격은 오염된 환경과 관련 있는 모든 자가 포함된다고 본다. 또한 환경권은 미래의 자연인에게도 환경보호 청구권이 인정된다고 보는 견해도 있다. 헌법전문은 "우리들과 우리들의 자손의 안전과 자유와 행복"을 추가하고 있기 때문에 미래의 세대에게도 주체성을 인정하는 것이 타당하다.

---

12) 남궁승태 · 이철호, 「헌법강의」, 21세기사, 418면; 성낙인, 「헌법학」, 법문사, 2016, 1402면.

환경권 침해에 대한 구제의 특수성으로는 원고적격의 완화[13], 수인한도론[14], 입증책임의 전환과 개연성이론[15]을 열거할 수 있다.

---

13) 일반적으로 공해로 인한 피해는 광역성(廣域性)이라는 특성으로 인하여 피해자의 범위, 즉 원고적격(原告適格)의 범위를 어느 선까지 정할 것이냐가 문제 된다. 피해자 범위를 너무 넓게 인정하면 전통적인 소권의 한계를 벗어나 민중소송으로 발전할 문제점은 있지만, 환경소송에서는 오염지역주민의 원고적격을 광범위하게 인정하여 원고적격은 오염된 환경과 관련이 있는 모든 자로 확대하는 것이 바람직하다고 생각된다(1978.12.26. 대판 77다2228 등). 따라서 환경 분쟁의 경우 피해자가 다수인 경우가 많으므로 미국의 집단소송제도(Class Action)나 독일의 단체소송제도 도입이 강조되고 있다.

14) 수인한도(受忍限度)란 가해자 측의 사정과 피해자 측의 사정 및 지역적 특성 등을 비교 형량하여 피해가 일반인으로 하여금 통상 견딜 수 있는 한도를 말하며, 이러한 한도를 넘는 피해가 있는 경우에 위법성이 인정된다는 이론을 수인한도론(受忍限度論)이라 한다(1991.7.23. 대판 89다1275).

15) 공해소송(公害訴訟)에 있어서는 피해자가 가해자가 누구인지, 침해와 손해 발생의 인과관계, 손해의 정도 등의 입증에 있어서 어려운 점이 많으므로 입증책임(立證責任)을 가해자에게 전환시키려는 이론이 주장되고 있다. 이러한 인과관계 입증의 어려움을 완화하기 위해 개연성이론(蓋然性理論)이 학설과 판례의 지지를 받고 있다(1984.6.12. 대판 81다558). 즉, 개연성이론이란 환경 분쟁에 있어서 인과관계의 증명은 과학적으로 엄밀한 증명을 요하지 아니하고, 침해행위와 손해 발생 사이에 인과관계가 존재한다는 상당한 정도의 개연성이 있음을 입증함으로써 족하고, 가해자는 이에 대한 반증에 성공한 경우에만 인과관계의 존재를 부인할 수 있다는 이론을 말한다. "대기오염이나 수질오염에 의한 공해로 인한 손해배상을 청구하는 소송에 있어서는 기업이 배출한 원인물질이 대기나 물을 매체로 하여 간접적으로 손해를 끼치는 수가 많고 공해 문제에 관하여는 현재의 과학 수준으로도 해명할 수 없는 분야가 있기 때문에 가해행위와 손해의 발생 사이의 인과관계를 구성하는 하나하나의 고리를 자연과학적으로 증명한다는 것이 매우 곤란하거나 불가능한 경우가 많으므로, 이러한 공해소송에 있어서 피해자에게 사실적인 인과관계의 존재에 관하여 과학적으로 엄밀한 증명을 요구한다는 것은 공해로 인한 사법적 구제를 사실상 거부하는 결과가 될 우려가 있는 반면에, 가해 기업은 기술적 · 경제적으로 피해자보다 훨씬 원인조사가 쉬운 경우가 많을 뿐만 아니라, 그 원인을 은폐할 염려가 있기 때문에, 가해 기업이 어떠한 유해한 원인물질을 배출하고 그것이 피해물건에 도달하여 손해가 발생하였다면 가해자 측에서 그것이 무해하다는 것을 입증하지 못하는 한 책임을 면할 수 없다고 보는 것

4. 건강 · 쾌적한 환경에서 생활할 권리를 보장해야 할 국가의 의무와 심사기준

헌법 제10조의 규정에 의하면, 국가는 개인이 가지는 불가침의 기본적 인권을 확인하고 이를 보장할 의무를 지고 기본권은 공동체의 객관적 가치 질서로서의 성격을 가지므로, 적어도 생명 · 신체의 보호와 같은 중요한 기본권적 법익침해에 대해서는 그것이 국가가 아닌 제3자로서의 사인에 의해서 유발된 것이라고 하더라도 국가가 적극적인 보호의 의무를 진다. 그렇다면 국가에 국민의 기본권을 적극적으로 보장하여야 할 의무가 인정되는 점, 헌법 제35조 제1항이 국가와 국민에게 환경보전을 위하여 노력하여야 할 의무를 부여하고 있는 점, 환경침해는 사인에 의해서 빈번하게 유발되므로 입법자가 그 허용 범위에 관해 정할 필요가 있는 점, 환경피해는 생명 · 신체의 보호와 같은 중요한 기본권적 법익침해로 이어질 수 있는 점 등을 고려할 때, 일정한 경우 국가는 사인인 제3자에 의한 국민의 환경권 침해에 대해서도 적극적으로 기본권 보호조치를 취할 의무를 부담한다(헌재 2008.7.31. 2006헌마711).

국가가 국민의 건강하고 쾌적한 환경에서 생활할 권리를 보호할 의무를 진다고 하더라도, 국가의 기본권보호의무를 입법자가 어떻게 실현하여야 할 것인가 하는 문제는 원칙적으로 권력분립과 민주주의의 원칙에 따라 국민에 의하여 직접 민주적 정당성을 부여받고 자신의 결정에 대하여 정치적 책임을 지는 입법자의 책임 범위에 속한다.[16)]

이 사회 형평의 관념에 적합하다."(대법원 2009. 10. 29. 선고 2009다42666).

16) "헌법 제35조 제1항, 제2항만으로는 헌법이 독서실과 같이 정온을 요하는 사업장의 실내소음 규제기준을 마련하여야 할 구체적이고 명시적인 입법 의무를 부과하였다고 볼 수 없고, 다른 헌법 조항을 살펴보아도 위와 같은 사항에 대한 명시적인 입법 위임은 존재하지 아니한다. 환경권의 내용과 행사는 법률에 의해 구체적으로 정해지므로(헌법 제35조 제2항), 입법자는 환경권의 구체적인 실현에 있어 광범위한 형성의 자유

헌법재판소는 단지 제한적으로만 입법자에 의한 보호 의무의 이행을 심사할 수 있다. 따라서 국가가 국민의 건강하고 쾌적한 환경에서 생활할 권리에 관한 보호 의무를 다하지 않았는지를 헌법재판소가 심사할 때는 국가가 이를 보호하기 위하여 적어도 적절하고 효율적인 최소한의 보호조치를 취하였는가 하는 이른바 '과소 보호 금지원칙'의 위반 여부를 기준으로 삼아야 한다(헌재 2019. 12. 27. 2018헌마730).[17]

환경권에서 말하는 건강에는 육체적 건강뿐만 아니라 정신적 건강까지도 포함된다. 쾌적한 환경이란 안락하고 평온(平穩)한 환경을 말한다.[18] 오늘날 도시 생활에서는 일조권, 조망권, 경관권 등이 문제 되고 있다.[19] 특히, 층간소음과 같은 생활환경이 사회문제화되고 있다.

를 가진다. 정온을 요하는 사업장의 실내소음 규제기준을 마련할 것인지 여부나 소음을 제거 · 방지할 수 있는 다양한 수단과 방법 중 어떠한 방법을 채택하고 결합할 것인지 여부는 당시의 기술 수준이나 경제적 · 사회적 · 지역적 여건 등을 종합적으로 고려하지 않을 수 없으므로, 독서실과 같이 정온을 요하는 사업장의 실내소음 규제기준을 만들어야 할 입법 의무가 헌법의 해석상 곧바로 도출된다고 보기도 어렵다. 결국 독서실과 같이 정온을 요하는 사업장의 실내소음 규제기준을 제정하여야 할 입법자의 입법 의무를 인정할 수 없으므로, 이 사건 심판청구는 헌법소원의 대상이 될 수 없는 입법부작위를 대상으로 한 것으로서 부적법하다."(2017.12. 28, 2016헌마45).

17) 헌재 2020. 3. 26. 2017헌마1281, 공보 282, 548-549면.

18) 2021년 10월, 제48차 국제연합 인권이사회(United Nations Human Rights Council)에서 '깨끗하고, 건강하며, 지속가능한 환경에 대한 권리'를 국제적으로 인정하는 결의가 처음으로 채택되었다. 제48차 인권이사회에서 채택된 '깨끗하고 건강하며 지속가능한 환경에 대한 권리(The human right to a clean, healthy and sustainable environment)'결의(A/HRC/RES/48/13)는 환경권을 인권 향유에 필수적인 권리로 확인하고 있다. 특히 환경오염이 모든 인권의 향유에 있어 직간접적으로 부정적인 영향을 줄 수 있다고 보고, 환경권의 보호 · 증진을 위해 각국이 정책을 도입할 것을 촉구했으며(용경민, "깨끗한 환경에 대한 권리", 「법조신문」 제847호, 2022년 3월 28일, 15면), 2022년 7월 28일 유엔 총회는 찬성 161표, 기권 8표로 '깨끗하고 건강하며 지속가능한 환경에 접근할 권리'를 보편적인 인권으로 선언하는 결의안을 채택했다.

19) 성낙인, 앞의 책, 1403면.

제2절
소음 관련 법제 개관

환경정책기본법, 소음진동규제법, 공항소음 방지 및 소음대책지역 지원에 관한 법률, 공동주택관리법, 건축법, 공동주택관리법, 공항시설법, 도로교통법, 공직선거법 등 다양한 법률을 제정하여 소음과 관련한 문제를 규율하고 있다. 소음은 환경권에서도 생활환경의 문제로 공법적인 규제가 광범위하게 이루어지고 있다.

1. 환경정책기본법

(1) 환경정책기본법의 목적

환경정책기본법은 환경보전에 관한 국민의 권리 · 의무와 국가의 책무를 명확히 하고 환경정책의 기본 사항을 정하여 환경오염과 환경훼손을 예방하고 환경을 적정하고 지속 가능하게 관리 · 보전함으로써 모든 국민이 건강하고 쾌적한 삶을 누릴 수 있도록 함을 목적으로 한다(환경정책기본법 제1조).[20]

---

20) "환경정책기본법은 오염원 인자 책임원칙과 환경오염의 피해에 대한 무과실책임을 정하고 있다. 환경정책기본법 제7조는 '오염원 인자 책임원칙'이라는 제목으로 "자기의 행위 또는 사업 활동으로 환경오염 또는 환경훼손의 원인을 발생시킨 자는 그 오염 · 훼손을 방지하고 오염 · 훼손된 환경을 회복 · 복원할 책임을 지며, 환경오염 또는 환경훼손으로 인한 피해의 구제에 드는 비용을 부담함을 원칙으로 한다."라고 정하고 있다. 환경정책기본법 제44조 제1항은 '환경오염의 피해에 대한 무과실책임'이라는 제목으로 "환경오염 또는 환경훼손으로 피해가 발생한 경우에는 해당 환경오염 또는 환경훼손의 원인자가 그 피해를 배상하여야 한다."라고 정하고 있다. 이 법에서

(2) 생활환경과 환경오염으로서 소음

환경정책기본법에서 "생활환경"이란 대기, 물, 토양, 폐기물, 소음 · 진동, 악취, 일조(日照), 인공조명, 화학물질 등 사람의 일상생활과 관계되는 환경을 말하며(환경정책기본법 제3조 제3호), "환경오염"이란 사업 활동 및 그 밖의 사람 활동으로 발생하는 대기오염, 수질오염, 토양오염, 해양오염, 방사능오염, 소음 · 진동, 악취, 일조 방해, 인공조명에 의한 빛 공해 등으로서 사람의 건강이나 환경에 피해를 주는 상태를 말한다(환경정책기본법 제3조 제4호).

환경정책기본법은 "사업자는 그 사업 활동으로부터 발생하는 환경오염 및 환경훼손을 스스로 방지하기 위하여 필요한 조치를 하여야 하며, 국가 또는 지방자치단체의 환경 보전시책에 참여하고 협력하여야 할 책무를 진다." (환경정책기본법 제5조) 규정하고 있다.

말하는 환경은 자연환경과 생활환경을 말하고(환경정책기본법 제3조 제1호), 그중 생활환경은 사람의 일상생활과 관계되는 환경을 가리키는 것으로 폐기물도 포함된다(환경정책기본법 제3조 제3호). 환경오염은 사업 활동과 그 밖의 사람 활동으로 발생하는 대기오염, 수질오염, 토양오염, 해양오염, 방사능오염, 소음 · 진동, 악취, 일조 방해 등으로서 사람의 건강이나 환경에 피해를 주는 상태를 말한다(환경정책기본법 제3조 제4호). 환경정책기본법 제44조 제1항은 민법의 불법행위 규정에 대한 특별 규정으로서, 환경오염 또는 환경훼손의 피해자가 그 원인을 발생시킨 자에게 손해배상을 청구할 수 있는 근거 규정이다. 위에서 본 규정 내용과 체계에 비추어 보면, 환경오염 또는 환경훼손으로 인한 책임이 인정되는 경우는 사업장에서 발생하는 것에 한정되지 않고, 원인자는 사업자인지와 관계없이 그로 인한 피해에 대하여 환경정책기본법 제44조 제1항에 따라 귀책 사유를 묻지 않고 배상할 의무가 있다."(대법원 2018. 9. 13, 2016다35802).

2. 소음 · 진동관리법

소음 · 진동관리법에서 소음(騷音)이란 기계 · 기구 · 시설, 그 밖의 물체 사용 또는 공동주택 등 환경부령으로 정하는 장소에서 사람의 활동으로 인하여 발생하는 강한 소리를 말한다(소음진동관리법 제2조 제1호) 규정하고 있다. 환경부 장관에게 전국적인 소음의 실태를 파악하기 위하여 측정망을 설치하고 상시(常時) 측정하여야 하도록 의무를 부과하고 있다(소음진동관리법 제3조 제1항).

특별자치시장 · 특별자치도지사 또는 시장 · 군수 · 구청장은 주민의 조용하고 평온한 생활환경을 유지하기 위하여 사업장 및 공사장 등에서 발생하는 소음 · 진동을 규제하도록 하고 있다(소음진동관리법 제21조 제1항).[21)]

---

21) 민원인-생활소음 규제대상인 확성기에 의한 소음의 범위(「소음 · 진동관리법 시행규칙」 제20조 제2항 등 관련) [법제처 23-0332, 2023.7.20.] 【질의요지】 「소음 · 진동관리법」 제21조 제1항에서는 특별자치시장 · 특별자치도지사 또는 시장 · 군수 · 구청장(이하 "시장 · 군수등"이라 함)은 주민의 조용하고 평온한 생활환경을 유지하기 위해 사업장 및 공사장 등에서 발생하는 소음(각주: 「소음 · 진동관리법 시행규칙」 제20조 제1항 각 호의 지역에서 발생하는 소음은 제외하며, 이하 같음.)(이하 "생활소음"이라 함)을 규제해야 한다고 규정하고 있고, 같은 조 제2항에서는 제1항에 따른 생활소음의 규제대상 및 규제기준은 환경부령으로 정한다고 규정하고 있으며, 그 위임에 따라 마련된 같은 법 시행규칙 제20조 제2항 제1호에서는 생활소음의 규제대상 중 하나로 확성기에 의한 소음(「집회 및 시위에 관한 법률」에 따른 소음과 국가비상훈련 및 공공기관의 대국민 홍보를 목적으로 하는 확성기 사용에 따른 소음의 경우는 제외하며, 이하 "확성기소음"이라 함)을 규정하고 있는 바, 도시공원(각주: 「도시공원 및 녹지 등에 관한 법률」 제2조 제3호에 따른 도시공원을 말하며, 이하 같음.)의 야외 잔디밭에서 개최되는 일회성 공연(각주: 「공연법」 제2조 제1호에 따른 공연을 말하며, 이하 같음.)에서 확성기를 사용함에 따라 발생하는 강한 소리(이하 "임시확성기소음"이라 함)가 생활소음의 규제대상인 「소음 · 진동관리법 시행규칙」 제20조 제2항 제1호에 따른 확성기소음에 해당하는지? 【회답】 임시확성기소음은 생활소음의 규제대상인 「소음 · 진동관리법 시행규칙」 제20조 제2항 제1호에 따른 확성기소음에 해당하

지 않습니다. 【이유】「소음 · 진동관리법」 제2조 제1호에서는 "소음"을 기계 · 기구 · 시설, 그 밖의 물체의 사용 등으로 인하여 발생하는 강한 소리로 정의하고 있고, 같은 법 제21조 제1항에서는 주민의 조용하고 평온한 생활환경을 유지하기 위해 사업장 및 공사장 등에서 발생하는 소음을 규제해야 한다고 규정하고 있으며, 같은 법 시행규칙에서는 생활소음의 규제대상 중 하나로 확성기소음을 규정(제20조 제2항 제1호)하면서 확성기의 경우 그 소음원을 "옥외설치"와 "옥내에서 옥외로 소음이 나오는 경우"로 구분하여 각각 생활소음 규제기준을 시간대(각주:아침, 저녁(05:00-07:00, 18:00-22:00), 주간(07:00-18:00) 및 야간(22:00-05:00))별로 규정(별표8 제1호)하고 있는바, 이 사안의 임시확성기소음이 생활소음 규제대상인 확성기소음에 해당하는지 여부를 판단하기 위해서는 「소음 · 진동관리법 시행규칙」 제20조 제2항 제1호에 따른 확성기소음이 「소음 · 진동관리법」 제21조 제1항에 따른 '사업장 및 공사장 등'의 내외에 설치한 확성기의 사용으로 인해 발생하는 소음을 의미하는지, 아니면 '확성기의 사용으로 인해 발생하는 모든 소음'을 의미하는지를 검토해야 합니다. 먼저 「소음 · 진동관리법」 제21조 제1항에서는 규제대상 생활소음을 "사업장 및 공사장 등에서 발생하는 소음"으로 규정하고 있고, 이 때 그 "등"에는 달리 해석해야 할 특별한 이유가 없는 한 열거된 예시사항과 규범적 가치가 동일하거나 그에 준하는 성질을 가지는 사항이 포함되는 것으로 해석해야 할 것인데(각주: 법제처 2021.11.25. 회신 21-0593 해석례 참조), 같은 규정에서 생활소음이 발생하는 소음원(騷音源)으로 "사업장 및 공사장"을 예시사항으로 열거한 것은 '주민의 조용하고 평온한 생활환경을 유지하는 데' 지장을 초래하는 생활소음을 일정기간 동안 사업 등을 영위하면서 지속적으로 소음을 발생시키는 사업장 · 공사장 등의 장소에서 발생하는 소음으로서 그 소음을 규제기준(일정 데시벨) 이하로 유지할 필요가 있는 것으로 한정하려는 취지로 보아야 할 것인바, 같은 법 시행규칙 제20조 제2항 제1호의 확성기소음의 경우에도 그 위임 근거 규정인 같은 법 제21조 제1항에 따른 '사업장, 공사장 등에서 발생하는 소음인지의 여부 및 생활소음으로서의 성질'과는 무관하게 확성기의 사용으로 인해 발생하는 모든 소음을 의미하는 것으로 해석하는 것은 타당하지 않다고 할 것입니다. 나아가 「소음 · 진동관리법」에서는 생활소음의 규제기준을 위반한 자에 대해 작업시간의 조정, 소음 발생 행위의 분산 · 중지, 방음시설의 설치 등의 조치를 명령할 수 있도록 하고(제23조 제1항), 조치명령을 받은 자는 조치명령을 이행하고 그 사실을 시장 · 군수등에게 보고하도록 하며(제23조 제2항), 조치명령을 위반한 행위에 대해서는 위반 행위의 횟수별로 행정처분을 부과하도록 하는 등(제49조) 일정기간 동안 지속적으로 소음을 발생시키는 자에 대한 제재수단을 두고 있는 한편, 같은 법 시행규칙 별표 8 제1호에서 생활소음에 해당하는 확성기소음에 대한 규제기준을 "옥외설치" 또는 "옥내에서 옥외로 소음이 나오는 경우"로 각각 구분하여 규정하고 있다는 점에 비추어 볼 때, 규제 대상 생활 소음으로서의 확성기 소음은 확성기의 사용으로 인해 발생하는 모든 소음이 아니라, 「소음 · 진동관리법」 제21조 제1항에서 규정하고 있는 소음원인 사업장 및 공사장 등을 전제로 그 내외에 설치된 확성기에서 발생하는 소음으로 한정된다고 할 것입니다. 또한 형벌부과 또는 침익적 행정행위의 근거가 되는 행정 법규는 엄격하게 해석 · 적용해야 하고 그 상대방에게 불리한 방향으로 지나치게 확장해석하거나 유추 해석해서는 안 된다고 할 것(각주: 대법원 2013.12.12. 선고 2011두3388 판결례 참조)인데, 「소음 · 진동관리법」은 생활 소음 규제기준을 초과하여 소음을 발생시킨 자에게 작업시간의 조정, 소음 · 진동 발생 행위의 분산 · 중지, 방음 · 방진시설의 설치 등 필요한 조치를 명할 수 있도록 하고(제23조 제1항), 그 명령을 위반한 자에 대하여 6개월 이하의 징역 또는 500만원 이하의 벌금에 처하도록 규정(제58조 제4호)하고 있는바, 같은 법 시행규칙 제20조 제2항 제1호에 따른 확성기 소음을 확성기의 사용으로 인해 발생하는 모든 소음을 의미한다고 해석하는 것은 규제대상 생활 소음을 "사업장 및 공사장 등"에서 발생하는 소음으로 규정하고 있는 「소음 · 진동관리법」 제21조 제1항의 문언 및 취지에 부합하지 않고 국민의 자유와 권리를 제한하는 사항을 법률의 근거 없이 확장하는 것이 되어 타당하지 않습니다. 더욱이 「소음 · 진동관리법」 제21조와 같은 장(제3장 생활 소음 · 진동의 관리)에 위치한 같은 법 제24조 제1항에서는 시장 · 군수등은 이동소음의 원인을 일으키는 기계 · 기구(이하 "이동소음원"이라 함)로 인한 소음을 규제할 필요가 있는 지역을 이동소음 규제지역으로 지정하여 이동소음원의 사용을 금지하거나 사용 시간 등을 제한할 수 있다고 규정하면서, 같은 법 시행규칙 제23조 제1항에서는 이동소음원의 종류를 이동하며 영업이나 홍보를 하기 위해 사용하는 확성기(제1호), 행락객이 사용하는 음향기계 및 기구(제2호) 등으로 규정하고 있는바, 이처럼 확성기에 의해 발생하는 소음의 경우에도 그 소음원이 특정 장소에 고정되어 있지 않고 이동하는 경우에는 이를 생활 소음이 아닌 이동소음으로 분류하여 그 규제 대상 지역을 지정하는 방식으로 별도로 규제하고 있으며, 같은 법 시행규칙 별표 8 제1호에서는 확성기 소음의 규제기준을 확성기가 "옥외 설치"된 경우와 "옥내에서 옥외로 소음이 나오는 경우"로 구분하여 달리 정하면서, "설치"라는 용어를 사용한 점을 고려하면 규제 대상 생활 소음으로서 「소음 · 진동관리법 시행규칙」 제20조 제2항 제1호에 따른 확성기 소음은 일정한 사업장, 공사장 그 밖에 이와 유사한 장소를 전제로 그 내외에 설치된 확성기를 통해 지속적으로 발생 되는 소음으로 한정된다고 보는 것이 관련 규정의 체계에 부합하는 해석입니다. 따라서 임시 확성기 소음은 생활 소음의 규제 대상인 「소음 · 진동관리법 시행규칙 제20조 제2항 제1호에 따른 확성기 소음에 해당하지 않습니다.

특별자치시장 · 특별자치도지사 또는 시장 · 군수 · 구청장은 생활 소음 · 진동의 규제기준을 초과한 자에게 작업시간의 조정, 소음 · 진동 발생 행위의 분산 · 중지, 방음 · 방진시설의 설치, 환경부령으로 정하는 소음이 적게 발생하는 건설기계의 사용 등 필요한 조치를 명할 수 있다(소음진동관리법 제23조 제1항).

소음 · 진동관리법은 환경부장관과 국토교통부장관에게 공동주택에서 인접한 세대 간 소음을 포함하여 발생 되는 층간소음으로 인한 입주자 및 사용자의 피해를 최소화하고 발생 된 피해에 관한 분쟁을 해결하기 위하여 층간소음기준을 정하도록 하고 있으며, 층간소음의 범위와 기준은 환경부와 국토교통부의 공동 부령으로 정하도록 규정하고 있다(소음진동관리법 제21조의2 제1항 및 제3항). 아울러 층간소음의 피해 예방 및 분쟁 해결을 위하여 필요한 경우 환경부장관은 대통령령으로 정하는 바에 따라 전문기관으로 하여금 층간소음의 측정, 피해사례의 조사 · 상담 및 피해조정 지원을 실시하도록 할 수 있다(소음진동관리법 제21조의2 제2항).

소음 · 진동관리법은 특별자치시장 · 특별자치도지사 또는 시장 · 군수 · 구청장에게 이동소음을 규제할 수 있도록 하고 있다(소음진동관리법 제24조 제1항 및 제2항).[22] 또한 환경부장관은 항공기 소음이 대통령령[23]으로

---

22) 소음 · 진동관리법 시행규칙 제23조(이동소음의 규제) ①법 제24조 제2항에 따른 이동소음원(移動騷音源)의 종류는 다음 각호와 같다. 1. 이동하며 영업이나 홍보하기 위하여 사용하는 확성기 2. 행락객이 사용하는 음향 기계 및 기구 3. 소음방지 장치가 비정상이거나 음향 장치를 부착하여 운행하는 이륜자동차 4. 그 밖에 환경부장관이 고요하고 편안한 생활환경을 조성하기 위하여 필요하다고 인정하여 지정 · 고시하는 기계 및 기구

②특별자치시장 · 특별자치도지사 또는 시장 · 군수 · 구청장은 고요하고 편안한 상태가 필요한 주요 시설, 주거 형태, 지역 여건 등을 고려하여 이동소음원의 사용금지 지역 · 대상 · 시간 등을 정하여 규제할 수 있다.

23) 소음 · 진동관리법 시행령 제9조(항공기 소음의 한도 등) ①법 제39조 제1항에 따른

정하는 항공기 소음의 한도를 초과하여 공항 주변의 생활환경이 매우 손상된다고 인정하면 관계 기관의 장에게 방음시설의 설치나 그 밖에 항공기 소음의 방지에 필요한 조치를 요청할 수 있다(소음진동관리법 제39조).[24] 아울러 철도 주변 지역주민의 피해를 예방하는 데 필요한 경우에는 철도차량에 대한 소음기준을 정하여 철도차량을 제작하거나 수입하는 자에게 이에 적합한 철도차량을 제작하거나 수입할 것을 권고할 수 있다(소음진동관리법 제45조의2).

항공기 소음의 한도는 공항 인근 지역은 가중등가소음도[Lden dB(A)] 75로 하고, 그 밖의 지역은 가중등가소음도[Lden dB(A)] 61로 한다. ②제1항에 따른 공항 인근 지역과 그 밖의 지역 구분은 환경부령으로 정한다.

24) (1) 항공기 소음의 특성: 항공기 소음은 금속성 고주파 음으로 상공에서 다량으로 발생하는 충격음이므로 다른 소음원에 비하여 피해지역이 광범위하다. (2) 소음의 측정 단위 : 항공기 소음 영향도를 측정하는 단위로는 웨클(WECPNL, 가중등가평균총소음량, Weighted Equivalent Continuous Perceived Noise Level, 이하 'WECPNL'이라 표시한다)이 사용되는데, 이는 항공기의 소음이 하루에도 시간대별로 달라지는 점, 같은 크기의 소음이라도 상황이나 시간에 따라 개인이 느끼는 강도가 다른 점 등을 감안하여 한 지역에서 1일 수회 그 소음도를 측정한 다음, 시간대에 따라 가중치를 부여하여 계산한 소음 영향도의 단위로서, 구체적인 산정 방법은 항공법 시행규칙 제273조에 규정되어 있는바, 우리나라에서는 1991.11.5. 환경처에서 고시한 '소음, 진동 공정시험 방법'에 따라 이를 항공기 소음의 측정 단위로 채택하였고, 일본이나 국제항공기구 역시 마찬가지이다. 한편 국가 또는 지방자치단체가 법령의 제정이나 행정계획의 수립 및 사업 집행 시 지켜야 할 환경기준을 정하고 있는 환경정책기본법은 환경 소음기준에 관하여 전용주거지역은 주간 50dB, 야간 40dB, 일반주거지역은 주간 55dB, 야간 45dB, 상업지역은 주간 65dB, 야간 55dB, 공업지역은 주간 70dB, 야간 65dB로, 도로변 공업지역은 주간 75dB, 야간 70dB로 각 규정하고 있다(WECPNL값은 dB값에 대략 13을 더한 값과 같다). (3) 소음으로 인한 피해 : 사람이 일정한 수준 이상의 소음에 장기간 노출된 경우, 만성적인 불안감, 집중력 저하, 잦은 신경질 등의 정신적인 고통을 입게 되고, 회화방해, 전화 통화방해, TV · 라디오 시청장해, 독서 방해나 사고중단, 수면 방해 등 일상생활을 정상적으로 영위하는 데에 많은 지장이 있게 되며, 그 정도가 심한 경우 난청이나 이명 등 신체적인 이상이 나타날 가능성이 있다(서울남부지법 2009. 10. 9, 2006가합14470: 항소).

3. 공직선거법

공직선거법에서 "선거운동"이라 함은 당선되거나 되게 하거나 되지 못하게 하기 위한 행위를 말한다(공직선거법 제58조 제1항). 각종 선거에 출마한 후보자는 공개장소에서 연설 · 대담을 위하여 자동차와 이에 부착된 확성장치 및 휴대용 확성장치를 각각 사용할 수 있다(공직선거법 제79조 제3항).[25]

공직선거법상 확성장치의 소음기준으로는 자동차에 부착된 확성장치는 정격출력 3킬로와트 및 음압 수준 127데시벨을 초과할 수 없다. 다만, 대통령선거 후보자용 또는 시 · 도지사 선거 후보자용의 경우에는 정격출력 40킬로와트 및 음압 수준 150데시벨을 초과할 수 없다(공직선거법 제79조 제8항 제1호). 휴대용 확성장치는 정격출력 30와트를 초과할 수 없다. 다만, 대통령선거 후보자용 또는 시 · 도지사 선거 후보자용의 경우에는 정격출력 3킬로와트를 초과할 수 없다(공직선거법 제79조 제8항 제1호).

---

25) "확성장치에 의한 기계적인 소음은 다수의 사람이 건강하고 쾌적한 환경에서 생활할 권리에 직접적인 영향을 미치며, 경쟁적인 사용으로 인한 피해 확산의 우려도 있으므로, 확성장치사용 금지조항은 입법목적의 정당성과 수단의 적합성이 인정된다. 확성장치에 의해 기계적으로 유발되는 소음은 자연적으로 발생하는 생활 소음에 비하여 상대적으로 큰 피해를 유발할 가능성이 크고, 모든 종류의 공직선거 때마다 확성장치로 인한 소음을 감내할 것을 요구한다면 선거 전반에의 혐오감을 일으킬 우려가 있다. 반면, 선거운동에서 다소 전통적인 수단이라 할 수 있는 확성장치의 사용을 규제한다고 하더라도 후보자는 보다 접근이 쉬운 다른 선거운동 방법을 활용할 수 있고, 확성장치의 출력 수나 사용 시간을 규제하는 입법은 확성장치사용 자체를 제한하는 방안과 동등하거나 유사한 효과가 있다고 볼 수도 없으므로 확성장치사용 금지조항은 침해의 최소성에 어긋나지 않는다. 또한 확성장치사용을 제한함으로써 달성할 수 있는 공익이 그로 인하여 제한되는 정치적 표현의 자유보다 작다고 할 수 없으므로 확성장치사용 금지조항은 법익의 균형성에도 반하지 않는다. 따라서 확성장치사용 금지조항은 과잉금지원칙에 반하여 정치적 표현의 자유를 침해하지 않는다"(2022. 7. 21, 2018헌바357).

제 2 장

소음 · 진동관리법

제1절
총 칙

I. 소음·진동관리법의 목적

소음 · 진동관리법은 공장 · 건설공사장 · 도로 · 철도 등으로부터 발생하는 소음 · 진동으로 인한 피해를 방지하고 소음 · 진동을 적정하게 관리하여 모든 국민이 조용하고 평온한 환경에서 생활할 수 있게 함을 목적으로 한다(소음 · 진동관리법 제1조).

II. 소음·진동관리법과 용어

소음 · 진동관리법에서 사용하는 용어의 뜻은 다음과 같다(소음 · 진동관리법 제2조).

1. "소음(騷音)"이란 기계 · 기구 · 시설, 그 밖의 물체의 사용 또는 공동주택(「주택법」 제2조 제3호에 따른 공동주택을 말한다. 이하 같다) 등 환경부령으로 정하는 장소에서 사람의 활동으로 인하여 발생하는 강한 소리를 말한다.[26)]

---

26) 환경부 - 어린이집에서 영유아의 활동으로 인하여 발생하는 강한 소리가 소음에 해당하는지(「소음 · 진동 관리법」 제2조 등 관련) [법제처 13-0132, 2013. 4. 30., 환경부] 【질의 요지】 「영유아보육법」상 어린이집에서 영유아의 활동으로 인하여 발생하는 강한 소리가 「소음 · 진동관리법」 제2조 제1호에 따른 "사람의 활동으로 인한 소음"에 해당하는지? 【회답】 「영유아보육법」상 어린이집에서 영유아의 활동으로 인하여 발생하는 강한 소리는 「소음 · 진동관리법」 제2조 제1호에 따른 "사람의 활동으로 인한

2. "진동(振動)"이란 기계 · 기구 · 시설, 그 밖의 물체의 사용으로 인하여 발생하는 강한 흔들림을 말한다.

소음"에 해당하지 않는다고 할 것입니다. 【이유】「소음 · 진동관리법」 제2조 제1호에 따르면 "소음"이란 기계 · 기구 · 시설, 그 밖의 물체의 사용 또는 환경부령으로 정하는 사람의 활동으로 인하여 발생하는 강한 소리를 말한다고 규정하고 있는바, 이 사안에서는 「영유아보육법」 상 어린이집에서 영유아의 활동으로 인하여 발생하는 강한 소리가 「소음 · 진동관리법」 상 "사람의 활동으로 인한 소음"에 해당하는지가 문제 될 수 있습니다. 먼저, 「소음 · 진동관리법」 상 "소음" 중 사람의 활동으로 인하여 발생하는 강한 소리는 환경부령으로 정하도록 되어 있는데, 이에 따른 같은 법 시행규칙 제2조에 따르면 사람의 활동으로 인하여 발생하는 강한 소리란 다음 각호의 사업장에서 발생되는 소리에 한정한다고 규정하면서, 각호에서 「체육시설의 설치 · 이용에 관한 법률」 제10조 제1항 제2호에 따른 체육도장업, 체력단련장업, 무도학원업 및 무도장업(제1호), 「학원의 설립 · 운영 및 과외교습에 관한 법률」 제2조에 따른 학원 및 교습 중 음악 교습을 위한 학원 및 교습소(제2호), 「식품위생법 시행령」 제21조 제8호 다목 및 라목에 따른 단란주점영업 및 유흥주점영업(제3호), 「음악산업진흥에 관한 법률」 제2조 제13호에 따른 노래연습장업(제4호), 「다중이용업소 안전관리에 관한 특별법 시행규칙」 제2조 제4호에 따른 콜라텍업(제5호)으로 "소음이 발생하는 사업장"을 한정하여 제한적으로 명시하고 있는바, 이 사안에서와 같이 「소음 · 진동관리법 시행규칙」 제2조 각호에서 명시하지 아니하고 있는 「영유아보육법」 상 어린이집에서 영유아의 활동으로 인한 소리는 「소음 · 진동관리법」 에 따른 "사람의 활동으로 인한 소음"에 해당하지 않는다고 할 것입니다. 또한, 「소음 · 진동관리법」은 공장 · 건설공사장 · 도로 · 철도 등으로부터 발생하는 소음 · 진동으로 인한 피해를 방지하고 소음 · 진동을 적정하게 관리하기 위한 목적(제1조)으로 제정된 법률로서, 각 장에서 공장, 생활, 교통, 항공기 등의 소음 · 진동의 규제기준을 정하고, 이를 위반한 자에 대하여 행정처분이나 벌칙을 부과하도록 규정하고 있는바, 침익적 행정처분의 근거가 되는 행정 법규는 엄격하게 해석 · 적용하여야 하고 행정처분의 상대방에게 불리한 방향으로 지나치게 확장해석하거나 유추 해석해서는 안될 것이므로, 「소음 · 진동관리법」 상 "소음"으로 보는 사람의 활동으로 인하여 발생하는 강한 소리는 「소음 · 진동관리법 시행규칙」 제2조 각호에서 명시하고 있는 사업장에서 발생하는 소리만으로 한정된다고 해석하여야 할 것입니다. 따라서, 「영유아보육법」 상 어린이집에서 영유아의 활동으로 인하여 발생하는 강한 소리는 「소음 · 진동관리법」 제2조 제1호에 따른 "사람의 활동으로 인한 소음"에 해당하지 않는다고 할 것입니다.

3. “소음 · 진동배출시설”이란 소음 · 진동을 발생시키는 공장의 기계 · 기구 · 시설, 그 밖의 물체로서 환경부령으로 정하는 것을 말한다.

4. “소음 · 진동방지시설”이란 소음 · 진동배출시설로부터 배출되는 소음 · 진동을 없애거나 줄이는 시설로서 환경부령으로 정하는 것을 말한다.

5. “방음시설(防音施設)”이란 소음진동배출시설이 아닌 물체로부터 발생하는 소음을 없애거나 줄이는 시설로서 환경부령으로 정하는 것을 말한다.

6. “방진시설”이란 소음 · 진동배출시설이 아닌 물체로부터 발생하는 진동을 없애거나 줄이는 시설로서 환경부령으로 정하는 것을 말한다.

7. “공장”이란 「산업집적활성화 및 공장설립에 관한 법률」 제2조 제1호의 공장을 말한다. 다만, 「도시계획법」 제12조 제1항에 따라 결정된 공항시설 안의 항공기 정비공장은 제외한다.

8. “교통기관”이란 기차 · 자동차 · 전차 · 도로 및 철도 등을 말한다. 다만, 항공기와 선박은 제외한다.

9. “자동차”란 「자동차관리법」 제2조 제1호에 따른 자동차와 「건설기계관리법」 제2조 제1호에 따른 건설기계 중 환경부령으로 정하는 것을 말한다.

10. “소음발생건설기계”란 건설공사에 사용하는 기계 중 소음이 발생하는 기계로서 환경부령으로 정하는 것을 말한다.

11. “휴대용 음향기기”란 휴대가 쉬운 소형 음향재생기기(음악 재생 기능이 있는 이동전화를 포함한다)로서 환경부령으로 정하는 것을 말한다.

III. 국가와 지방자치단체의 책무

국가와 지방자치단체는 국민의 쾌적하고 건강한 생활환경을 조성하기 위하여 소음 · 진동으로 인한 피해를 예방 · 관리할 수 있는 시책을 수립 · 추진하여야 한다(소음 · 진동관리법 제2조의2).

IV. 소음 · 진동 피해 방지와 종합계획의 수립

환경부장관은 소음 · 진동으로 인한 피해를 방지하고 소음 · 진동의 적정한 관리를 위하여 특별시장 · 광역시장 · 특별자치시장 · 도지사 또는 특별자치도지사(이하 "시 · 도지사"라 한다)의 의견을 들은 후 관계 중앙행정기관의 장과 협의를 거쳐 소음 · 진동 관리종합계획(이하 "종합계획"이라 한다)을 5년마다 수립하여야 한다(소음 · 진동관리법 제2조의3 제1항).

1. 소음 · 진동 피해 방지와 종합계획의 내용

소음 · 진동 피해 방지와 적정한 관리를 위한 종합계획에는 다음 각호의 사항이 포함되어야 한다(소음 · 진동관리법 제2조의3 제2항).

1. 종합계획의 목표 및 기본방향
2. 소음 · 진동을 적정하게 관리하기 위한 방안
3. 지역별 · 연도별 소음 · 진동 저감 대책 추진현황
4. 소음 · 진동 발생이 국민건강에 미치는 영향에 대한 조사 · 연구
5. 소음 · 진동 저감 대책을 추진하기 위한 교육 · 홍보 계획
6. 종합계획 추진을 위한 재원의 조달 방안
7. 그 밖에 소음 · 진동을 줄이는 데 필요한 사항

2. 소음 · 진동 피해 방지와 종합계획의 변경

환경부장관은 종합계획의 변경이 필요하다고 인정하면 그 타당성을 검토하여 변경할 수 있다. 이 경우 미리 시 · 도지사의 의견을 듣고, 관계 중앙행정기관의 장과 협의하여야 한다(소음 · 진동관리법 제2조의3 제3항). 환경부

장관은 종합계획을 수립하거나 변경하였으면 이를 관계 중앙행정기관의 장 및 시·도지사에게 통보하여야 한다(소음·진동관리법 제2조의3 제4항). 관계 중앙행정기관의 장은 종합계획에 따라 소관별로 연도별 시행계획(이하 "시행계획"이라 한다)을 수립·시행하고, 시·도지사는 종합계획 및 관계 중앙행정기관의 시행계획에 따라 해당 특별시·광역시·특별자치시·도 또는 특별자치도의 시행계획을 수립·시행하여야 한다(소음·진동관리법 제2조의3 제5항). 관계 중앙행정기관의 장 및 시·도지사는 제5항에 따른 다음 해의 시행계획 및 지난해의 추진 실적을 대통령령[27]으로 정하는 바에 따라 환경부장관에게 제출하여야 한다(소음·진동관리법 제2조의3 제6항).

---

27) 소음·진동관리법 시행령 제1조의2(종합계획의 수립 등) ① 환경부장관은 「소음·진동관리법」(이하 "법"이라 한다) 제2조의3제1항에 따른 소음진동관리종합계획을 수립하기 위하여 필요한 경우에는 소음·진동과 관련한 제도의 운영현황, 정책 방향 및 기술 현황 등에 관한 자료를 관계 중앙행정기관의 장에게 요청할 수 있다. ② 관계 중앙행정기관의 장은 법 제2조의3 제5항에 따른 연도별 시행계획을 매년 10월 31일까지 수립하고 그 내용을 특별시장·광역시장·특별자치시장·도지사 또는 특별자치도지사에게 통보하여야 한다. ③ 시·도지사는 종합계획 및 관계 중앙행정기관의 시행계획에 따라 매년 12월 31일까지 해당 특별시·광역시·특별자치시·도 또는 특별자치도(이하 "시·도"라 한다)의 시행계획을 수립하여야 한다. ④ 관계 중앙행정기관의 시행계획에는 해당 기관의 소관 사항에 관한 소음·진동 관리 방안 및 저감 대책이 구체적으로 제시되어야 하고, 시·도의 시행계획에는 해당 지역에 관한 소음·진동 관리 방안 및 저감 대책이 구체적으로 제시되어야 한다. ⑤ 관계 중앙행정기관의 장 및 시·도지사는 시행계획의 수립에 필요한 경우에는 공청회 등을 개최하여 관계 전문가나 지역 주민 등의 의견을 들을 수 있다. ⑥ 관계 중앙행정기관의 장 및 시·도지사는 법 제2조의3 제6항에 따라 지난해의 추진 실적은 매년 2월 말일까지, 다음 해의 시행계획은 매년 12월 31일까지 환경부장관에게 제출하여야 한다. ⑦ 관계 중앙행정기관의 장 및 시·도지사는 제6항에 따라 다음 해의 시행계획을 환경부장관에게 제출한 경우에는 그 내용을 해당 기관의 홈페이지에 게시하는 등의 방법으로 공고하여야 한다.

종합계획 및 시행계획의 수립 등에 필요한 사항은 대통령령[28]으로 정한다(소음 · 진동관리법 제2조의3 제7항).

3. 상시 측정

환경부장관은 전국적인 소음 · 진동의 실태를 파악하기 위하여 측정망을 설치하고 상시(常時) 측정하여야 한다(소음 · 진동관리법 제3조 제1항). 시 · 도지사는 해당 관할 구역의 소음 · 진동 실태를 파악하기 위하여 측정망을 설치하고 상시 측정하여 측정한 자료를 환경부령[29]으로 정하는 바에 따

---

28) 소음 · 진동관리법 시행령 제1조의2(종합계획의 수립 등) ① 환경부장관은 「소음 · 진동관리법」(이하 "법"이라 한다) 제2조의3 제1항에 따른 소음진동관리종합계획(이하 "종합계획"이라 한다)을 수립하는 데 필요한 경우에는 소음 · 진동과 관련한 제도의 운영현황, 정책 방향 및 기술 현황 등에 관한 자료를 관계 중앙행정기관의 장에게 요청할 수 있다. ② 관계 중앙행정기관의 장은 법 제2조의3 제5항에 따른 연도별 시행계획(이하 "시행계획"이라 한다)을 매년 10월 31일까지 수립하고 그 내용을 특별시장 · 광역시장 · 특별자치시장 · 도지사 또는 특별자치도지사(이하 "시 · 도지사"라 한다)에게 통보하여야 한다. ③ 시 · 도지사는 종합계획 및 관계 중앙행정기관의 시행계획에 따라 매년 12월 31일까지 해당 특별시 · 광역시 · 특별자치시 · 도 또는 특별자치도(이하 "시 · 도"라 한다)의 시행계획을 수립하여야 한다. ④ 관계 중앙행정기관의 시행계획에는 해당 기관의 소관 사항에 관한 소음 · 진동 관리 방안 및 저감 대책이 구체적으로 제시되어야 하고, 시 · 도의 시행계획에는 해당 지역에 관한 소음 · 진동 관리 방안 및 저감 대책이 구체적으로 제시되어야 한다. ⑤ 관계 중앙행정기관의 장 및 시 · 도지사는 시행계획의 수립에 필요한 경우에는 공청회 등을 개최하여 관계 전문가나 지역 주민 등의 의견을 들을 수 있다. ⑥ 관계 중앙행정기관의 장 및 시 · 도지사는 법 제2조의3 제6항에 따라 지난해의 추진 실적은 매년 2월 말일까지, 다음 해의 시행계획은 매년 12월 31일까지 환경부장관에게 제출하여야 한다. ⑦ 관계 중앙행정기관의 장 및 시 · 도지사는 제6항에 따라 다음 해의 시행계획을 환경부장관에게 제출하였으면 그 내용을 해당 기관의 홈페이지에 게시하는 등의 방법으로 공고하여야 한다.

29) 소음 · 진동관리법 시행규칙 제6조(상시 측정자료의 제출) 특별시장 · 광역시장 · 특

라 환경부장관에게 보고하여야 한다(소음 · 진동관리법 제3조 제2항). 측정망을 설치하려면 관계 기관의 장과 미리 협의하여야 한다(소음 · 진동관리법 제3조 제3항).

4. 측정망 설치계획의 결정 · 고시

환경부장관은 측정망의 위치, 범위, 구역 등을 명시한 측정망 설치계획을 결정하여 환경부령으로 정하는 바에 따라 고시하고 그 도면을 누구든지 열람할 수 있게 하여야 한다. 이를 변경한 경우에도 또한 같다(소음 · 진동관리법 제4조 제1항).

시 · 도지사가 측정망을 설치할 때는 제1항을 준용한다(소음 · 진동관리법 제4조 제2항).

국가는 시 · 도지사가 결정 · 고시한 측정망 설치계획이 목표 기간에 달성될 수 있도록 필요한 재정적 · 기술적 지원을 할 수 있다(소음 · 진동관리법 제4조 제3항).

5. 소음지도의 작성

환경부장관 또는 시 · 도지사는 교통기관 등으로부터 발생하는 소음을 적정하게 관리하기 위하여 필요한 경우에는 환경부령으로 정하는 바에 따라

별자치시장 · 도지사 또는 특별자치도지사(이하 "시 · 도지사"라 한다)는 법 제3조 제2항에 따라 상시(常時) 측정한 소음 · 진동에 관한 자료를 매 분기 다음 달 말일까지 환경부장관에게 제출하여야 한다.

일정 지역의 소음 분포 등을 표시한 소음지도(騷音地圖)를 작성할 수 있다(소음 · 진동관리법 제4조의2 제1항). 환경부장관은 소음지도를 작성하는 시 · 도지사에 대하여는 소음지도 작성 · 운영에 필요한 기술적 · 재정적 지원 등을 할 수 있다(소음 · 진동관리법 제4조의2 제3항).

환경부장관 또는 시 · 도지사는 소음지도를 작성한 경우에는 인터넷 홈페이지 등을 통하여 이를 공개할 수 있다(소음 · 진동관리법 제4조의2 제2항).

6. 다른 법률에 따른 허가의 의제

환경부장관이나 시 · 도지사가 제4조에 따라 측정망 설치계획을 결정 · 고시하면 다음 각호의 허가에 관하여 제2항에 따라 관계 행정기관의 장과 미리 협의한 사항에 대해서는 해당 허가를 받은 것으로 본다(소음 · 진동관리법 제5조 제1항).

1. 「하천법」 제30조에 따른 하천공사 시행의 허가 및 같은 법 제33조에 따른 하천점용의 허가
2. 「도로법」 제61조에 따른 도로점용의 허가
3. 「공유수면 관리 및 매립에 관한 법률」 제8조에 따른 공유수면의 점용 · 사용 허가

환경부장관이나 시 · 도지사는 제4조에 따른 측정망 설치계획에 제1항의 각호에 해당하는 허가 사항이 포함되어 있으면 그 결정 · 고시 전에 해당 관계 기관의 장과 협의하여야 한다(소음 · 진동관리법 제5조 제2항). 제1항 및 제2항에서 규정한 사항 외에 이 조에 따른 의제의 기준 및 효과 등에 관하여는 「행정기본법」 제24조부터 제26조까지를 준용한다(소음 · 진동관리법 제5조 제3항).

제2절
공장 소음 · 진동의 관리

1. 공장 소음·진동 배출허용기준

소음 · 진동 배출시설(이하 "배출시설"이라 한다)을 설치한 공장에서 나오는 소음 · 진동의 배출허용기준은 환경부령[30]으로 정한다(소음 · 진동관리법 제7조 제1항).

환경부장관은 제1항에 따른 환경부령을 정하려면 관계 중앙행정기관의 장과 협의하여야 한다(소음 · 진동관리법 제7조 제2항).

특별시 · 광역시 · 특별자치시 · 도(그 관할 구역 중 인구 50만 이상 시는 제외한다. 이하 이 조에서 같다) · 특별자치도 또는 특별시 · 광역시 및 특별자치시를 제외한 인구 50만 이상 시(이하 "대도시"라 한다)는 「환경정책기본법」 제12조 제3항에 따른 지역환경기준의 유지가 곤란하다고 인정될 때에는 조례로 제1항의 배출허용기준보다 강화된 배출허용기준을 정할 수 있다(소음 · 진동관리법 제7조 제3항).

시 · 도지사 또는 대도시의 장은 제3항에 따른 배출허용기준을 설정 · 변경하는 경우에는 조례로 정하는 바에 따라 미리 주민 등 이해관계자의 의견을 듣고, 이를 반영하도록 노력하여야 한다(소음 · 진동관리법 제7조 제4항).

---

30) 소음 · 진동관리법 시행규칙 제8조(공장 소음 · 진동의 배출허용기준) ① 법 제7조에 따른 공장 소음 · 진동의 배출허용기준은 별표 5와 같다. ② 특별자치시장 · 특별자치도지사 또는 시장 · 군수 · 구청장(자치구의 구청장을 말한다. 이하 같다)이 별표 5 제1호 비고 제6호 다목 및 같은 표 제2호 비고 제5호 다목에 따라 배출허용기준을 정할 때에는 바로 환경부장관에게 보고하고 이해관계자가 알 수 있도록 필요한 조치를 하여야 한다.

시 · 도지사 또는 대도시의 장은 제3항에 따른 배출허용기준을 설정 · 변경하였을 때는 바로 환경부장관에게 보고하고 이해관계자가 그 내용을 알 수 있도록 공보에 게재하는 등 필요한 조치를 하여야 한다(소음 · 진동관리법 제7조 제5항).

2. 배출시설의 설치 신고 및 허가 등

배출시설을 설치하려는 자는 대통령령[31]으로 정하는 바에 따라 특별자치시장 · 특별자치도지사 또는 시장 · 군수 · 구청장(자치구의 구청장을 말한다. 이하 같다)에게 신고하여야 한다. 다만, 학교 또는 종합병원의 주변 등 대통령령으로 정하는 지역은 특별자치시장 · 특별자치도지사 또는 시장 · 군수 · 구청장의 허가를 받아야 한다(소음 · 진동관리법 제8조 제1항).

신고를 한 자나 허가를 받은 자가 그 신고한 사항이나 허가받은 사항 중 환경부령으로 정하는 중요한 사항을 변경하려면 특별자치시장 · 특별자치도지사 또는 시장 · 군수 · 구청장에게 변경 신고를 하여야 한다(소음 · 진동관리법 제8조 제2항). 산업단지나 그 밖에 대통령령으로 정하는 지역에 있는

---

31) 소음 · 진동관리법 시행령 제2조(배출시설의 설치 허가 등) ① 법 제8조 제1항에 따른 배출시설의 설치신고를 하거나 설치 허가를 받으려는 자는 배출시설 설치신고서 또는 배출시설 설치 허가신청서에 다음 각호의 서류를 첨부하여 특별자치시장 · 특별자치도지사 또는 시장 · 군수 · 구청장(자치구의 구청장을 말한다. 이하 같다)에게 제출하여야 한다.

> 1. 배출시설의 설치명세서 및 배치도(허가신청인 경우만 제출한다)
> 2. 방지시설의 설치명세서와 그 도면(신고의 경우 도면은 제외한다)
> 3. 법 제9조 각호의 어느 하나에 해당하여 방지시설의 설치 의무를 면제받으려는 경우에는 제2호의 서류를 갈음하여 이를 인정할 수 있는 서류

② 법 제8조 제1항 단서에서 "학교 또는 종합병원의 주변 등 대통령령으로 정하는 지역"이란 다음 각호의 어느 하나에 해당하는 지역을 말한다.

공장에 배출시설을 설치하려는 자의 경우에는 신고 또는 허가 대상에서 제외한다. 이 경우 신고 또는 허가 대상에서 제외된 자는 제14조부터 제16조까지, 제17조(허가취소의 경우는 제외한다), 제47조 제1항 제1호를 적용할 때 사업자로 본다(소음 · 진동관리법 제8조 제3항).

특별자치시장 · 특별자치도지사 또는 시장 · 군수 · 구청장은 제1항 본문에 따른 신고 또는 제2항에 따른 변경 신고받은 경우 그 내용을 검토하여 이 법에 적합하면 신고를 수리하여야 한다(소음 · 진동관리법 제8조 제4항).

---

1. 「의료법」 제3조 제2항 제3호 마목에 따른 종합병원의 부지 경계선으로부터 직선거리 50미터 이내의 지역
2. 「도서관법」 제4조 제2항 제1호에 따른 공공도서관의 부지 경계선으로부터 직선거리 50미터 이내의 지역
3. 「초 · 중등교육법」 제2조 및 「고등교육법」 제2조에 따른 학교의 부지 경계선으로부터 직선거리 50미터 이내의 지역
4. 「주택법」 제2조 제3호에 따른 공동주택의 부지 경계선으로부터 직선거리 50미터 이내의 지역
5. 「국토의 계획 및 이용에 관한 법률」 제36조 제1항 제1호 가목에 따른 주거지역 또는 같은 법 제51조 제3항에 따른 제2종 지구단위계획구역(주거형만을 말한다)
6. 「의료법」 제3조 제2항 제3호 라목에 따른 요양병원 중 100개 이상의 병상을 갖춘 노인을 대상으로 하는 요양병원의 부지 경계선으로부터 직선거리 50미터 이내의 지역
7. 「영유아보육법」 제2조 제3호에 따른 어린이집 중 입소 규모 100명 이상인 어린이집의 부지 경계선으로부터 직선거리 50미터 이내의 지역

③특별자치시장 · 특별자치도지사 또는 시장 · 군수 · 구청장은 배출시설의 설치신고를 수리하거나 설치 허가하면 신고증명서나 허가증을 신고인이나 허가신청인에게 발급하여야 한다. ④법 제8조 제3항에 따라 배출시설의 설치신고 또는 설치 허가 대상에서 제외되는 지역은 다음 각호와 같다.

1. 「산업입지 및 개발에 관한 법률」 제2조 제8호에 따른 산업단지
2. 「국토의 계획 및 이용에 관한 법률 시행령」 제30조에 따라 지정된 전용공업지역 및 일반공업지역
3. 「자유무역지역의 지정 및 운영에 관한 법률」 제4조에 따라 지정된 자유무역지역
4. 제1호부터 제3호까지의 규정에 따라 지정된 지역과 유사한 지역으로 시 · 도지사가 환경부장관의 승인을 받아 지정 · 고시한 지역

3. 방지시설의 설치

배출시설의 설치 또는 변경에 대해 신고를 하거나 허가를 받은 자가 그 배출시설을 설치하거나 변경하려면 그 공장으로부터 나오는 소음 · 진동을 제7조의 배출허용기준 이하로 배출되게 하려고 소음 · 진동 방지시설(이하 "방지시설"이라 한다)을 설치하여야 한다. 다만, 다음 각호의 어느 하나에 해당하면 그러하지 아니하다(소음 · 진동관리법 제9조).

1. 특별자치시장 · 특별자치도지사 또는 시장 · 군수 · 구청장이 그 배출시설의 기능 · 공정(工程) 또는 공장의 부지 여건상 소음 · 진동이 항상 배출허용기준 이하로 배출된다고 인정하는 경우
2. 소음 · 진동이 배출허용기준을 초과하여 배출되더라도 생활환경에 피해를 줄 우려가 없다고 환경부령으로 정하는 경우

4. 권리와 의무의 승계 등

사업자가 배출시설 및 방지시설을 양도하거나 사망한 경우 또는 법인의 합병이 있는 경우에는 그 양수인 · 상속인 또는 합병 후 존속하는 법인이나 합병으로 설립되는 법인은 신고 · 허가 또는 변경 신고에 따른 사업자의 권리 · 의무를 승계한다(소음 · 진동관리법 제10조 제1항). 「민사집행법」에 따른 경매, 「채무자 회생 및 파산에 관한 법률」에 따른 환가나 「국세징수법」 · 「관세법」 또는 「지방세법」에 따른 압류재산의 매각, 그 밖에 이에 준하는 절차에 따라 사업자의 배출시설 및 방지시설을 인수한 자는 신고 · 허가 또는 변경 신고에 따른 종전 사업자의 권리 · 의무를 승계한다(소음 · 진동관리법 제10조 제2항).

배출시설과 방지시설을 임대차하면 임차인은 제14조부터 제16조까지, 제

17조(허가취소의 경우는 제외한다), 제19조 및 제47조 제1항 제1호를 적용할 때 사업자로 본다(소음 · 진동관리법 제10조 제3항).

5. 방지시설의 설계와 시공

방지시설의 설치 또는 변경은 사업자 스스로가 설계 · 시공을 하거나 「환경 기술 및 환경산업 지원법」 제15조에 따른 환경 전문공사업자에게 설계 · 시공(「환경 기술 및 환경산업 지원법」 제15조 제2항에 따른 환경전문공사업자의 경우에는 설계만 해당한다)을 하도록 하여야 한다(소음 · 진동관리법 제11조).

6. 공동 방지시설의 설치 등

지식산업센터의 사업자나 공장이 밀집된 지역의 사업자는 공장에서 배출되는 소음 · 진동을 공동(共同)으로 방지하기 위하여 공동 방지시설을 설치할 수 있다. 이 경우 각 사업자는 공장별로 그 공장의 소음 · 진동에 대한 방지시설을 설치한 것으로 본다(소음 · 진동관리법 제12조 제1항).

공동 방지시설의 배출허용기준은 제7조에 따른 배출허용기준과 다른 기준을 정할 수 있으며, 그 배출허용기준과 공동 방지시설의 설치 · 운영에 필요한 사항은 환경부령으로 정한다(소음 · 진동관리법 제12조 제2항).

7. 배출허용기준의 준수 의무

사업자는 배출시설 또는 방지시설의 설치 또는 변경을 끝내고 배출시설을 가동(稼動)한 때에는 환경부령으로 정하는 기간 이내에 공장에서 배출되는 소음 · 진동이 제7조 또는 제12조 제2항에 따른 소음 · 진동 배출허용기준(이하 "배출허용기준"이라 한다) 이하로 처리될 수 있도록 하여야 한다. 이 경우 환경부령으로 정하는 기간에는 제15조, 제16조, 제17조 제6호 및 제60조 제2항 제2호를 적용하지 아니한다(소음 · 진동관리법 제14조).

8. 개선명령

특별자치시장 · 특별자치도지사 또는 시장 · 군수 · 구청장은 조업 중인 공장에서 배출되는 소음 · 진동의 정도가 배출허용기준을 초과하면 환경부령으로 정하는 바에 따라 기간을 정하여 사업자에게 그 소음 · 진동의 정도가 배출허용기준 이하로 내려가는 데에 필요한 조치(이하 "개선명령"이라 한다)를 명할 수 있다(소음 · 진동관리법 제14조).

9. 조업정지명령 등

특별자치시장 · 특별자치도지사 또는 시장 · 군수 · 구청장은 개선명령을 받은 자가 이를 이행하지 아니하거나 기간 내에 이행은 하였으나 배출허용기준을 계속 초과할 때는 그 배출시설의 전부 또는 일부에 조업정지를 명할 수 있다. 이 경우 환경부령으로 정하는 시간대별 배출허용기준을 초과하는 공장에는 시간대별로 구분하여 조업정지를 명할 수 있다(소음 · 진동관리법 제16조 제1항).

특별자치시장 · 특별자치도지사 또는 시장 · 군수 · 구청장은 소음 · 진동으로 건강상에 위해(危害)와 생활환경의 피해가 급박하다고 인정하면 환경부령으로 정하는 바에 따라 즉시 해당 배출시설에 대하여 조업시간의 제한 · 조업정지, 그 밖에 필요한 조치를 명할 수 있다(소음 · 진동관리법 제16조 제2항).

10. 허가의 취소 등

특별자치시장 · 특별자치도지사 또는 시장 · 군수 · 구청장은 사업자가 다음 각호의 어느 하나에 해당하면 배출시설의 설치 허가 취소(신고 대상 시설의 경우에는 배출시설의 폐쇄 명령을 말한다)를 하거나 6개월 이내의 기간을 정하여 조업정지를 명할 수 있다. 다만, 제1호에 해당할 때는 배출시설의 설치 허가를 취소하거나 폐쇄를 명하여야 한다(소음 · 진동관리법 제17조).

1. 거짓이나 그 밖의 부정한 방법으로 허가받았거나 신고 또는 변경 신고를 한 경우
2. 삭제 〈2009. 6. 9.〉
3. 제8조 제2항에 따른 변경 신고를 하지 아니한 경우
4. 제9조에 따른 방지시설을 설치하지 아니하고 배출시설을 가동한 경우
5. 삭제 〈2009. 6. 9.〉
6. 제14조를 위반하여 공장에서 배출되는 소음 · 진동을 배출허용기준 이하로 처리하지 아니한 경우
7. 제16조에 따른 조업정지명령 등을 위반한 경우
8. 제19조에 따른 환경기술인을 임명하지 아니한 경우

11. 위법 시설에 대한 폐쇄 조치 등

특별자치시장 · 특별자치도지사 또는 시장 · 군수 · 구청장은 제8조에 따른 신고를 하지 아니하거나 허가받지 아니하고 배출시설을 설치하거나 운영하는 자에게 그 배출시설의 사용 중지를 명하여야 한다. 다만, 그 배출시설을 개선하거나 방지시설을 설치 · 개선하더라도 그 공장에서 나오는 소음 · 진동의 정도가 배출허용기준 이하로 내려갈 가능성이 없거나 다른 법률에 따라 그 배출시설의 설치가 금지되는 장소이면 그 배출시설의 폐쇄를 명하여야 한다(소음 · 진동관리법 제18조).

12. 환경기술인

사업자는 배출시설과 방지시설을 정상적으로 운영 · 관리하기 위하여 환경기술인을 임명하여야 한다. 다만, 다른 법률에 따라 환경기술인의 업무를 담당하는 자가 지정된 경우에는 그러하지 아니하다(소음 · 진동관리법 제19조 제1항). 환경기술인(제1항 단서에 따라 지정된 자를 포함한다. 이하 같다)은 그 배출시설과 방지시설에 종사하는 자가 소음 · 진동관리법이나 소음 · 진동관리법에 따른 명령을 위반하지 아니하도록 지도 · 감독하여야 하며, 배출시설과 방지시설이 정상적으로 가동되어 소음 · 진동의 정도가 배출허용기준에 적합하도록 관리하여야 한다(소음 · 진동관리법 제19조 제2항).

사업자는 환경기술인이 그 관리 사항을 철저히 이행하도록 하는 등 환경기술인의 관리 사항을 감독하여야 한다(소음 · 진동관리법 제19조 제3항). 사업자는 배출시설과 방지시설의 정상적인 운영 · 관리를 위한 환경기술인의 업무를 방해하여서는 아니 되며, 그로부터 업무수행을 위하여 필요한 요청을 받으면 정당한 사유가 없으면 그 요청을 따라야 한다(소음 · 진동관리법 제19조 제4항).

환경기술인을 두어야 할 사업장의 범위, 환경기술인의 자격 기준과 임명(바꾸어 임명하는 것을 포함한다)의 시기는 환경부령[32]으로 정한다(소음·진동관리법 제19조 제5항).

13. 명령의 이행 보고 및 확인

사업자는 조치명령·개선명령·조업정지명령 또는 사용 중지 명령 등을 이행하였으면 환경부령으로 정하는 바에 따라 그 이행 결과를 지체 없이 특별자치시장·특별자치도지사 또는 시장·군수·구청장에게 보고하여야 한다(소음·진동관리법 제20조 제1항).

특별자치시장·특별자치도지사 또는 시장·군수·구청장은 보고받으면 지체 없이 그 명령의 이행 상태나 개선 완료 상태를 확인하여야 한다(소음·진동관리법 제20조 제2항).

---

32) 소음·진동관리법 시행규칙 제18조(환경기술인의 자격 기준 등) ① 법 제19조 제1항에 따른 환경기술인을 두어야 하는 사업장의 범위와 환경기술인의 자격 기준은 별표 7과 같고, 환경기술인의 임명 시기는 다음 각호의 구분에 따른다.

> 1. 임명하는 경우: 배출시설 가동 개시일까지(최초로 배출시설을 설치하는 경우로 한정한다)
> 2. 바꾸어 임명하는 경우: 바꾸어 임명하는 사유가 발생한 날부터 5일 이내

②법 제19조 제3항에 따른 환경기술인의 관리 사항은 다음 각호와 같다.

> 1. 배출시설과 방지시설의 관리에 관한 사항
> 2. 배출시설과 방지시설의 개선에 관한 사항
> 3. 그 밖에 소음·진동을 방지하기 위하여 특별자치시장·특별자치도지사 또는 시장·군수·구청장이 지시하는 사항

제3절
생활 소음·진동의 관리

1. 생활 소음과 진동의 규제

특별자치시장 · 특별자치도지사 또는 시장 · 군수 · 구청장은 주민의 조용하고 평온한 생활환경을 유지하기 위하여 사업장 및 공사장 등에서 발생하는 소음 · 진동(산업단지나 그 밖에 환경부령[33])으로 정하는 지역에서 발생하는 소음과 진동은 제외하며, 이하 "생활 소음 · 진동"이라 한다)을 규제하여야 한다(소음 · 진동관리법 제21조 제1항). 생활 소음 · 진동의 규제 대상 및 규제기준은 환경부령으로 정한다(소음 · 진동관리법 제21조 제2항).

---

33) 소음 · 진동관리법 시행규칙 제20조(생활 소음 · 진동의 규제) ①법 제21조 제1항에서 "환경부령으로 정하는 지역"이란 다음 각호의 지역을 말한다.

> 1. 「산업입지 및 개발에 관한 법률」 제2조 제8호에 따른 산업단지. 다만, 산업단지 중 「국토의 계획 및 이용에 관한 법률」 제36조에 따른 주거지역과 상업지역은 제외한다.
> 2. 「국토의 계획 및 이용에 관한 법률 시행령」 제30조에 따른 전용공업지역
> 3. 「자유무역지역의 지정 및 운영에 관한 법률」 제4조에 따라 지정된 자유무역지역
> 4. 생활 소음 · 진동이 발생하는 공장 · 사업장 또는 공사장의 부지 경계선으로부터 직선거리 300미터 이내에 주택(사람이 살지 아니하는 폐가는 제외한다), 운동 · 휴양시설 등이 없는 지역

②법 제21조 제2항에 따른 생활 소음 · 진동의 규제 대상은 다음 각호와 같다.

> 1. 확성기에 의한 소음(「집회 및 시위에 관한 법률」에 따른 소음과 국가 비상 훈련 및 공공기관의 대국민 홍보를 목적으로 하는 확성기 사용에 따른 소음의 경우는 제외한다)
> 2. 배출시설이 설치되지 아니한 공장에서 발생하는 소음 · 진동
> 3. 제1항 각호의 지역 외의 공사장에서 발생하는 소음 · 진동
> 4. 공장 · 공사장을 제외한 사업장에서 발생하는 소음 · 진동

③법 제21조 제2항에 따른 생활 소음 · 진동의 규제기준은 별표 8과 같다.

2. 층간소음 기준 등

환경부장관과 국토교통부장관은 공동으로 공동주택에서 발생하는 층간소음(인접한 세대 간 소음을 포함한다. 이하 같다)으로 인한 입주자 및 사용자의 피해를 최소화하고 발생 된 피해에 관한 분쟁을 해결하기 위하여 층간소음 기준을 정하여야 한다(소음 · 진동관리법 제21조의2 제1항). 층간소음의 피해 예방 및 분쟁 해결을 위하여 필요한 경우 환경부장관은 대통령령[34]으로 정하는 바에 따라 전문기관으로 하여금 층간소음의 측정, 피해사례의 조사 · 상담 및 피해조정지원을 시행하도록 할 수 있다(소음 · 진동관리법 제21조의2 제2항).

층간소음의 범위와 기준은 환경부와 국토교통부의 공동 부령[35]으로 정한다(소음 · 진동관리법 제21조의2 제3항).

---

34) 소음 · 진동관리법 시행령 제3조(층간소음 관리 등) ① 환경부장관은 법 제21조의2 제2항에 따라 다음 각호의 어느 하나에 해당하는 기관으로 하여금 층간소음의 측정, 피해사례의 조사 · 상담 및 피해조정지원을 시행하도록 할 수 있다.

> 1. 「한국환경공단법」에 따른 한국환경공단(이하 "한국환경공단"이라 한다)
> 2. 환경부장관이 국토교통부장관과 협의하여 층간소음의 피해 예방 및 분쟁 해결에 관한 전문기관으로 인정하는 기관

② 제1항에 따른 층간소음의 측정, 피해사례의 조사 · 상담 및 피해조정지원에 관한 절차 및 방법 등 세부적인 사항은 환경부장관이 국토교통부장관과 협의하여 고시한다.

35) 공동주택 층간소음의 범위와 기준에 관한 규칙(약칭:공동주택 층간소음 규칙) 제2조(층간소음의 범위) 공동주택 층간소음의 범위는 입주자 또는 사용자의 활동으로 인하여 발생하는 소음으로서 다른 입주자 또는 사용자에게 피해를 주는 다음 각호의 소음으로 한다. 다만, 욕실, 화장실 및 다용도실 등에서 급수 · 배수로 인하여 발생하는 소음은 제외한다.

> 1. 직접 충격 소음: 뛰거나 걷는 동작 등으로 인하여 발생하는 소음
> 2. 공기전달 소음: 텔레비전, 음향기기 등의 사용으로 인하여 발생하는 소음

제3조(층간소음의 기준) 공동주택의 입주자 및 사용자는 공동주택에서 발생하는 층간소음을 별표에 따른 기준 이하가 되도록 노력하여야 한다.

3. 특정공사의 사전 신고 등

생활 소음 · 진동이 발생하는 공사로서 환경부령으로 정하는 특정공사를 시행하려는 자는 환경부령으로 정하는 바에 따라 관할 특별자치시장 · 특별자치도지사 또는 시장 · 군수 · 구청장에게 신고하여야 한다(소음 · 진동관리법 제22조 제1항). 신고를 한 자가 그 신고한 사항 중 환경부령으로 정하는 중요한 사항을 변경하려면 특별자치시장 · 특별자치도지사 또는 시장 · 군수 · 구청장에게 변경 신고를 하여야 한다(소음 · 진동관리법 제22조 제2항).

특별자치시장 · 특별자치도지사 또는 시장 · 군수 · 구청장은 신고 또는 변경 신고를 받은 날부터 4일 이내에 신고수리 여부를 신고인에게 통지하여야 한다(소음 · 진동관리법 제22조 제3항).

특별자치시장 · 특별자치도지사 또는 시장 · 군수 · 구청장이 제3항에서 정한 기간 내에 신고수리 여부 또는 민원 처리 관련 법령에 따른 처리 기간의 연장을 신고인에게 통지하지 아니하면 그 기간(민원 처리 관련 법령에 따라 처리 기간이 연장 또는 재연장 된 경우에는 해당 처리 기간을 말한다)이 끝난 날의 다음 날에 신고를 수리한 것으로 본다(소음 · 진동관리법 제22조 제4항).

특정공사를 시행하려는 자는 다음 각호의 사항을 모두 준수하여야 한다(소음 · 진동관리법 제22조 제5항).

1. 환경부령으로 정하는 기준에 적합한 방음시설을 설치한 후 공사를 시작할 것. 다만, 공사 현장의 특성 등으로 방음시설의 설치가 곤란한 경우로서 환경부령으로 정하는 경우에는 그러하지 아니하다.
2. 공사로 발생하는 소음 · 진동을 줄이기 위한 저감 대책을 수립 · 시행할 것

저감 대책을 수립하여야 하는 경우와 저감 대책에 관한 사항은 환경부령으로 정한다.

4. 공사장 소음측정기기의 설치 권고

특별자치시장 · 특별자치도지사 또는 시장 · 군수 · 구청장은 공사장에서 발생하는 소음을 적정하게 관리하는 데 필요한 경우에는 공사를 시행하는 자에게 소음측정기기를 설치하도록 권고할 수 있다(소음 · 진동관리법 제22조의2).

5. 생활 소음 · 진동의 규제기준을 초과한 자에 대한 조치명령 등

특별자치시장 · 특별자치도지사 또는 시장 · 군수 · 구청장은 생활 소음 · 진동이 제21조 제2항에 따른 규제기준을 초과하면 소음 · 진동을 발생시키는 자에게 작업시간의 조정, 소음 · 진동 발생 행위의 분산 · 중지, 방음 · 방진시설의 설치, 환경부령[36]으로 정하는 소음이 적게 발생하는 건설기계의 사용 등 필요한 조치를 명할 수 있다(소음 · 진동관리법 제23조 제1항).

사업자는 조치명령 등을 이행하였으면 환경부령으로 정하는 바에 따라 그 이행 결과를 지체 없이 특별자치시장 · 특별자치도지사 또는 시장 · 군수 · 구청장에게 보고하여야 한다(소음 · 진동관리법 제23조 제2항).

특별자치시장 · 특별자치도지사 또는 시장 · 군수 · 구청장은 제2항에 따른 보고를 받으면 지체 없이 그 명령의 이행 상태나 개선 완료 상태를 확인

---

36) 소음 · 진동관리법 시행규칙 제22조(저소음 건설기계의 범위 등) 법 제23조 제1항에서 "환경부령으로 정하는 소음이 적게 발생하는 건설기계"란 다음 각호의 어느 하나와 같다.

> 1. 「환경 기술 및 환경산업 지원법」 제17조에 따라 환경표지의 인증을 받은 건설기계
> 2. 법(법률 제7293호에 의하여 개정되기 전의 것을 말한다) 제49조의2에 따른 소음도 표지를 부착한 건설기계

하여야 한다(소음 · 진동관리법 제23조 제3항).

특별자치시장 · 특별자치도지사 또는 시장 · 군수 · 구청장은 제1항에 따른 조치명령을 받은 자가 이를 이행하지 아니하거나 이행하였더라도 제21조 제2항에 따른 규제기준을 초과하면 해당 규제 대상의 사용금지, 해당 공사의 중지 또는 폐쇄를 명할 수 있다(소음 · 진동관리법 제23조 제4항).

6. 이동소음의 규제

특별자치시장 · 특별자치도지사 또는 시장 · 군수 · 구청장은 이동소음의 원인을 일으키는 기계 · 기구[이하 "이동소음원(移動騷音源)"이라 한다]로 인한 소음을 규제할 필요가 있는 지역을 이동소음 규제지역으로 지정하여 이동소음원의 사용을 금지하거나 사용 시간 등을 제한할 수 있다(소음 · 진동관리법 제24조 제1항). 이동소음원의 종류, 규제 방법 및 규제에 필요한 사항은 환경부령[37]으로 정한다(소음 · 진동관리법 제24조 제2항).

특별자치시장 · 특별자치도지사 또는 시장 · 군수 · 구청장은 제1항에 따른 이동소음 규제지역을 지정하면 그 지정 사실을 고시하고, 표지판 설치 등

---

37) 소음 · 진동관리법 시행규칙 제23조(이동소음의 규제) ①법 제24조 제2항에 따른 이동소음원(移動騷音源)의 종류는 다음 각호와 같다.

1. 이동하며 영업이나 홍보하기 위하여 사용하는 확성기 2. 행락객이 사용하는 음향 기계 및 기구 3. 소음방지 장치가 비정상이거나 음향 장치를 부착하여 운행하는 이륜자동차 4. 그 밖에 환경부장관이 고요하고 편안한 생활환경을 조성하기 위하여 필요하다고 인정하여 지정 · 고시하는 기계 및 기구

②특별자치시장 · 특별자치도지사 또는 시장 · 군수 · 구청장은 고요하고 편안한 상태가 필요한 주요 시설, 주거 형태, 지역 여건 등을 고려하여 이동소음원의 사용금지 지역 · 대상 · 시간 등을 정하여 규제할 수 있다.

필요한 조치를 하여야 한다. 이를 변경할 때도 또한 같다(소음 · 진동관리법 제24조 제3항).

7. 폭약의 사용으로 인한 소음·진동의 방지

특별자치시장 · 특별자치도지사 또는 시장 · 군수 · 구청장은 폭약의 사용으로 인한 소음 · 진동 피해를 방지할 필요가 있다고 인정하면 시 · 도경찰청장에게 「총포 · 도검 · 화약류 등 단속법」에 따라 폭약을 사용하는 자에게 그 사용의 규제에 필요한 조치를 하여 달라고 요청할 수 있다. 이 경우 시 · 도경찰청장은 특별한 사유가 없으면 그 요청에 따라야 한다(소음 · 진동관리법 제25조).

제4절
교통 소음·진동의 관리

1. 교통 소음·진동의 관리기준

교통기관에서 발생하는 소음 · 진동의 관리기준(이하 "교통 소음 · 진동 관리기준"이라 한다)은 환경부령으로 정한다. 이 경우 환경부 장관은 미리 관계 중앙행정기관의 장과 교통 소음 · 진동 관리기준 및 시행 시기 등 필요한 사항을 협의하여야 한다(소음 · 진동관리법 제26조).

2. 교통 소음·진동 관리지역의 지정

특별시장 · 광역시장 · 특별자치시장 · 특별자치도지사 또는 시장 · 군수(광역시의 군수는 제외한다. 이하 이 조에서 같다)는 교통기관에서 발생하는 소음 · 진동이 교통 소음 · 진동 관리기준을 초과하거나 초과할 우려가 있는 경우에는 해당 지역을 교통 소음 · 진동 관리지역(이하 "교통 소음 · 진동 관리지역"이라 한다)으로 지정할 수 있다(소음 · 진동관리법 제27조 제1항).

환경부 장관은 교통 소음 · 진동의 관리가 필요하다고 인정하는 지역을 교통 소음 · 진동 관리지역으로 지정하여 줄 것을 특별시장 · 광역시장 · 특별자치시장 · 특별자치도지사 또는 시장 · 군수에게 요청할 수 있다. 이 경우 특별시장 · 광역시장 · 특별자치시장 · 특별자치도지사 또는 시장 · 군수는 특별한 사유가 없으면 그 요청에 따라야 한다(소음 · 진동관리법 제27조 제2항).

교통 소음 · 진동 관리지역의 범위는 환경부령[38]으로 정한다(소음 · 진동관리법 제27조 제3항).

특별시장 · 광역시장 · 특별자치시장 · 특별자치도지사 또는 시장 · 군수는 교통소음 · 진동 관리지역을 지정하였으면 그 지정 사실을 고시하고 표지판 설치 등 필요한 조치를 하여야 한다. 이를 변경한 때도 또한 같다(소음 · 진동관리법 제27조 제4항).

---

38) 소음 · 진동관리법 시행규칙 제26조(교통 소음 · 진동 관리지역의 범위) ①법 제27조 제3항에 따른 교통 소음 · 진동 관리지역의 범위는 별표 12와 같다. ②특별시장 · 광역시장 · 특별자치시장 · 특별자치도지사 또는 시장 · 군수(광역시의 군수는 제외한다. 이하 제27조에서 같다)는 제1항에 따른 교통 소음 · 진동 관리지역을 지정할 때는 고요하고 편안한 상태가 필요한 주요 시설, 주거 형태, 교통량, 도로 여건, 소음 · 진동 관리의 필요성 등을 고려하여 제25조에 따른 교통소음 · 진동의 관리기준을 초과하거나 초과할 우려가 있는 지역을 우선하여 관리지역으로 지정하여야 한다.

특별시장 · 광역시장 · 특별자치시장 · 특별자치도지사 또는 시장 · 군수는 교통기관에서 발생하는 소음 · 진동이 교통 소음 · 진동 관리기준을 초과하지 아니하거나 초과할 우려가 없다고 인정되면 교통 소음 · 진동 관리지역의 지정을 해제할 수 있다(소음 · 진동관리법 제27조 제5항).

3. 자동차 운행의 규제

특별자치시장 · 특별자치도지사 또는 시장 · 군수 · 구청장은 교통 소음 · 진동 관리지역을 통행하는 자동차를 운행하는 자(이하 "자동차 운행자"라 한다)에게 「도로교통법」에 따른 속도의 제한 · 우회 등 필요한 조치를 하여 줄 것을 시 · 도경찰청장에게 요청할 수 있다. 이 경우 시 · 도경찰청장은 특별한 사유가 없으면 지체 없이 그 요청에 따라야 한다(소음 · 진동관리법 제28조).

4. 방음 · 방진시설의 설치 등

특별시장 · 광역시장 · 특별자치시장 · 특별자치도지사 또는 시장 · 군수(광역시의 군수는 제외한다)는 교통 소음 · 진동 관리지역에서 자동차 전용도로, 고속도로 및 철도로부터 발생하는 소음 · 진동이 교통 소음 · 진동 관리기준을 초과하여 주민의 조용하고 평온한 생활환경이 침해된다고 인정하면 스스로 방음 · 방진시설을 설치하거나 해당 시설관리기관의 장에게 방음 · 방진시설의 설치 등 필요한 조치를 할 것을 요청할 수 있다. 이 경우 해당 시설관리기관의 장은 특별한 사유가 없으면 그 요청에 따라야 한다(소음 · 진동관리법 제29조 제1항).

「도로법」 제2조 제1호[39]에 따른 도로(자동차 전용도로와 고속도로는 제외한다) 중 학교 · 공동주택, 그 밖에 환경부령[40]으로 정하는 시설의 주변도로로부터 발생하는 소음 · 진동에 대하여는 제1항을 준용한다(소음 · 진동관리법 제29조 제2항).

5. 제작차 소음허용기준

자동차를 제작(수입을 포함한다. 이하 같다)하려는 자(이하 "자동차 제작자"라 한다)는 제작되는 자동차(이하 "제작차"라 한다)에서 나오는 소음이 대통령령으로 정하는 제작차 소음허용기준에 적합하도록 제작하여야 한다(소음 · 진동관리법 제30조).

6. 제작차에 대한 인증

자동차 제작자가 자동차를 제작하려면 미리 제작차의 소음이 제30조에 따른 제작차 소음허용기준에 적합하다는 환경부 장관의 인증을 받아야 한

39) 도로법 제2조(정의) 이 법에서 사용하는 용어의 뜻은 다음과 같다. 1. "도로"란 차도, 보도(步道), 자전거도로, 측도(側道), 터널, 교량, 육교 등 대통령령으로 정하는 시설로 구성된 것으로서 제10조에 열거된 것을 말하며, 도로의 부속물을 포함한다.

40) 소음 · 진동관리법 시행규칙 제28조(방음 · 방진시설의 설치) 법 제29조 제2항에서 "환경부령으로 정하는 시설"이란 다음 각호의 시설을 말한다.

1. 「의료법」 제3조 제2항에 따른 종합병원
2. 「도서관법」 제2조 제4호에 따른 공공도서관
3. 「초 · 중등교육법」 제2조 또는 「고등교육법」 제2조에 따른 학교
4. 「주택법」 제2조 제3호에 따른 공동주택

다. 다만, 환경부 장관은 군용 · 소방용 등 공용의 목적 또는 연구 · 전시목적 등으로 사용하려는 자동차 또는 외국에서 반입하는 자동차로서 대통령령[41]으로 정하는 자동차는 인증을 면제하거나 생략할 수 있다(소음 · 진동관리법 제31조 제1항).

---

41) 소음 · 진동관리법 시행령 제5조(인증의 면제 · 생략 자동차) ①법 제31조 제1항 단서에 따라 인증을 면제할 수 있는 자동차는 다음 각호와 같다.

1. 군용 · 소방용 및 경호 업무용 등 국가의 특수한 공무용으로 사용하기 위한 자동차
2. 주한 외국공관, 외교관, 그 밖에 이에 준하는 대우를 받는 자가 공무용으로 사용하기 위하여 반입하는 자동차로서 외교부 장관의 확인을 받은 자동차
3. 주한 외국군대의 구성원이 공무용으로 사용하기 위하여 반입하는 자동차
4. 수출용 자동차나 박람회, 그 밖에 이에 준하는 행사에 참여하는 자가 전시를 목적으로 사용하는 자동차
5. 여행자 등이 다시 반출할 것을 조건으로 일시 반입하는 자동차
6. 자동차 제작자 · 연구기관 등이 자동차의 개발이나 전시 등을 목적으로 사용하는 자동차
7. 외국인 또는 외국에서 1년 이상 거주한 내국인이 주거를 이전하기 위하여 이주 물품으로 반입하는 1대의 자동차

②법 제31조 제1항 단서에 따라 인증을 생략할 수 있는 자동차는 다음 각호와 같다.

1. 국가대표 선수용이나 훈련용으로 사용하기 위하여 반입하는 자동차로서 문화체육관광부 장관의 확인을 받은 자동차
2. 외국에서 국내의 공공기관이나 비영리단체에 무상으로 기증하여 반입하는 자동차
3. 외교관, 주한 외국군인 또는 그 가족이 사용하기 위하여 반입하는 자동차
4. 법 제31조 제1항에 따라 인증받지 아니한 자가 인증받은 자동차와 동일한 차종의 원동기 및 차대(車臺)를 구입하여 제작하는 자동차
5. 항공기 지상조업용(地上操業用)으로 반입하는 자동차
6. 국제협약 등에 따라 인증을 생략할 수 있는 자동차
7. 다음 각 목의 요건에 해당하는 자동차로서 환경부 장관이 정하여 고시하는 자동차
   가. 제철소 · 조선소 등 한정된 장소에서 운행되는 자동차
   나. 제설용 · 방송용 등 특수한 용도로 사용되는 자동차
   다. 「관세법」 제326조에 따라 공매(公賣)되는 자동차
8. 그 밖에 군용 · 소방용 등 공용의 목적 또는 연구 · 전시목적 등으로 사용하려는 자동차 또는 외국에서 반입하는 자동차로서 환경부 장관이 인증을 생략할 필요가 있다고 인정하여 고시하는 자동차

자동차 제작자는 인증받은 자동차의 인증내용 중 환경부령으로 정하는 중요 사항을 변경하려면 변경인증을 받아야 한다(소음 · 진동관리법 제31조 제2항). 인증 · 변경인증을 받은 자동차 제작자 중 이륜자동차(「자동차관리법」 제3조 제1항 제5호에 따른 이륜자동차를 말한다. 이하 같다)를 제작하려는 자는 환경부령으로 정하는 바에 따라 이륜자동차에 해당 인증 · 변경인증의 배기 소음(배기가스가 배기구로 배출될 때 발생하는 소음을 말한다) 결괏값을 표시하여야 한다(소음 · 진동관리법 제31조 제3항). 인증의 신청, 인증의 시험방법과 절차, 인증의 방법 및 인증의 면제와 생략에 필요한 사항은 환경부령으로 정한다(소음 · 진동관리법 제31조 제4항).

7. 인증시험 대행 기관의 지정

환경부 장관은 인증에 필요한 시험(이하 "인증시험"이라 한다)을 효율적으로 수행하는 데 필요한 경우에는 전문기관을 지정하여 인증시험에 관한 업무를 수행하게 할 수 있다(소음 · 진동관리법 제31조의2 제1항). 전문기관(이하 "인증시험 대행 기관"이라 한다) 및 그 업무에 종사하는 자는 다음 각 호의 어느 하나에 해당하는 행위를 하여서는 아니 된다(소음 · 진동관리법 제31조의2 제2항).

1. 다른 사람에게 자신의 명의로 인증시험을 하게 하는 행위
2. 거짓이나 그 밖의 부정한 방법으로 인증시험을 하는 행위
3. 그 밖에 인증시험과 관련하여 환경부령으로 정하는 준수사항을 위반하는 행위

인증시험 대행 기관의 지정기준, 지정 절차 등에 필요한 사항은 환경부령[42]으로 정한다(소음 · 진동관리법 제31조의2 제3항).

8. 인증시험 대행 기관의 지정 취소

환경부 장관은 인증시험 대행 기관이 다음 각호의 어느 하나에 해당할 때는 그 지정을 취소하거나 6개월 이내의 기간을 정하여 업무의 전부나 일부의 정지를 명할 수 있다. 다만, 제1호에 해당할 때는 그 지정을 취소하여야 한다(소음 · 진동관리법 제31조의3).

1. 거짓이나 그 밖의 부정한 방법으로 지정받은 경우
2. 제31조 제4항에 따른 인증의 시험방법과 절차를 위반하여 인증시험을 한 경우
3. 제31조의2 제2항 각호의 어느 하나에 해당하는 금지행위를 한 경우
4. 제31조의2 제3항에 따른 지정기준을 충족하지 못한 경우

---

42) 소음 · 진동관리법 시행규칙 제34조의3(인증시험 대행 기관의 지정) ① 법 제31조의2 제1항에 따른 인증시험(이하 "인증시험"이라 한다)업무를 수행하는 기관(이하 "인증시험 대행 기관"이라 한다)으로 지정받으려는 자는 별표 13의2에 따른 인증시험 대행 기관의 검사장비 및 기술 인력 기준을 갖추어 별지 제17호의2 서식의 인증시험 대행 기관 지정신청서에 다음 각호의 서류를 첨부하여 환경부 장관에게 제출하여야 한다.

1. 인증시험 검사시설의 평면도 및 구조 개요
2. 인증시험 검사장비 명세
3. 정관(법인인 경우만 해당한다)
4. 인증시험업무에 관한 내부 규정
5. 인증시험업무 대행에 관한 사업계획서 및 해당 연도의 수지 예산서

② 환경부 장관은 인증시험 대행 기관을 지정하는 경우에는 인증시험업무를 수행할 수 있는 검사 능력 등을 고려하여야 한다. ③ 환경부 장관은 제2항에 따라 지정하는 경우에는 별지 제17호의3 서식의 소음 인증시험 대행 기관 지정서를 발급하여야 한다.

9. 과징금 처분

환경부 장관은 제31조의3 제2호부터 제4호까지의 규정에 따라 인증시험대행 기관에 업무정지 처분을 하는 경우로서 그 업무정지 처분이 해당 업무의 이용자 등에게 심한 불편을 주거나 그 밖에 공익에 현저한 지장을 줄 우려가 있다고 인정할 때는 그 업무정지 처분을 갈음하여 5천만원 이하의 과징금을 부과 · 징수할 수 있다(소음 · 진동관리법 제31조의4 제1항).

과징금을 부과하는 위반행위의 종류 · 정도 등에 따른 과징금의 액수와 그 밖에 필요한 사항은 대통령령으로 정한다(소음 · 진동관리법 제31조의4 제2항). 환경부 장관은 과징금을 내야 하는 자가 납부 기한까지 과징금을 내지 아니하면 국세 체납처분의 예에 따라 징수한다(소음 · 진동관리법 제31조의4 제3항). 징수한 과징금은 「환경정책기본법」 제45조에 따른 환경개선특별회계의 세입으로 한다(소음 · 진동관리법 제31조의4 제4항).

10. 인증의 양도·양수 등

인증 또는 변경인증을 받은 자동차 제작자가 그 사업을 양도하거나 사망하였으면 또는 법인이 합병하였으면 제10조 제1항을 준용한다(소음 · 진동관리법 제32조 제1항). 권리 · 의무를 승계한 자는 환경부령으로 정하는 바에 따라 환경부 장관에게 신고하여야 한다(소음 · 진동관리법 제32조 제2항).

11. 제작차의 소음 검사 등

환경부장관은 제31조에 따른 인증을 받아 제작한 자동차의 소음이 제30조에 따른 제작차 소음허용기준에 적합한지를 확인하기 위하여 대통령령으로 정하는 바에 따라 검사를 실시하여야 한다(소음 · 진동관리법 제33조 제1항). 환경부장관은 자동차 제작자가 환경부령으로 정하는 인력 및 장비를 갖추어 환경부장관이 정하는 검사방법 및 절차에 따라 검사를 시행하면 대통령령으로 정하는 바에 따라 제1항에 따른 검사를 생략할 수 있다(소음 · 진동관리법 제33조 제2항).

환경부장관은 검사를 할 때 특히 필요하면 환경부령으로 정하는 바에 따라 자동차 제작자의 설비를 이용하거나 따로 지정하는 장소에서 검사할 수 있다(소음 · 진동관리법 제33조 제3항). 검사에 드는 비용은 자동차 제작자가 부담한다(소음 · 진동관리법 제33조 제4항).

12. 자동차 소음·진동 정보관리 전산망의 구축 및 운영

환경부장관은 자동차의 소음 · 진동에 관한 자료의 수집 · 관리를 위하여 「자동차관리법」 제69조에 따른 전산정보처리조직과 연계하여 소음 · 진동 정보관리 전산망(이하 "소음 정보전산망"이라 한다)을 환경부령으로 정하는 바에 따라 구축 · 운영할 수 있다(소음 · 진동관리법 제33조의2 제1항).

환경부장관은 소음 정보전산망의 구축 · 운영을 위하여 자동차 제작자에게 필요한 인증 관련 자료 또는 정보의 제공을 요청할 수 있다. 이 경우 관련 자료나 정보의 제공을 요청받은 자동차 제작자는 특별한 사유가 없으면 요청에 따라야 한다(소음 · 진동관리법 제33조의2 제1항).

13. 인증의 취소

환경부장관은 다음 각호의 어느 하나에 해당하면 인증을 취소하여야 한다(소음 · 진동관리법 제34조 제1항).

1. 속임수나 그 밖의 부정한 방법으로 인증받은 경우
2. 제작차에 중대한 결함이 발생하여 개선하여도 제작차 소음허용기준을 유지할 수 없을 경우

환경부장관은 제33조 제1항에 따른 검사 결과 제작차 소음허용기준에 부적합하면 그 제작 자동차의 개선 또는 판매 중지를 명하여야 한다. 이 경우 판매 중지 명령을 위반하면 그 제작 자동차의 인증을 취소하여야 한다(소음 · 진동관리법 제34조 제2항).

14. 자동차용 타이어 소음허용기준 등

자동차용 타이어를 제작 또는 수입하려는 자(이하 "타이어 제작자 등"이라 한다)는 제작 또는 수입하는 자동차용 타이어에서 나오는 소음(이하 "타이어 소음도"라 한다)이 환경부령으로 정하는 허용기준(이하 "타이어 소음허용기준"이라 한다)에 적합하게 제작 또는 수입하여야 한다(소음 · 진동관리법 제34조의2 제1항).

타이어 제작자들은 제작 또는 수입하는 자동차용 타이어가 타이어 소음허용기준에 적합한지 타이어 소음도를 스스로 측정하거나 환경부령으로 정하는 시험기관에 의뢰하여 측정하고 그 결과를 환경부장관에게 신고하여야 한다. 다만, 타이어 제작자들이 타이어 소음도를 스스로 측정하기 위해서는 환경부령으로 정하는 장비 및 인력을 보유하여야 한다(소음 · 진동관리법 제34조의2 제2항). 타이어 제작자들은 측정한 타이어 소음도를 해당 자동차용 타이어의 보기 쉬운 곳에 표시하여야 한다(소음 · 진동관리법 제34조의2 제3항). 위의 제2항 및 제3항에서 규정한 사항 외에 자동차용 타이어의 소음

측정 방법, 신고 절차 및 타이어 소음도 표시의 기준·방법 등에 필요한 사항은 환경부령으로 정한다(소음·진동관리법 제34조의2 제4항).

15. 타이어 소음허용기준 초과에 따른 시정명령 등

환경부장관은 신고한 자동차용 타이어가 타이어 소음허용기준을 초과하면 해당 타이어 제작자들에게 그 시정을 명할 수 있다(소음·진동관리법 제34조의3 제1항). 시정명령을 받은 자는 해당 시정명령을 이행하고 그 결과를 지체 없이 환경부장관에게 보고하여야 한다(소음·진동관리법 제34조의3 제2항).

환경부장관은 시정명령을 받은 자가 그 시정명령을 이행하지 아니한 경우에는 해당 자동차용 타이어의 제작·수입·판매·사용의 금지를 명할 수 있다(소음·진동관리법 제34조의3 제3항). 환경부장관은 신고한 자동차용 타이어가 타이어 소음허용기준에 적합한지를 확인하기 위하여 환경부령으로 정하는 기관이 이에 대해 조사를 하게 할 수 있다(소음·진동관리법 제34조의3 제4항). 위의 제1항부터 제4항까지 규정한 사항 외에 시정명령의 절차 및 이행 결과의 보고 등에 필요한 사항은 환경부령으로 정한다(소음·진동관리법 제34조의3 제5항).

16. 운행차 소음허용기준

자동차의 소유자는 그 자동차에서 배출되는 소음이 대통령령으로 정하는 운행차 소음허용기준에 적합하게 운행하거나 운행하게 하여야 하며, 소음기(消音器)나 소음 덮개를 떼어 버리거나 경음기(警音器)를 추가로 붙여서는 아니 된다(소음 · 진동관리법 제35조 제1항).

이륜자동차의 소유자는 제31조 제1항 및 제2항에 따라 인증 · 변경인증을 받은 배기 소음 결과 값보다 5데시벨[dB(A)]을 초과하지 아니하도록 운행하거나 운행하게 하여야 한다(소음 · 진동관리법 제35조 제2항).

17. 운행차의 수시 점검 등

특별시장 · 광역시장 · 특별자치시장 · 특별자치도지사 또는 시장 · 군수 · 구청장은 다음 각호의 사항을 확인하기 위하여 도로 또는 주차장 등에서 운행차를 수시로 점검하여야 한다. 다만, 「도로교통법」 제2조 제22호에 따른 긴급자동차 등 환경부령으로 정하는 자동차는 제외한다(소음 · 진동관리법 제36조 제1항).

1. 운행차의 소음이 제35조에 따른 운행차 소음허용기준에 적합한지 여부
2. 소음기나 소음 덮개를 떼어 버렸는지 여부
3. 경음기를 추가로 붙였는지 여부

점검 시 특별시장 · 광역시장 · 특별자치시장 · 특별자치도지사 또는 시장 · 군수 · 구청장은 경찰관서의 장, 「한국 교통안전공단법」에 따른 한국교통안전공단 등 관계 기관에 합동점검을 요청할 수 있다. 이 경우 해당 기관은 특별한 사유가 없으면 이에 적극 협조하여야 한다(소음 · 진동관리법 제36조 제2항).

자동차 운행자는 점검에 협조하여야 하며, 이에 따르지 아니하거나 지장을 주는 행위를 하여서는 아니 된다(소음 · 진동관리법 제36조 제3항).

특별시장 · 광역시장 · 특별자치시장 · 특별자치도지사 또는 시장 · 군

수 · 구청장은 제1항에 따른 점검실적을 반기별로 환경부장관에게 보고하여야 한다(소음 · 진동관리법 제36조 제4항).

점검 방법 및 제4항에 따른 점검실적의 보고 등에 필요한 사항은 환경부령[43]으로 정한다(소음 · 진동관리법 제36조 제5항).

18. 운행차의 정기 검사

자동차의 소유자는 「자동차관리법」 제43조 제1항 제2호와 「건설기계관리법」 제13조 제1항 제2호에 따른 정기 검사 및 「대기환경보전법」 제62조 제2항[44]에 따른 이륜자동차 정기 검사를 받을 때 다음 각호의 사항 모두에

---

43) 소음 · 진동관리법 시행규칙 제41조(운행차의 수시 점검 방법 등) ①법 제36조 제1항에 따라 특별시장 · 광역시장 · 특별자치시장 · 특별자치도지사 또는 시장 · 군수 · 구청장은 점검 대상 자동차를 선정한 후 소음 및 그에 관련되는 부품 등을 점검하여야 한다. ②제1항에 따른 점검의 기준 · 소음 측정 방법과 그 밖에 필요한 사항은 환경부장관이 정하여 고시한다. 제42조의2(운행차 수시 점검실적의 보고) 특별시장 · 광역시장 · 특별자치시장 · 특별자치도지사 또는 시장 · 군수 · 구청장은 법 제36조 제4항에 따라 같은 조 제1항에 따른 점검실적을 보고할 때는 매 반기 마지막 날을 기준으로 다음 달 15일까지 소음 정보전산망에 입력하는 방법으로 보고해야 한다.

44) 대기환경보전법 제62조(운행차의 배출가스 정기 검사) ①자동차[「자동차관리법」 제3조 제1항 제5호에 따른 이륜자동차(이하 "이륜자동차"라 한다)는 제외한다. 이하 이 항에서 같다]의 소유자는 「자동차관리법」 제43조 제1항 제2호와 「건설기계관리법」 제13조 제1항 제2호에 따라 일정 기간마다 그 자동차에서 나오는 배출가스가 운행차 배출허용기준에 맞는지를 검사하는 운행차 배출가스 정기 검사를 받아야 한다. 다만, 저공해자동차 중 환경부령으로 정하는 자동차와 제63조에 따른 정밀검사 대상 자동차의 경우에는 해당 연도의 배출가스 정기 검사 대상에서 제외한다. ② 이륜자동차의 소유자는 이륜자동차에 대하여 환경부령으로 정하는 바에 따라 환경부장관이 일정 기간마다 그 이륜자동차에서 나오는 배출가스가 운행차배출허용기준에 맞는지를 검사하는 배출가스 정기 검사(이하 "이륜자동차 정기 검사"라 한다)를 받아야 한다. 다만, 전기 이륜자동차 등 환경부령으로 정하는 이륜자동차의 경우에는 이륜자동차 정

대하여 검사를 받아야 한다(소음 · 진동관리법 제37조 제1항).

1. 해당 자동차에서 나오는 소음이 운행차 소음허용기준에 적합한지 여부
2. 소음기나 소음 덮개를 떼어버렸는지 여부
3. 경음기를 추가로 붙였는지 여부

검사의 방법 · 대상 항목 및 검사기관의 시설 · 장비 등에 필요한 사항은 환경부령으로 정한다(소음 · 진동관리법 제37조 제2항). 환경부장관이 제2항에 따라 환경부령[45]을 정하려면 국토교통부장관과 협의하여야 한다. 다만, 「대기환경보전법」 제62조 제2항에 따른 이륜자동차 정기 검사에 관한 사항을 정하는 경우에는 그러하지 아니하다(소음 · 진동관리법 제37조 제3항).

환경부장관은 제1항에 따른 검사의 결과에 관한 자료를 국토교통부장관에게 요청할 수 있다(소음 · 진동관리법 제37조 제4항).

19. 운행차의 개선명령

특별시장 · 광역시장 · 특별자치시장 · 특별자치도지사 또는 시장 · 군

기 검사 대상에서 제외한다.

45) 소음 · 진동관리법 시행규칙 제44조(운행차의 정기 검사방법 등) ①법 제37조 제2항에 따른 정기 검사의 방법 · 기준 및 대상 항목은 별표 15와 같다. ②법 제37조 제2항에 따른 검사기관은 「자동차관리법」 제44조 제1항, 「건설기계관리법」 제14조 제1항 및 「대기환경보전법」 제62조의2 제1항에 따른 검사대행자 또는 「자동차관리법」 제45조 제1항 및 「대기환경보전법」 제62조의3 제1항에 따른 지정 정비사업자 중 별표 16에 따른 시설 · 장비 및 기술 능력을 갖춘 자(이하 "운행차 정기 검사대행자"라 한다)로 한다.

수 · 구청장은 운행차에 대하여 제36조에 따른 점검 결과 다음 각호의 어느 하나에 해당하는 경우에는 환경부령[46]으로 정하는 바에 따라 자동차 소유자에게 개선을 명할 수 있다(소음 · 진동관리법 제38조 제1항).

1. 운행차의 소음이 운행차 소음허용기준을 초과한 경우
2. 소음기나 소음 덮개를 떼어 버린 경우
3. 경음기를 추가로 붙인 경우

개선명령을 하려는 경우 10일 이내의 범위에서 개선에 필요한 기간에 그 자동차의 사용정지를 함께 명할 수 있다(소음 · 진동관리법 제38조 제2항). 개선명령을 받은 자는 제41조에 따라 특별자치시장 · 특별자치도지사 또는 시장 · 군수 · 구청장에게 등록한 자로부터 환경부령[47]으로 정하는 바에 따라 개선 결과를 확인받은 후 특별시장 · 광역시장 · 특별자치시장 · 특별자치도지사 또는 시장 · 군수 · 구청장 등에게 보고하여야 한다(소음 · 진동관리법 제38조 제3항).

46) 소음 · 진동관리법 시행규칙 제46조(운행차의 개선명령) ①법 제38조 제1항에 따른 개선명령은 별지 제21호 서식에 따른다. ②법 제38조 제3항에 따라 개선명령을 받은 자가 개선 결과를 보고하려면 확인 검사 대행자로부터 개선 결과를 확인하는 별지 제20호서식의 정비 · 점검 확인서를 발급받아 제1항에 따른 개선명령서를 첨부하여 개선명령일부터 10일 이내에 특별시장 · 광역시장 · 특별자치시장 · 특별자치도지사 또는 시장 · 군수 · 구청장에게 제출하여야 한다.

47) 소음 · 진동관리법 시행규칙 제46조(운행차의 개선명령) ①법 제38조 제1항에 따른 개선명령은 별지 제21호서식에 따른다. ②법 제38조 제3항에 따라 개선명령을 받은 자가 개선 결과를 보고하려면 확인 검사 대행자로부터 개선 결과를 확인하는 별지 제20호서식의 정비 · 점검 확인서를 발급받아 제1항에 따른 개선명령서를 첨부하여 개선명령일부터 10일 이내에 특별시장 · 광역시장 · 특별자치시장 · 특별자치도지사 또는 시장 · 군수 · 구청장에게 제출하여야 한다.

제5절
항공기 소음의 관리

1. 항공기 소음의 관리

환경부장관은 항공기 소음이 대통령령[48]으로 정하는 항공기 소음의 한도를 초과하여 공항 주변의 생활환경이 매우 손상된다고 인정하면 관계 기관의 장에게 방음시설의 설치나 그 밖에 항공기 소음의 방지에 필요한 조치를 요청할 수 있다(소음 · 진동관리법 제39조 제1항). 동조 제1항에 따라 필요한 조치를 요청할 수 있는 공항은 대통령령으로 정한다(소음 · 진동관리법 제39조 제2항). 제1항에 따른 조치는 항공기 소음 관리에 관한 다른 법률이 있으면 그 법률로 정하는 바에 따른다(소음 · 진동관리법 제39조 제3항).

제6절
방음시설의 설치 기준 등

1. 방음시설의 성능과 설치 기준 등

소음을 방지하기 위하여 방음벽 · 방음림(防音林) · 방음 둑 등의 방음시설을 설치하는 자는 충분한 소리의 차단 효과를 얻을 수 있도록 설계 · 시공

---

48) 소음 · 진동관리법 시행령 제9조(항공기 소음의 한도 등) ①법 제39조 제1항에 따른 항공기 소음의 한도는 공항 인근지역은 가중등가소음도[LdendB(A)] 75로 하고, 그 밖의 지역은 가중등가소음도[LdendB(A)] 61로 한다. ②제1항에 따른 공항 인근지역과 그 밖 지역의 구분은 환경부령으로 정한다. ③ 법 제39조 제2항에 따른 공항은 「공항소음 방지 및 소음대책지역 지원에 관한 법률」 제2조 제4호에 따른 공항으로 한다.

하여야 한다(소음 · 진동관리법 제40조 제1항).

방음시설의 성능 · 설치 기준 및 성능평가 등 사후관리에 필요한 사항(이하 "설치 기준 등"이라 한다)은 환경부장관이 정하여 고시할 수 있다.[49] 다

---

49) 방음시설의 성능 및 설치 기준[시행 2021.4.7.] [환경부고시 제2021-55호, 2021.3.22., 일부개정]제1조(목적) 이 기준은 소음 · 진동관리법 제40조 제2항의 규정에 의한 방음시설의 성능 및 설치 기준을 정함을 목적으로 한다. 제2조(적용 범위) 이 기준은 교통소음 저감을 목적으로 설치되는 방음시설의 설치 및 유지관리에 적용하며, 공장 소음 · 공사장 소음 기타 생활 소음저감 시설의 설치 및 유지관리에 준용할 수 있다. 제3조(용어의 정의) 이 기준에서 사용하는 용어의 정의는 다음과 같다.

1. "방음시설"이라 함은 교통 소음을 줄이기 위하여 충분한 소리의 흡음 또는 차단 효과를 얻을 수 있도록 설치하는 시설을 말하며, 방음시설에는 방음벽 · 방음터널 · 방음둑 등으로 구분된다.
2. "방음판"이라 함은 방음시설의 기초부와 지주 사이의 방음 효과를 얻기 위한 구조물을 말한다.
3. "흡음률"이라 함은 입사임의 강도에 대한 흡수 음의 강도의 백분율을 말한다.
4. "투과손실"이라 함은 소음 에너지가 방음판을 투과하기 전과 투과한 후의 음압레벨의 차이를 말한다.
5. "삽입손실"이라 함은 동일 조건에서 방음시설 설치 전후의 음압레벨 차이를 말한다.
6. "가시광선 투과율"이라 함은 방음판에 입사하는 주광의 광속에 대하여 투과 광속의 입사광 속에 대한 백분율을 말한다.
7. "수음점"이라 함은 소음의 영향을 받는 위치로써 방음시설의 설계목표가 되는 지점을 말한다.
8. "회절감쇠치"라 함은 소음원에서 수음점까지의 전달 경로상에 방음시설에 의한 회절로 인하여 음이 감쇠 되는 것을 말한다.

제4조(소음저감 목표 기준) 방음시설의 설치로 수음점에서의 소음저감 목표 기준은「환경정책기본법」시행령 제2조 별표 1에 따른 소음 환경기준을 적용하고, 철도 및 운행 중인 도로는「소음 · 진동 관리법」 시행규칙 별표 11에 따른 교통 소음관리기준을 적용할 수 있다. 다만, 상업지역 · 학교 · 도서관 등 주로 낮 시간대 이용되는 시설은 낮 시간대의 기준을 적용한다. 제5조(방음시설 설치 대상 지역의 선정) 방음시설은 주택 · 학교 · 병원 · 도서관 · 휴양시설의 주변 지역 등 조용한 환경을 요하는 지역(이하 "보호 대상 지역"이라 한다)중 소음의 영향을 크게 받는 지역으로서 상주인구 밀도, 학생수, 병상 수 등이 많고 소음이 환경기준을 초과하여 소음 문제가 발생하거나 발생할 우려가 큰 지역부터 우선하여 설치한다. 제9조(재료, 시험방법 및 재질 기준) 방음

시설에 사용되는 재료, 시험방법 및 재질 등은 한국산업규격(KS)에서 정하는 방음판 종류별 규격에 적합하거나 동등 이상의 재료로 하여야 한다. 제10조(방음시설의 설계시 기본적인 고려사항) 방음시설 발주자는 방음시설의 설계시에는 다음 각호의 사항을 고려하여야 한다.

1. 소음발생원의 특성 및 보호 대상 지역의 용도를 조사하고 보호 대상 지역주민의 의견을 수렴하여 적정한 방음시설을 선정한다.
2. 방음시설은 전체적으로 주변 경관과 조화를 잘 이루고 미적으로 우수하여야 하며 환경 · 생태 친화적이어야 한다. 이를 위하여 도시경관 관련 심의기구 또는 관계전문가의 자문을 받거나 환경영향평가 협의의견을 고려하여 방음시설의 유형 및 색상, 방음림(소음 막이 숲) 조성, 넝쿨식물 식재, 방음벽의 단부 및 연결부에 화분 설치, 조류 충돌 방지기능이 있는 문양의 방음판 사용 등 다양한 방안을 강구한다.
3. 방음판은 파손 부위를 쉽게 교체할 수 있는 구조로 해야 한다.
4. 방음시설은 사고시 대피 · 청소 · 유지관리 등을 위하여 적정 간격으로 통로를 설치할 수 있다. 통로는 소음이 직접 밖으로 투과하지 않는 구조로 한다.
5. 방음시설은 강풍 · 강우 · 진동에 의하여 변형 또는 파괴되지 않도록 안전한 구조로 하되, 국토교통부의 「도로교 표준시방서」에서 정하는 지역별 설계풍속을 적용할 수 있다.
6. 방음시설은 가급적 방음 효과가 우수하고 사후관리가 편리하며 내구성, 내화성이 좋은 것으로 한다.

제11조(음원결정) ① 교통소음에 대한 방음시설 설계시 음원은 무한길이의 선음원으로 보며, 음원의 높이는 노면 위 0.5m를 표준으로 한다. 다만, 주 소음발생원이 노면보다 상당히 높은 경우에는 주 소음발생원의 위치로 한다. ② 소음원의 발생소음도는 실제 현장 측정을 통하여 결정하는 것을 원칙으로 하며, 장래의 소음을 예측하여 평가하고자 하는 경우에는 예측 식을 이용하여 결정할 수 있다. ③ 제2항의 규정에 의한 교통소음 예측 방법은 「소음 · 진동 관리법」 시행규칙 제7조의2 제4항에 따라 고시된 소음지도의 작성 방법의 소음원별 예측 식을 활용하되, 소음원의 발생 특성에 따라 국립환경과학원장이 검증한 별도의 예측 식을 활용할 수 있다. 제12조(수음점 결정) 수음점은 보호 대상 지역 부지 경계선중 소음도가 소음저감 목표 기준을 초과하는 지점으로 한다. 다만, 소음으로부터 보호받아야 할 시설이 2층 이상인 경우 등 부지경계선보다 소음도가 더 큰 장소가 있는 경우에는 그곳에서 소음원 방향으로 창문 · 출입문 또는 건물 벽 밖의 0.5m 내지 1m 떨어진 지점으로 한다. 제13조(방음시설의 선정기준) ① 도로 · 철도등 소음원(이하 "소음원"이라 한다)의 양쪽 모두에 보호 대상 지역이 있거나 한쪽에만 방음시설을 설치할 경우 반대측 수음자에게 반사음의 영향이 우려되는 경우에는 흡음 효과 또는 반사음 저감 효과가 우수한 방음시설로 한다. ② 방음시

설의 조망, 일조, 채광등이 요구될 경우에는 투명방음판 또는 투명방음판과 다른 방음판을 조합한 것으로 한다. 다만, 방음시설 중 투명방음판을 사용하는 경우에는 조류충돌 등 생태적 영향이 최소화될 수 있는 방안을 강구하여야 한다. ③ 방음시설 발주자는 소음원 및 보호 대상 지역의 주변 지형 여건상 방음시설로 적절한 방음 효과를 얻기 어려운 지역은 방음시설 설치보다는 거리감쇠, 저소음 포장, 차음동 건설 등 다른 방법을 강구하여야 한다. 다만, 부득이 방음시설을 설치하여야 하는 경우에는 여러 방음시설을 복합적으로 활용하고 이를 주민에게 충분히 홍보하여야 한다. 제14조(방음시설의 크기결정) ① 방음시설의 높이는 방음시설에 의한 삽입손실에 따라 결정되며, 계획 시의 삽입손실은 방음시설 설치 대상 지역의 소음 목표 기준과 수음점의 소음실측치(또는 예측치)와의 차이 이상으로 한다. ② 방음시설의 길이는 방음시설 측단으로 입사하는 음의 영향을 고려하여 설계목표를 충분히 달성할 수 있는 길이로 결정하여야 한다. 제15조(방음시설의 설치지점 선정) ① 방음시설 발주자는 방음시설의 설치 가능한 장소 중 소음저감을 극대화할 수 있는 지점에 설치하여야 한다. ② 방음시설 발주자는 방음 효과의 증대를 위하여 도로 측면 외에 도로 중앙분리대에도 방음벽을 설치할 수 있다. 제16조(방음시설 설치할 때 준수사항) 방음시설 발주자는 방음시설 설치 시 다음 각호의 사항을 준수하여야 한다.

1. 방음시설 설치중 파손, 도장부 손상 등이 없어야 한다.
2. 방음시설 설치 후 기초부와 방음판, 지주와 방음판 및 방음판과 방음판 사이에 틈새가 없도록 하여야 하며, 특히 기초부와 최하단 방음판 사이에는 옥외 기후에도 내구성이 우수한 재료 및 몰타르, 발포고무판 등의 자재로 밀폐하여 음의 누출을 방지하여야 한다.
3. 방음시설 설치에 사용되는 부품은 풀림 방지용 너트 등을 사용하여 단단히 조립하여야 하고 녹 발생이 억제되는 제품을 사용하여야 한다.
4. 방음시설 외부에 날카로운 모서리 등 사람에게 상해를 입힐 수 있는 곳이 없도록 끝손질을 잘해야 한다.
5. 재난, 사고 등으로 인하여 방음시설이 파손되더라도 방음판이 분리되어 흐트러지지 않는 구조로 하여 방음판의 비산등으로 인한 2차 피해를 예방하여야 한다.
6. 방음시설의 교차 부분 또는 밑부분이나 방음시설과 나란히 배수로를 설치하는 등 도로의 배수 흐름을 방해하지 않도록 하여야 한다.
7. 방음시설의 보호를 위하여 도로 여건에 따라 필요한 경우에 한하여 방호책을 설치할 수 있다.

제17조(방음시설의 성능평가) ① 방음시설 발주자는 스스로 방음시설 시공 전·후의 성능을 평가하거나 방음시설을 설계·시공한 자에게 별지 제1호서식 및 제2호서식의 방음시설 시공 전·후의 성능평가서를 제출하도록 하여 설계·시공의 적정성 여부를 검토하여야 한다. ② 방음시설 시공 후의 성능평가는 시공 전 성능평가서 수음점의 소음저감 목

만, 다른 법률이 방음시설의 설치 기준 등을 달리 정하고 있으면 그 설치 기준 등에 따른다(소음 · 진동관리법 제40조 제2항).

제7절
확인 검사대행자

1. 확인 검사대행자의 등록

소음 · 진동관리법 제38조 제3항에 따른 운행차의 개선 결과 확인 업무를 행하려는 자는 환경부령으로 정하는 기술 능력 및 장비 등을 갖추어 특별자치시장 · 특별자치도지사 또는 시장 · 군수 · 구청장에게 등록하여야 한다. 등록한 사항 중 환경부령으로 정하는 중요 사항을 변경하려는 때에도 또한 같다(소음 · 진동관리법 제41조 제1항). 등록한 자(이하 "확인검사대행자"라 한다)의 준수사항 · 검사수수료, 그 밖에 필요한 사항은 환경부령으로 정한다(소음 · 진동관리법 제41조 제2항).

표 기준과 비교하여 적합 여부로 판단한다. ③ 방음시설 발주자는 제2항에 따른 방음시설의 성능평가 결과 소음저감 목표 기준을 초과한 경우에는 설계 · 시공의 적정성 및 원인을 분석하여 개선방안을 수립 · 시행하여야 한다. ④ 제2항 · 제3항 및 제18조 제3항의 성능평가 및 성능평가 결과에 따른 원인분석 및 개선방안 마련 시에는 소음 진동 기술사 등 관계전문가를 적극 활용하도록 한다. 제18조(사후관리) ① 방음시설 관리자는 방음시설의 적정한 유지관리를 통하여 설치 초기의 음향 특성, 안전성 및 미관 등이 설계목표 연도까지 항상 유지되도록 하여야 한다. ② 방음시설 관리자는 수시로 방음시설을 점검하여 이상을 발견한 때에는 당초 설계에 적합하게 보수하도록 조치하여야 하며, 정기적으로 청소를 실시하여 방음시설의 미관이 저해되지 않도록 하여야 한다. ③ 방음시설 관리자는 방음시설의 성능이 유지되는지 확인하기 위하여 설치 후 5년마다 제17조 제2항을 준용하여 성능평가를 시행하고 그 결과를 별지 제3호 서식의 방음시설 관리 카드에 기록 · 유지하고, 그 결과가 적합하지 않을 때에는 그 원인을 분석하여 1년 이내에 적절한 대책으로 보완한 후 재평가를 시행하여야 한다. 다만, 실 교통량이 설계 교통량 이내일 경우에는 성능평가 실시기간을 2년 연장할 수 있다.

2. 결격 사유

다음 각호의 어느 하나에 해당하는 자는 확인 검사대행자의 등록을 할 수 없다(소음 · 진동관리법 제42조).

1. 피성년후견인 또는 피한정후견인
2. 파산선고를 받고 복권(復權)되지 아니한 자
3. 제43조에 따라 확인 검사대행자의 등록이 취소(이 조 제1호 또는 제2호에 해당하여 등록이 취소된 경우는 제외한다)된 후 2년이 지나지 아니한 자
4. 이 법이나 「대기환경보전법」, 「물환경보전법」을 위반하여 징역의 실형을 선고받고 그 형의 집행이 종료되거나 집행을 받지 아니하기로 확정된 후 2년이 지나지 아니한 자
5. 임원 중 제1호부터 제4호까지의 규정 중 어느 하나에 해당하는 자가 있는 법인

3. 등록취소 등

특별자치시장 · 특별자치도지사 또는 시장 · 군수 · 구청장은 확인 검사대행자가 다음 각호의 어느 하나에 해당하면 그 등록을 취소하거나 6개월 이내의 기간을 정하여 업무정지를 명할 수 있다. 다만, 제1호나 제2호에 해당하면 그 등록을 취소하여야 한다(소음 · 진동관리법 제43조).

1. 제42조 각호의 어느 하나에 해당하는 경우. 다만, 법인의 임원 중 제42조 제5호에 해당하는 자가 있으나 6개월 이내에 그 임원을 교체 임명하면 그러하지 아니하다.
2. 속임수나 그 밖에 부정한 방법으로 등록한 경우
3. 다른 사람에게 등록증을 빌려준 경우

4. 1년에 2회 이상 업무정지 처분받은 경우
5. 고의 또는 중대한 과실로 확인 검사 대행 업무를 부실하게 한 경우
6. 등록 후 2년 이내에 업무를 시작하지 아니하거나 계속하여 2년 이상 업무 실적이 없는 경우
7. 제41조 제1항에 따른 등록기준에 미달하게 된 경우
8. 제41조 제2항에 따른 사항을 지키지 아니한 경우

제8절 보 칙

1. 소음도 검사 등

소음발생건설기계를 제작 또는 수입하려는 자(이하 "소음발생건설기계 제작자 등"이라 한다)는 해당 소음발생건설기계를 판매 · 사용하기 전에 환경부장관이 실시하는 소음도 검사를 받아야 한다. 다만, 환경부장관은 「환경 기술 및 환경산업 지원법」 제17조에 따른 환경표지의 인증을 받은 건설기계 등 대통령령[50]으로 정하는 소음발생건설기계에 대하여는 소음도 검사를 면제할 수 있다(소음 · 진동관리법 제44조 제1항).

---

50) 소음 · 진동관리법 시행령 제9조의2(소음도 검사의 면제 대상) 법 제44조 제1항 단서에서 "「환경 기술 및 환경산업 지원법」 제17조에 따른 환경표지의 인증을 받은 건설기계 등 대통령령으로 정하는 소음발생건설기계"란 다음 각호의 건설기계를 말한다.
1. 「환경 기술 및 환경산업 지원법」 제17조에 따른 환경표지의 인증을 받은 저소음 건설기계
2. 환경부장관이 제1호와 동등한 수준 이상이라고 고시한 외국의 저소음 관련 인증받은 저소음 건설기계

소음발생건설기계에서 발생하는 소음의 관리기준(이하 "소음발생건설기계 소음 관리기준"이라 한다)은 환경부령으로 정한다. 이 경우 환경부장관은 미리 관계 중앙행정기관의 장과 협의하여야 한다(소음 · 진동관리법 제44조 제2항). 환경부장관은 제1항에 따라 소음도를 검사한 결과 소음발생건설기계 소음 관리기준을 초과한 소음발생건설기계 제작자 등에게 소음을 줄이는 장치의 부착 등 환경부령으로 정하는 필요한 조치를 명할 수 있다(소음 · 진동관리법 제44조 제3항). 제3항에 따른 조치명령을 받은 소음발생건설기계 제작자 등은 해당 조치명령을 이행한 경우에 그 이행 결과를 지체 없이 환경부장관에게 보고하여야 한다(소음 · 진동관리법 제44조 제4항). 환경부장관은 보고를 받으면 지체 없이 소음도 검사의 재실시 등을 통하여 그 명령의 이행상태나 개선 완료 상태를 확인하여야 한다(소음 · 진동관리법 제44조 제5항). 환경부장관은 조치명령을 받은 소음발생건설기계 제작자 등이 이를 이행하지 아니하거나 이행하였더라도 소음발생건설기계 소음 관리기준을 초과한 경우에는 해당 소음발생건설기계의 제작 · 수입 또는 판매 · 사용의 금지를 명할 수 있다(소음 · 진동관리법 제44조 제6항). 소음도 검사를 받은 소음발생건설기계제작자등은 해당 소음발생건설기계에서 발생하는 소음의 정도를 표시하는 표지(이하 "소음도표지"라 한다)를 알아보기 쉬운 곳에 붙여야 한다(소음 · 진동관리법 제44조 제7항). 소음도 검사를 받으려는 자는 검사수수료를 내야 한다(소음 · 진동관리법 제44조 제8항). 소음도 검사방법, 이행 결과 보고의 방법, 소음도표지 및 검사수수료에 필요한 사항은 환경부령으로 정한다(소음 · 진동관리법 제44조 제9항).

2. 가전제품 저소음표시 등

환경부장관은 소비자에게 가전제품의 저소음에 대한 정보를 제공하고 저소음 가전제품의 생산 · 보급을 촉진하기 위하여 환경부령[51]으로 정하는 바에 따라 저소음 표지를 붙일 수 있도록 하는 가전제품 저소음표시제를 실시할 수 있다(소음 · 진동관리법 제44조의2 제1항). 가전제품을 제조하거나 수입하는 자 중 저소음 표지를 붙이려는 자는 환경부장관이 실시하는 소음도 검사를 받아 저소음기준에 적합한 경우에는 저소음 표지를 가전제품에 붙일 수 있다(소음 · 진동관리법 제44조의2 제2항). 소음도 검사를 받으려는 자는 검사수수료를 내야 한다(소음 · 진동관리법 제44조의2 제3항). 소음도 검사 방법, 저소음기준 및 검사수수료에 관하여 필요한 사항은 환경부령으로 정한다(소음 · 진동관리법 제44조의2 제4항).

3. 소음도 검사기관의 지정 및 취소 등

환경부장관은 제44조 제1항, 제44조의2 제2항 및 제45조의3 제3항에 따른 소음도 검사에 필요한 시설 및 기술 능력 등을 갖춘 기관을 소음도 검사기관으로 지정하여 소음도 검사를 대행(代行)하게 할 수 있다(소음 · 진동관리법 제45조 제1항).

소음도 검사기관의 시설 및 기술 능력 등 지정기준에 필요한 사항은 대통령령[52]으로 정한다(소음 · 진동관리법 제45조 제2항). 소음도 검사기관은

51) 소음 · 진동관리법 시행규칙 제60조의2(저소음표시 가전제품의 종류 및 저소음기준)
① 법 제44조의2 제1항에 따른 저소음 표지를 부착할 수 있는 가전제품은 다음 각호의 제품을 말한다.

1. 진공청소기(정격출력 500와트 이상의 이동형 또는 수직형 전기 진공청소기를 말한다) 2. 세탁기(세탁 용량이 5킬로그램 이상의 가정용 세탁기에 한정하며, 탈수 전용 또는 업소용 제품은 제외한다)

② 법 제44조의2 제4항에 따른 저소음기준은 별표 19의3과 같다.

소음도 검사를 하면 그 결과를 환경부장관에게 통보하여야 한다(소음 · 진동관리법 제45조 제3항). 소음도 검사기관은 검사방법 및 시설 · 시험 장비의 관리 등 환경부령[53]으로 정하는 사항을 지켜야 한다(소음 · 진동관리법 제45조 제4항).

환경부장관은 소음도 검사기관이 다음 각호의 어느 하나에 해당하면 그 지정을 취소하거나 6개월 이내의 기간을 정하여 소음도 검사업무의 전부나 일부의 정지를 명할 수 있다. 다만, 제1호에 해당하면 그 지정을 취소하여야 한다(소음 · 진동관리법 제45조 제5항).

1. 거짓이나 그 밖의 부정한 방법으로 지정을 받은 경우
2. 제2항에 따른 지정기준에 미달하게 된 경우
3. 제4항에 따른 사항을 지키지 아니한 경우
4. 고의 또는 중대한 과실로 소음도 검사업무를 부실하게 한 경우

---

52) 소음 · 진동관리법 시행령 제10조(소음도 검사기관의 지정기준) 법 제45조 제1항에 따라 소음도 검사기관으로 지정받으려는 기관은 다음 각호의 요건을 모두 갖추어야 한다.

1. 별표 1에 따른 기술 인력과 시설 · 장비를 갖출 것
2. 다음 각 목의 어느 하나에 해당하는 기관일 것
   가. 소음 · 진동과 관련된 분야에서 「국가표준기본법」 제23조 및 같은 법 시행령 제16조 제2항에 따라 시험 · 검사기관으로 인정받은 기관
   나. 「건설기계관리법」 제38조 제2항 및 같은 법 시행령 제18조의3 제2항 제1호 본문에 따라 국토교통부장관으로부터 건설기계의 확인 검사업무를 위탁받은 기관

53) 소음 · 진동관리법 시행규칙 제63조(소음도 검사기관의 준수사항) 법 제45조 제4항에서 "환경부령으로 정하는 사항"이란 별표 20과 같다.

4. 철도차량에 대한 소음기준 권고

환경부장관은 철도 주변 지역주민의 피해를 예방하기 위하여 필요한 경우에는 철도차량에 대한 소음기준을 정하여 철도차량을 제작하거나 수입하는 자에게 이에 적합한 철도차량을 제작하거나 수입할 것을 권고할 수 있다(소음 · 진동관리법 제45조의2).

5. 휴대용 음향기기의 최대음량 기준

환경부장관은 휴대용 음향기기 사용으로 인한 사용자의 소음성난청(騷音性難聽) 등 소음피해를 방지하기 위하여 환경부령[54]으로 휴대용 음향기기에 대한 최대음량 기준을 정하여야 한다(소음 · 진동관리법 제45조의3 제1항).

휴대용 음향기기를 제조 · 수입하려는 자는 제1항의 기준에 적합한 휴대용 음향기기를 제조하거나 수입하여야 한다(소음 · 진동관리법 제45조의3 제2항).

휴대용 음향기기를 제조하거나 수입하는 자는 해당 제품을 판매하기 전에 환경부장관이 실시하는 소음도 검사를 받아야 한다(소음 · 진동관리법 제45조의3 제3항). 소음도 검사를 받으려는 자는 검사수수료를 내야 한다(소음 · 진동관리법 제45조의3 제4항). 소음도 검사방법 및 검사수수료에 관하여 필요한 사항은 환경부령[55]으로 정한다(소음 · 진동관리법 제45조의3 제5항).

---

54) 소음 · 진동관리법 시행규칙 제63조의3(휴대용 음향기기의 최대음량 기준) 법 제45조의3 제1항에 따른 휴대용 음향기기의 최대음량 기준은 100데시벨로 한다.

55) 소음 · 진동관리법 시행규칙 제58조(소음도 검사방법) ①법 제44조 제9항에 따른 소음도 검사방법은 다음 각호와 같다.

1. 소음도의 측정 환경 : 측정 장소는 소음도 검사기관의 장이 지정하는 장소로 하고, 측정 대상 기계에 따라 측정 장소 지표면의 종류를 달리하여야 하는 등 정확한 소음 측정이 보장되는 환경일 것 2. 소음도의 측정 조건 : 소음 측정이 풍속과 기후의 영향을 받지 아니하여야 하고, 측정 대상 기계가 가동 상태일 것 3. 소음도의 측정기기 등 : 소음도의 측정기기는 「산업표준화법」 제12조 제1항에 따른 한국산업표준(KS)을 지킨 것을 사용할 것 4. 측정자료의 분석 · 평가: 배경소음 · 환경 보정치(補正値) 등을 고려하여 측정자료를 분석 · 평가하고, 데이터 오류 등으로 2대 이상을 측정하는 경우에는 소음도가 가장 높은 기계의 측정자료를 기준으로 분석 · 평가할 것 5. 기계별 가동조건 : 기계의 엔진 자체 소음 및 작업으로 인하여 발생하는 모든 소음을 측정하여야 할 것

② 법 제44조의2 제2항에 따른 소음도 검사방법은 다음 각호와 같다.

1. 소음도의 측정 환경: 측정 장소는 배경소음이 20데시벨 이하인 무향실 · 반 무향실 또는 잔향실 중 소음도 검사기관의 장이 지정하는 장소로 할 것 2. 소음도의 측정 조건: 소음 측정이 풍속과 기후의 영향을 받지 아니하여야 하고, 측정 대상 기계의 작동을 최대로 할 것 3. 소음도의 측정기기 등: 소음도의 측정기기는 「산업표준화법」 제12조 제1항에 따른 한국산업표준(KS)을 지킨 것을 사용할 것 4. 측정자료의 분석 · 평가: 배경소음 · 환경 보정치(補正値) 등을 고려하여 측정자료를 분석 · 평가하고, 데이터 오류 등으로 2대 이상을 측정하는 경우에는 소음도가 가장 높은 기계의 측정자료를 기준으로 분석 · 평가할 것

③ 법 제45조의3 제3항에 따른 소음도 검사방법은 다음 각호와 같다.

1. 소음도의 측정 환경: 측정 장소는 배경소음이 45데시벨 이하인 곳 중 소음도 검사기관의 장이 지정하는 장소로 할 것 2. 소음도의 측정 조건: 소음 측정이 풍속과 기후의 영향을 받지 아니하여야 하고, 측정 대상 기계의 음량을 최대로 할 것 3. 소음도의 측정기기 등: 소음도의 측정기기는 「산업표준화법」 제12조 제1항에 따른 한국산업표준(KS)을 지킨 것을 사용할 것 4. 측정자료의 분석 · 평가: 배경소음 · 환경 보정치(補正値) 등을 고려하여 측정자료를 분석 · 평가하고, 데이터 오류 등으로 2대 이상을 측정하는 경우에는 소음도가 가장 높은 기계의 측정자료를 기준으로 분석 · 평가할 것

④ 제1항부터 제3항까지에 따른 소음도 검사는 법 제45조 제1항에 따라 지정된 소음도 검사기관에서 실시하여야 한다. 다만, 소음도 검사를 받아야 하는 건설기계 등을

6. 환경기술인 등의 교육

환경기술인을 두어야 하는 자는 환경부령으로 정하는 바에 따라 환경기술인에게 환경부장관 또는 시 · 도지사가 실시하는 교육을 받게 하여야 한다(소음 · 진동관리법 제46조 제1항). 환경부장관 또는 시 · 도지사는 환경부령으로 정하는 바에 따라 환경기술인 교육에 드는 경비를 교육 대상자를 고용한 자로부터 징수할 수 있다(소음 · 진동관리법 제46조 제2항).

7. 포상금 지급

특별시장 · 광역시장 · 특별자치시장 · 특별자치도지사 또는 시장 · 군수 · 구청장은 제35조 제1항을 위반하여 소음기 · 소음 덮개를 떼어 버리거나 경음기를 추가로 붙인 자를 신고하거나 고발한 자에게 해당 지방자치단체의 조례로 정하는 바에 따라 포상금을 지급할 수 있다(소음 · 진동관리법 제46조의2).

소음도 검사기관으로 옮기기 곤란한 경우에는 소음도 검사기관 관계자의 참여하에 제작 또는 수입하는 자가 정하는 장소에서 실시할 수 있다. ⑤제1항부터 제4항까지에 따른 소음도 검사방법의 세부적인 사항은 환경부장관이 정하여 고시한다. 제60조(소음도 검사수수료) ① 법 제44조 제9항, 법 제44조의2 제4항 및 법 제45조의3 제5항에 따른 소음도 검사수수료는 환경부장관이 정하여 고시하는 수수료 산정기준에 따라 소음도 검사기관의 장이 인건비와 장비의 사용 비용 · 재료비 등 검사에 드는 비용을 고려하여 정한다. ② 소음도 검사기관의 장은 제1항에 따라 검사수수료를 정하려는 경우에는 미리 소음도 검사기관의 인터넷 홈페이지에 20일(긴급한 사유가 있는 경우에는 10일)간 그 내용을 게시하고 이해관계인의 의견을 들어야 한다. ③ 소음도 검사기관의 장은 제1항에 따라 수수료를 결정하였을 때는 그 내용과 산정내역을 소음도 검사기관의 인터넷 홈페이지를 통하여 공개하여야 한다.

8. 보고와 검사 등

환경부장관, 특별자치시장 · 특별자치도지사 또는 시장 · 군수 · 구청장은 환경부령으로 정하는 경우에는 다음 각호의 자에게 보고를 명하거나 자료를 제출하게 할 수 있으며, 관계 공무원이 해당 시설 또는 사업장 등에 출입해서 배출허용기준과 제21조 제2항에 따른 규제기준의 준수를 확인하기 위하여 소음과 진동 검사를 하게 하거나 관계 서류 · 시설 또는 장비 등을 검사하게 할 수 있다(소음 · 진동관리법 제47조 제1항).

1. 사업자
2. 생활 소음 · 진동의 규제 대상인 자
3. 제25조에 따라 폭약을 사용하는 자
4. 자동차 제작자
5. 타이어 제작자 등
6. 확인 검사대행자
7. 소음발생건설기계 제작자 등
8. 제45조 제1항에 따른 소음도 검사기관
9. 제54조 제2항에 따라 환경부장관의 업무를 위탁받은 자

환경부장관, 특별자치시장 · 특별자치도지사 또는 시장 · 군수 · 구청장은 소음 · 진동 검사를 환경부령으로 정하는 검사기관에 대행하게 할 수 있다(소음 · 진동관리법 제47조 제2항). 출입 · 검사를 하는 공무원은 그 권한을 표시하는 증표를 지니고 이를 관계인에게 내보여야 한다(소음 · 진동관리법 제47조 제3항).

9. 관계 기관의 협조

환경부장관은 소음 · 진동관리법의 목적을 달성하는 데 필요하다고 인정하면 다음 각호에 해당하는 조치를 관계 기관의 장에게 요청할 수 있다. 이 경우 관계 기관의 장은 특별한 사유가 없으면 그 요청에 따라야 한다(소음 · 진동관리법 제48조).

1. 도시재개발사업의 변경
2. 주택단지 조성의 변경
3. 도로 · 철도 · 공항 주변의 공동주택 건축허가의 제한
4. 그 밖에 대통령령으로 정하는 사항

10. 행정처분의 기준

소음 · 진동관리법이나 소음 · 진동관리법에 따른 명령을 위반한 행위에 대한 행정처분의 기준은 환경부령으로 정한다(소음 · 진동관리법 제49조).

11. 행정처분 효과의 승계

소음 · 진동관리법 제10조(제32조에 따라 준용되는 경우를 포함한다)에 따른 사업의 승계가 있으면 종전의 사업자에 대한 행정처분의 효과는 그 처분기간이 끝나는 날까지 새로운 사업자에게 승계되며, 행정처분의 절차가 진행 중이면 새로운 사업자에게 그 절차를 계속 진행할 수 있다. 다만, 새로운 사업자(상속에 의한 승계는 제외한다)가 그 사업을 승계 시에 그 처분 또는 위반 사실을 알지 못하였음을 증명하면 그러하지 아니하다(소음 · 진동관리법 제50조).

12. 청문

환경부장관, 특별자치시장 · 특별자치도지사 또는 시장 · 군수 · 구청장은 다음 각호의 어느 하나에 해당하는 처분을 하려면 청문을 실시하여야 한다(소음 · 진동관리법 제51조).

1. 제17조에 따른 배출시설의 허가취소 또는 폐쇄 명령
2. 제23조 제4항에 따른 해당 공사의 폐쇄 명령

2의2. 제31조의3에 따른 인증시험 대행 기관의 지정 취소 및 업무의 전부 또는 일부의 정지

3. 제34조에 따른 인증의 취소

3의2. 제34조의3 제3항에 따른 제작 · 수입 · 판매 · 사용 금지명령

4. 제43조에 따른 등록취소 및 업무의 전부 또는 일부의 정지

4의2. 제44조 제6항에 따른 제작 · 수입 또는 판매 · 사용 금지명령

5. 제45조 제5항에 따른 소음도 검사기관의 지정 취소 및 업무의 전부 또는 일부의 정지

13. 연차 보고서의 제출

시 · 도지사는 매년 주요 소음 · 진동 관리시책의 추진 상황에 관한 보고서를 환경부장관에게 제출하여야 한다(소음 · 진동관리법 제52조 제1항). 보고서의 작성 및 제출에 필요한 사항은 환경부령[56]으로 정한다(소음 · 진동관리법 제52조 제2항).

---

56) 소음 · 진동관리법 시행규칙 제74조(연차 보고서의 제출) ①법 제52조에 따른 연차 보고서에 포함될 내용은 다음 각호와 같다.

14. 수수료

소음 · 진동관리법 제8조 제1항에 따른 배출시설의 설치 신고를 하거나 허가를 받으려는 자는 해당 특별자치시 · 특별자치도 또는 시 · 군 · 구의 조례로 정하는 바에 따라 수수료를 내야 한다(소음 · 진동관리법 제53조 제1항). 제작차 인증 · 변경인증 또는 인증 생략을 신청하려는 자는 환경부령으로 정하는 수수료를 내야 한다(소음 · 진동관리법 제53조 제2항).

15. 권한의 위임 · 위탁

소음 · 진동관리법에 따른 환경부장관의 권한은 대통령령으로 정하는 바에 따라 그 일부를 시 · 도지사, 국립환경과학원장 또는 지방 환경 관서의 장에게 위임할 수 있다(소음 · 진동관리법 제54조 제1항). 환경부장관은 소음 · 진동관리법에 따른 업무 일부를 대통령령으로 정하는 바에 따라 관계 전문기관에 위탁할 수 있다(소음 · 진동관리법 제54조 제2항).

---

1. 소음 · 진동 발생원(發生源) 및 소음 · 진동 현황 2. 소음 · 진동 저감 대책 추진 실적 및 추진계획 3. 소요 재원의 확보계획

②제1항에 따른 보고기한은 다음 연도 1월 31일까지로 하고, 보고 서식은 환경부장관이 정한다.

16. 벌칙 적용에서의 공무원 의제

소음 · 진동관리법 제45조 제1항에 따른 소음도 검사기관의 소음도 검사 업무에 종사하는 자는 「형법」 제129조부터 제132조[57]까지의 규정을 적용할 때는 공무원으로 본다(소음 · 진동관리법 제55조).

제9절
벌 칙

1. 벌칙

다음 각호의 어느 하나에 해당하는 자는 3년 이하의 징역 또는 3천만원 이하의 벌금에 처한다(소음 · 진동관리법 제56조).

---

57) 형법 제129조(수뢰, 사전수뢰) ①공무원 또는 중재인이 그 직무에 관하여 뇌물을 수수, 요구 또는 약속한 때에는 5년 이하의 징역 또는 10년 이하의 자격정지에 처한다. ②공무원 또는 중재인이 될 자가 그 담당할 직무에 관하여 청탁받고 뇌물을 수수, 요구 또는 약속한 후 공무원 또는 중재인이 된 때에는 3년 이하의 징역 또는 7년 이하의 자격정지에 처한다. 제131조(수뢰후부정처사, 사후수뢰) ①공무원 또는 중재인이 전2조의 죄를 범하여 부정한 행위를 한 때에는 1년 이상의 유기징역에 처한다. ②공무원 또는 중재인이 그 직무상 부정한 행위를 한 후 뇌물을 수수, 요구 또는 약속하거나 제삼자에게 이를 공여하게 하거나 공여를 요구 또는 약속한 때에도 전항의 형과 같다. ③공무원 또는 중재인이었던 자가 그 재직 중에 청탁받고 직무상 부정한 행위를 한 후 뇌물을 수수, 요구 또는 약속한 때에는 5년 이하의 징역 또는 10년 이하의 자격정지에 처한다. ④전3항의 경우에는 10년 이하의 자격정지를 병과할 수 있다. 제132조(알선수뢰) 공무원이 그 지위를 이용하여 다른 공무원의 직무에 속한 사항의 알선에 관하여 뇌물을 수수, 요구 또는 약속한 때에는 3년 이하의 징역 또는 7년 이하의 자격정지에 처한다.

1. 제17조에 따른 폐쇄 명령을 위반한 자
2. 제30조를 위반하여 제작차 소음허용기준에 맞지 아니하게 자동차를 제작한 자
3. 제31조 제1항에 따라 인증받지 아니하고 자동차를 제작한 자
4. 제44조 제1항에 따른 소음도 검사를 받지 아니하거나 거짓으로 소음도 검사를 받은 자

2. 벌칙

다음 각호의 어느 하나에 해당하는 자는 1년 이하의 징역 또는 1천만원 이하의 벌금에 처한다(소음 · 진동관리법 제57조).

1. 제8조 제1항에 따른 허가를 받지 아니하고 배출시설을 설치하거나 그 배출시설을 이용해 조업한 자
2. 거짓이나 그 밖의 부정한 방법으로 제8조 제1항에 따른 허가를 받은 자
3. 제16조 또는 제17조에 따른 조업정지명령 등을 위반한 자
4. 제23조 제4항에 따른 사용금지, 공사 중지 또는 폐쇄 명령을 위반한 자
5. 제31조 제2항에 따른 변경인증을 받지 아니하고 자동차를 제작한 자

5의2. 제31조의2 제2항 제1호 또는 제2호에 따른 금지행위를 한 자

5의3. 제34조의3 제3항에 따른 제작 · 수입 · 판매 · 사용 금지명령을 위반한 자

5의4. 제44조 제6항에 따른 제작 · 수입 또는 판매 · 사용 금지명령을 위반한 자

6. 제44조 제7항에 따른 소음도 표지를 붙이지 아니하거나 거짓의 소음도 표지를 붙인 자

3. 벌칙

다음 각호의 어느 하나에 해당하는 자는 6개월 이하의 징역 또는 500만원 이하의 벌금에 처한다(소음 · 진동관리법 제58조).

1. 제8조 제1항에 따른 신고를 하지 아니하거나 거짓이나 부정한 방법으로 신고하고 배출시설을 설치하거나 그 배출시설을 이용해 조업한 자
2. 삭제 〈2009. 6. 9.〉
3. 삭제 〈2009. 6. 9.〉
4. 제23조 제1항에 따른 작업시간 조정 등의 명령을 위반한 자
5. 제36조 제3항을 위반하여 점검에 따르지 아니하거나 지장을 주는 행위를 한 자
6. 제38조 제1항에 따른 개선명령 또는 사용정지 명령을 위반한 자

4. 양벌규정

법인의 대표자나 법인 또는 개인의 대리인, 사용인, 그 밖의 종업원이 그 법인 또는 개인의 업무에 관하여 제56조부터 제58조까지의 어느 하나에 해당하는 위반행위를 하면 그 행위자를 벌하는 외에 그 법인 또는 개인에게도 해당 조문의 벌금형을 과(科)한다. 다만, 법인 또는 개인이 그 위반행위를 방지하기 위하여 해당 업무에 관하여 상당한 주의와 감독을 게을리하지 아니한 경우에는 그러하지 아니하다(소음 · 진동관리법 제59조).

5. 과태료

다음 각호의 어느 하나에 해당하는 자에게는 2천만원 이하의 과태료를 부과한다(소음 · 진동관리법 제60조 제1항).

1. 제31조 제3항을 위반하여 인증 · 변경인증을 받은 배기 소음 결괏값을 표시하지 아니하거나 거짓으로 표시한 자
2. 제34조의2 제2항을 위반하여 타이어 소음도 측정 결과를 신고하지 아니하거나 거짓으로 신고한 자
3. 제34조의2 제3항을 위반하여 타이어 소음도를 표시하지 아니하거나 거짓으로 표시한 자

다음 각호의 어느 하나에 해당하는 자에게는 300만원 이하의 과태료를 부과한다(소음 · 진동관리법 제60조 제2항).

1. 제19조 제1항을 위반하여 환경기술인을 임명하지 아니한 자
2. 제19조 제4항을 위반하여 환경기술인의 업무를 방해하거나 환경기술인의 요청을 정당한 사유 없이 거부한 자
3. 제44조의2 제2항에 따른 기준에 적합하지 아니한 가전제품에 저소음 표지를 붙인 자
4. 제45조의3 제2항에 따른 기준에 적합하지 아니한 휴대용음향기기를 제조 · 수입하여 판매한 자

다음 각호의 어느 하나에 해당하는 자에게는 200만원 이하의 과태료를 부과한다(소음 · 진동관리법 제60조 제3항).

1. 제8조 제2항에 따른 변경 신고를 하지 아니하거나 거짓이나 그 밖의 부정한 방법으로 변경 신고를 한 자
2. 제14조를 위반하여 공장에서 배출되는 소음·진동을 배출허용기준 이하로 처리하지 아니한 자

2의2. 제21조 제2항에 따른 생활 소음·진동 규제기준을 초과하여 소음·진동을 발생한 자

2의3. 제22조 제1항·제2항에 따른 신고 또는 변경 신고를 하지 아니하거나 거짓이나 그 밖의 부정한 방법으로 신고 또는 변경 신고를 한 자

2의4. 제22조 제5항 제1호에 따른 방음시설을 설치하지 아니하거나 기준에 맞지 아니한 방음시설을 설치한 자

3. 제22조 제5항 제2호에 따른 저감 대책을 수립·시행하지 아니한 자
5. 제24조 제1항에 따른 이동소음원의 사용금지 또는 제한 조치를 위반한 자
6. 제35조를 위반한 자동차의 소유자
7. 제38조 제3항에 따라 보고하지 아니한 자
8. 제46조를 위반하여 환경기술인 등의 교육을 받게 하지 아니한 자
9. 제47조 제1항에 따라 보고하지 아니하거나 허위로 보고한 자 또는 자료를 제출하지 아니하거나 허위로 제출한 자
10. 제47조에 따른 관계 공무원의 출입·검사를 거부·방해 또는 기피한 자

대통령령[58)]으로 정하는 바에 따라 환경부장관, 시·도지사 또는 시장·군수·구청장이 부과·징수한다(소음·진동관리법 제60조 제4항).

---

58) 소음·진동관리법 시행령 제15조(과태료 부과 기준) 법 제60조 제1항부터 제3항까지의 규정에 따른 과태료의 부과 기준은 별표 2와 같다.

제10절
방음시설의 성능 및 설치 기준

[기후 에너지환경부 고시 제2025-165호, 2025. 10. 1., 일부개정]

방음시설의 성능 및 설치 기준은 소음 · 진동관리법 제40조 제2항의 규정에 의한 방음시설의 성능 및 설치 기준을 정함을 목적으로 한다(방음시설의 성능 및 설치 기준 제1조).

방음시설의 성능 및 설치 기준은 교통소음 저감을 목적으로 설치되는 방음시설의 설치 및 유지관리에 적용하며, 공장 소음 · 공사장 소음 기타 생활 소음저감 시설의 설치 및 유지관리에 준용할 수 있다(방음시설의 성능 및 설치 기준 제2조).

방음시설의 성능 및 설치 기준에서 사용하는 용어의 정의는 다음과 같다(방음시설의 성능 및 설치 기준 제3조).

1. "방음시설"이라 함은 교통 소음을 저감하기 위하여 충분한 소리의 흡음 또는 차단 효과를 얻을 수 있도록 설치하는 시설을 말하며, 방음시설에는 방음벽 · 방음터널 · 방음 둑 등으로 구분된다.
2. "방음판"이라 함은 방음시설의 기초부와 지주 사이의 방음 효과를 얻기 위한 구조물을 말한다.
3. "흡음률"이라 함은 입사 음의 강도에 대한 흡수 음의 강도의 백분율을 말한다.
4. "투과손실"이라 함은 소음 에너지가 방음판을 투과하기 전과 투과한 후의 음압레벨의 차이를 말한다.
5. "삽입손실"이라 함은 동일 조건에서 방음시설 설치 전후의 음압레벨 차이를 말한다.

6. “가시 광선투과율”이라 함은 방음판에 입사하는 주광의 광속에 대하여 투과 광속의 입사광 속에 대한 백분율을 말한다.
7. “수음점”이라 함은 소음의 영향을 받는 위치로써 방음시설의 설계목표가 되는 지점을 말한다.
8. “회절감쇠치”라 함은 소음원에서 수음점까지의 전달 경로상에 방음시설에 의한 회절로 인하여 음이 감쇠되는 것을 말한다.

1. 소음저감 목표 기준

방음시설의 설치로 수음점에서의 소음저감 목표 기준은 「환경정책기본법」 시행령 제2조 별표 1에 따른 소음 환경기준을 적용하고, 철도 및 운행 중인 도로는 「소음 · 진동 관리법」 시행규칙 별표 11에 따른 교통 소음관리기준을 적용할 수 있다. 다만, 상업지역 · 학교 · 도서관 등 주로 낮 시간대 이용되는 시설은 낮 시간대의 기준을 적용한다(방음시설의 성능 및 설치 기준 제4조).

2. 방음시설 설치 대상 지역의 선정

방음시설은 주택 · 학교 · 병원 · 도서관 · 휴양시설의 주변 지역 등 조용한 환경을 요하는 지역(이하 “보호 대상 지역”이라 한다)중 소음의 영향을 크게 받는 지역으로서 상주인구 밀도, 학생 수, 병상 수 등이 많고 소음이 환경기준을 초과하여 소음 문제가 발생하거나 발생할 우려가 큰 지역부터 우선하여 설치한다(방음시설의 성능 및 설치 기준 제5조).

3. 재료, 시험방법 및 재질 기준

방음시설에 사용되는 재료, 시험방법 및 재질 등은 한국산업규격(KS)에서 정하는 방음판 종류별 규격에 적합하거나 동등 이상의 재료로 하여야 한다(방음시설의 성능 및 설치 기준 제9조).

I. 방음시설의 설계 및 설치 기준

1. 방음시설의 설계시 기본적인 고려사항

방음시설 발주자는 방음시설의 설계 시에는 다음 각호의 사항을 고려하여야 한다(방음시설의 성능 및 설치 기준 제10조).

1. 소음발생원의 특성 및 보호 대상 지역의 용도를 조사하고 보호 대상 지역 주민의 의견을 수렴하여 적정한 방음시설을 선정한다.
2. 방음시설은 전체적으로 주변 경관과 조화를 잘 이루고 미적으로 우수하여야 하며 환경 · 생태 친화적이어야 한다. 이를 위하여 도시경관 관련 심의기구 또는 관계전문가의 자문을 받거나 환경영향평가 협의의견을 고려하여 방음시설의 유형 및 색상, 방음림(소음 막이 숲) 조성, 넝쿨식물 식재, 방음벽의 단부 및 연결부에 화분 설치, 조류 충돌 방지기능이 있는 문양의 방음판 사용 등 다양한 방안을 강구한다.
3. 방음판은 파손 부위를 쉽게 교체할 수 있는 구조로 해야 한다.
4. 방음시설은 사고 시 대피 · 청소 · 유지관리 등을 위하여 적정 간격으로 통로를 설치할 수 있다. 통로는 소음이 직접 밖으로 투과하지 않는 구조로 한다.
5. 방음시설은 강풍 · 강우 · 진동에 의하여 변형 또는 파괴되지 않도록 안전한 구조로 하되, 국토교통부의 「도로교 표준시방서」에서 정하는 지역별 설계풍속을 적용할 수 있다.

6. 방음시설은 가급적 방음 효과가 우수하고 사후관리가 편리하며 내구성, 내화성이 좋은 것으로 한다.

2. 음원결정

교통소음에 대한 방음시설 설계 시 음원은 무한길이의 선 음원으로 보며, 음원의 높이는 노면 위 0.5m를 표준으로 한다. 다만, 주 소음발생원이 노면보다 상당히 높은 경우에는 주 소음발생원의 위치로 한다(방음시설의 성능 및 설치 기준 제11조 제1항).

소음원의 발생소음도는 실제 현장 측정을 통하여 결정하는 것을 원칙으로 하며, 장래의 소음을 예측하여 평가하고자 할 때에는 예측 식을 이용하여 결정할 수 있다(방음시설의 성능 및 설치 기준 제11조 제2항). 교통 소음 예측 방법은 「소음 · 진동관리법」 시행규칙 제7조의2 제4항에 따라 고시된 소음지도의 작성 방법의 소음원별 예측 식을 활용하되, 소음원의 발생 특성에 따라 국립환경과학원장이 검증한 별도의 예측 식을 활용할 수 있다(방음시설의 성능 및 설치 기준 제11조 제3항).

3. 수음점 결정

수음점은 보호 대상 지역 부지 경계선 중 소음도가 소음저감 목표 기준을 초과하는 지점으로 한다. 다만, 소음으로부터 보호받아야 할 시설이 2층 이상이면 등 부지 경계선보다 소음도가 더 큰 장소가 있는 경우에는 그곳에서 소음원 방향으로 창문 · 출입문 또는 건물 벽 밖의 0.5m 내지 1m 떨어진 지점으로 한다(방음시설의 성능 및 설치 기준 제12조).

4. 방음시설의 선정기준

도로 · 철도 등 소음원(이하 "소음원"이라 한다)의 양쪽 모두에 보호 대상 지역이 있거나 한쪽에만 방음시설을 설치할 경우 반대 측 수음자에게 반사음의 영향이 우려될 때에는 흡음 효과 또는 반사음 저감효과가 우수한 방음시설로 한다(방음시설의 성능 및 설치 기준 제13조 제1항).

방음시설의 조망, 일조, 채광 등이 요구되면 투명방음판 또는 투명방음판과 다른 방음판을 조합한 것으로 한다. 다만, 방음시설 중 투명방음판을 사용할 때는 조류 충돌 등 생태적 영향이 최소화되는 방안을 강구하여야 한다(방음시설의 성능 및 설치 기준 제13조 제2항).

방음시설 발주자는 소음원 및 보호 대상 지역의 주변 지형 여건상 방음시설로 적절한 방음 효과를 얻기 어려운 지역은 방음시설 설치보다는 거리감쇠, 저소음 포장, 차음동 건설 등 다른 방법을 강구하여야 한다. 다만, 부득이 방음시설을 설치하여야 하는 경우에는 여러 방음시설을 복합적으로 활용하고 이를 주민에게 충분히 홍보하여야 한다(방음시설의 성능 및 설치 기준 제13조 제3항).

5. 방음시설의 크기결정

방음시설의 높이는 방음시설에 의한 삽입손실에 따라 결정되며, 계획 시의 삽입손실은 방음시설 설치 대상 지역의 소음 목표 기준과 수음점의 소음 실측치(또는 예측치)와의 차이 이상으로 한다(방음시설의 성능 및 설치 기준 제14조 제1항).

방음시설의 길이는 방음시설 측 단으로 입사하는 음의 영향을 고려하여 설계목표를 충분히 달성할 수 있는 길이로 결정하여야 한다(방음시설의 성능 및 설치 기준 제14조 제2항).

6. 방음시설의 설치지점 선정

방음시설 발주자는 방음시설의 설치 가능한 장소 중 소음저감을 극대화할 수 있는 지점에 설치하여야 한다(방음시설의 성능 및 설치 기준 제15조 제1항).

방음시설 발주자는 방음 효과의 증대를 위하여 도로 측면 외에 도로 중앙분리대에도 방음벽을 설치할 수 있다(방음시설의 성능 및 설치 기준 제15조 제2항).

7. 방음시설 설치 시 준수사항

방음시설 발주자는 방음시설 설치 시에 다음 각호의 사항을 준수하여야 한다(방음시설의 성능 및 설치 기준 제16조).

1. 방음시설 설치 중 파손, 도장부 손상 등이 없어야 한다.
2. 방음시설 설치 후 기초부와 방음판, 지주와 방음판 및 방음판과 방음판 사이에 틈새가 없도록 하여야 하며, 특히 기초부와 최하단 방음판 사이에는 옥외 기후에도 내구성이 우수한 재료 및 몰타르, 발포고무판 등의 자재로 밀폐하여 음의 누출을 방지하여야 한다.
3. 방음시설 설치에 사용되는 부품은 풀림 방지용 너트 등을 사용하여 단단히 조립하여야 하고 녹 발생이 억제되는 제품을 사용하여야 한다.
4. 방음시설 외부에 날카로운 모서리 등 사람에게 상해를 입힐 수 있는 곳이 없도록 끝손질을 잘해야 한다.
5. 재난, 사고 등으로 인하여 방음시설이 파손되더라도 방음판이 분리되어 흐트러지지 않는 구조로 하여 방음판의 비산등으로 인한 2차 피해를 예방하여야 한다.

6. 방음시설의 교차 부분 또는 밑부분이나 방음시설과 나란히 배수로를 설치하는 등 도로의 배수 흐름을 방해하지 않도록 하여야 한다.
7. 방음시설의 보호를 위하여 도로 여건에 따라 필요한 경우에 한하여 방호책을 설치할 수 있다.

II. 방음시설의 성능평가 및 사후관리

1. 방음시설의 성능평가

방음시설 발주자는 스스로 방음시설 시공 전·후의 성능을 평가하거나 방음시설을 설계·시공한 자로 하여금 별지 제1호서식 및 제2호서식의 방음시설 시공 전·후의 성능평가서를 제출하도록 하여 설계·시공의 적정성 여부를 검토하여야 한다(방음시설의 성능 및 설치 기준 제17조 제1항).

방음시설 시공 후의 성능평가는 시공 전 성능평가서 수음점의 소음저감 목표 기준과 비교하여 적합 여부로 판단한다(방음시설의 성능 및 설치 기준 제17조 제2항). 방음시설 발주자는 방음시설의 성능평가 결과 소음저감 목표 기준을 초과한 경우에는 설계·시공의 적정성 및 원인을 분석하여 개선방안을 수립·시행하여야 한다(방음시설의 성능 및 설치 기준 제17조 제3항). 성능평가 및 성능평가 결과에 따른 원인분석 및 개선방안 마련 시에는 소음 진동 기술사 등 관계전문가를 적극적으로 활용하도록 한다(방음시설의 성능 및 설치 기준 제17조 제4항).

2. 사후관리

방음시설 관리자는 방음시설의 적정한 유지관리를 통하여 설치 초기의 음향 특성, 안전성 및 미관 등이 설계목표 연도까지 항상 유지되도록 하여야 한다(방음시설의 성능 및 설치 기준 제18조 제1항).

방음시설 관리자는 수시로 방음시설을 점검하여 이상을 발견한 때에는 당초 설계에 적합하게 보수하도록 조치하여야 하며, 정기적으로 청소를 실시하여 방음시설의 미관이 저해되지 않도록 하여야 한다(방음시설의 성능 및 설치 기준 제18조 제2항). 방음시설 관리자는 방음시설의 성능이 유지되는지 확인하기 위하여 설치 후 5년마다 제17조 제2항을 준용하여 성능평가를 실시하고 그 결과를 별지 제3호서식의 방음시설 관리 카드에 기록·유지하고, 그 결과가 적합하지 않을 경우에는 그 원인을 분석하여 1년 이내에 적절한 대책으로 보완한 후 재평가를 실시하여야 한다. 다만, 실 교통량이 설계 교통량 이내일 경우에는 성능평가 실시기간을 2년 연장할 수 있다(방음시설의 성능 및 설치 기준 제18조 제3항).

3. 재검토기한

기후에너지환경부장관은 이 고시에 대하여 「훈령·예규 등의 발령 및 관리에 관한 규정」에 따라 2021년 7월 1일 기준으로 매 3년이 되는 시점(매 3년째의 6월 30일까지를 말한다)마다 그 타당성을 검토하여 개선 등의 조치를 한다(방음시설의 성능 및 설치 기준 제19조).

제 3 장

공항소음 방지 및 소음대책지역 지원에 관한 법률

제1절
총 칙

1. 공항소음 방지 및 소음대책지역 지원에 관한 법률의 목적

공항소음 방지 및 소음대책지역 지원에 관한 법률은 공항소음을 방지하고 소음 대책 지역의 공항소음대책사업 및 주민지원사업을 효율적으로 추진함으로써 주민의 복지증진과 쾌적한 생활환경을 보장하고, 항공교통 활성화에 이바지함을 목적으로 한다(공항소음 방지 및 소음대책지역 지원에 관한 법률 제1조).

2. 공항소음 방지 및 소음대책지역 지원에 관한 법률과 용어

공항소음 방지 및 소음대책지역 지원에 관한 법률에서 사용하는 용어의 뜻은 다음과 같다(공항소음 방지 및 소음대책지역 지원에 관한 법률 제2조).

1. "공항소음"이란 공항에 이륙·착륙하는 항공기로부터 발생하는 소음을 말한다.
2. "소음 대책 지역"이란 공항소음 피해가 있는 지역으로서 공항소음대책사업과 주민지원사업 등을 추진하기 위하여 국토교통부장관이 제5조 제1항에 따라 지정·고시한 지역을 말한다.
3. "항공기"란 「항공 안전법」 제2조 제1호에 따른 항공기를 말한다.
4. "공항"이란 「공항시설법」 제2조 제3호에 따른 공항과 공항개발사업시행자가 새로이 건설하는 공항을 말한다. 다만, 「군사기지 및 군사시설 보호법」 제2조 제4호 가목부터 다목까지의 규정에 따른 항공 작전기지를 겸하는 공항은 제외하되, 부산광역시 강서구에 있는 공항은 포함한다.

5. "공항시설 관리자"란 「공항시설법」 제2조 제7호에 따른 공항시설을 관리하는 자를 말한다.
6. "공항개발사업시행자"란 「공항시설법」 제2조 제9호에 따른 공항개발사업을 시행하는 자를 말한다.
7. "공항소음대책사업"이란 공항소음을 줄이고 쾌적한 생활환경을 조성하기 위하여 시행하는 사업으로 제8조 제1항 제1호부터 제4호까지, 제6호 및 제7호의 사업을 말한다.
8. "주민지원사업"이란 소음 대책 지역주민들의 복지증진 및 소득증대를 위하여 시행하는 사업으로서 제19조 제1항에 해당하는 사업을 말한다.
9. "소음 영향도"란 항공기로부터 발생하는 소음도에 운항 횟수, 운항 시간대 등을 고려하여 국토교통부령으로 정하는 산정 방법에 따라 산정한 값을 말한다.

3. 공항소음 방지 및 소음대책지역 지원에 관한 법률과 다른 법률과의 관계

공항소음 방지 및 소음대책지역 지원에 관한 법률은 공항소음의 방지와 소음 대책 지역 지원에 관하여 다른 법률에 우선하여 적용한다(공항소음 방지 및 소음대책지역 지원에 관한 법률 제3조).

4. 국가와 지방자치단체 등의 책무

국가, 지방자치단체, 공항시설 관리자(이하 "시설관리자"라 한다) 및 공항개발사업시행자(이하 "사업시행자"라 한다)는 소음 대책 지역에 거주하는 주민의 쾌적하고 건강한 생활환경을 조성하는 데 필요한 대책을 수립 · 시행하여야 한다(공항소음 방지 및 소음대책지역 지원에 관한 법률 제4조 제1항).

국가, 지방자치단체, 시설관리자 및 사업시행자는 제1항에 따른 대책에 드는 재원을 우선적으로 확보하여야 한다(공항소음 방지 및 소음대책지역 지원에 관한 법률 제4조 제2항).

제2절 소음 대책 지역의 지정·고시 등

1. 소음 대책 지역의 지정·고시 등

국토교통부장관은 장래의 항공 수요를 고려한 예상 소음 영향도를 기준으로 공항 주변의 소음 대책 지역을 대통령령으로 정하는 바에 따라 제1종 구역, 제2종 구역 및 제3종 구역으로 지정 · 고시하여야 한다(공항소음 방지 및 소음대책지역 지원에 관한 법률 제5조 제1항).

국토교통부장관은 소음 대책 지역을 지정 · 고시하기 위하여 공항소음으로 인한 공항 주변의 소음 영향도를 조사하여야 한다(공항소음 방지 및 소음대책지역 지원에 관한 법률 제5조 제2항).

국토교통부장관은 소음 영향도를 조사하는 경우 소음 측정 · 평가 · 분석 등에 관하여 공인된 기술 능력이 있는 자에게 조사를 의뢰하여야 한다(공항소음 방지 및 소음대책지역 지원에 관한 법률 제5조 제3항). 소음 영향도 조사의 주기 · 방법 및 기준 등에 관하여 필요한 사항은 대통령령[59]으로 정한

59) 공항소음 방지 및 소음대책지역 지원에 관한 법률 시행령 제2조(소음 대책 지역의 지정 · 고시) ① 「공항소음 방지 및 소음대책지역 지원에 관한 법률」(이하 “법”이라 한다) 제5조 제1항에 따른 소음 대책 지역의 구역별 예상 소음 영향도 기준은 다음 각호

와 같다. 다만, 제3종 구역의 경우 국토교통부령으로 정하는 바에 따라 지구별로 세분할 수 있다.

1. 제1종 구역: 가중등가소음도[LdendB(A)] 79 이상 2. 제2종 구역: 가중등가소음도[LdendB(A)] 75 이상 79 미만 3. 제3종 구역: 가중등가소음도[LdendB(A)] 61 이상 75 미만

② 국토교통부장관은 법 제5조 제1항에 따라 소음 대책 지역을 지정 · 고시할 때 제1항의 기준에 따른 소음 대책 지역의 구역에 연접한 지역으로서 다음 각호의 구분에 따른 경계 안에 있는 지역의 전부 또는 일부를 소음 대책 지역의 구역에 포함하여 지정 · 고시할 수 있다.

1. 도시지역: 법 제8조 제1항 제3호 나목에 따른 주민 주거용 시설별 경계 2. 비도시지역: 촌락의 생활 형태에 따른 경계와 하천 · 도로 등 지형지물의 경계

③ 제1항 및 제2항에 따른 소음 대책 지역의 지정기준에 관한 세부 사항은 국토교통부장관이 정한다. ④ 국토교통부장관은 제1항부터 제3항까지의 기준에 따라 소음 대책 지역을 구역별로 지정하거나 변경 지정하려는 경우에는 관계 행정기관의 장과 협의한 후 다음 각호의 사항을 관보에 고시해야 한다.

1. 각 구역의 위치 및 면적 2. 각 구역의 지적(地籍)이 표시된 지형도

⑤ 국토교통부장관은 필요하다고 인정하면 제4항에 따라 관계 행정기관의 장과 협의하기 전에 항공기 소음 또는 국토 · 도시 분야에 관한 학식과 경험이 풍부한 사람으로 구성된 자문위원회에 자문할 수 있다. ⑥ 삭제 〈2021. 11. 16.〉 ⑦ 국토교통부장관은 제4항에 따른 지정 · 고시를 한 때에는 해당 특별자치도지사 · 시장 · 군수 · 구청장(자치구의 구청장을 말한다. 이하 "시장 · 군수 · 구청장"이라 한다)에게 해당 지역에 관한 도면 등을 송부하여 1개월 이상 일반인에게 공람하도록 해야 한다. ⑧ 특별시장 · 광역시장 · 시장 또는 군수 및 특별자치도지사는 「국토의 계획 및 이용에 관한 법률」 제18조에 따른 도시 · 군 기본 계획을 수립하거나 같은 법 제24조에 따른 도시 · 군 관리 계획을 입안할 때는 제4항에 따라 지정 · 고시된 사항을 반영해야 한다. ⑨ 국토교통부장관은 법 제5조 제2항에 따라 소음 영향도를 조사할 때 소음 영향도 조사가 관련 규정에 따라 적합하게 수행되고 있는지를 검토하기 위하여 해당 시장 · 군수 · 구청장이 추천하는 2명 이내의 외부 전문가를 참여시킬 수 있다. 이 경우 시장 · 군수 · 구청장은 국토교통부장관이 추천을 요청한 날부터 30일 이내에 외부 전문가를 추천하여야 한다. ⑩ 국토교통부장관은 법 제5조 제2항에 따라 소음 영향도를 조사할 때는 조사 결과의 객관성을 확보하기 위하여 조사내용, 소음측정지점 또는 조사 결과

다(공항소음 방지 및 소음대책지역 지원에 관한 법률 제5조 제4항).

국토교통부장관은 소음 대책 지역을 지정 · 고시한 경우에는 해당 소음 대책 지역을 관할하는 특별자치도지사 · 시장 · 군수 · 구청장(자치구의 구청장을 말한다. 이하 "시장 · 군수 · 구청장"이라 한다)에게 이를 알려야 한다(공항소음 방지 및 소음대책지역 지원에 관한 법률 제5조 제5항). 소음 대책 지역의 통보를 받은 시장 · 군수 · 구청장은 소음 대책 지역이 새로 지정되거나 기존의 소음 대책 지역이 변경되는 경우 소음 대책 지역의 지정 · 변경 사실, 이 법에 따른 지원 및 제한 내용 등을 다음 각호의 어느 하나에 해당하는 자에게 우편 또는 문자메시지 등으로 통지하여야 한다(공항소음 방지 및 소음대책지역 지원에 관한 법률 제5조 제6항).

1. 해당 소음 대책 지역에 거주하는 주민
2. 해당 소음 대책 지역의 토지 · 건축물 소유자
3. 그 밖에 국토교통부령으로 정하는 자

등에 대하여 주민의 의견을 듣는 절차를 거쳐야 한다. ⑪ 국토교통부장관은 법 제5조 제2항에 따라 제4항에 따른 소음 대책 지역 지정 · 고시 후 5년마다 소음 영향도 조사를 실시해야 하며, 그 결과 등을 고려하여 그 지정 · 고시의 타당성을 검토해야 한다. ⑫ 국토교통부장관은 제11항에도 불구하고 항공 수요의 급변 또는 공항 운영 환경의 변화 등을 고려하여 필요하다고 인정하는 경우에는 소음 영향도 조사 주기 전이라도 소음 영향도 조사를 실시할 수 있으며, 기존 소음 대책 지역 지정 · 고시의 타당성을 검토할 수 있다. 이 경우 타당성 검토 결과 기존 지정 · 고시를 변경할 필요가 없는 경우에는 타당성 검토 종료일을 기준으로 5년마다 소음 영향도 조사를 실시해야 한다.

2. 소음 대책 지역에서의 시설물의 설치 제한 등

특별시장 · 광역시장 · 도지사(이하 "시 · 도지사"라 한다) 또는 특별자치 도지사 · 시장 · 군수 · 구청장은 공항 소음피해 확산을 방지하기 위하여 소음 대책 지역에서의 시설물의 설치 및 용도를 제한하여야 한다. 다만, 방음시설 설치 등 일정한 조건을 붙여 시설물의 설치를 허용할 수 있다(공항소음 방지 및 소음대책지역 지원에 관한 법률 제6조 제1항).

시 · 도지사 또는 시장 · 군수 · 구청장은 제1항에 따른 조건을 이행하지 아니한 자에게 다음 각호의 사항을 명할 수 있다(공항소음 방지 및 소음대책지역 지원에 관한 법률 제6조 제2항).

1. 시설물의 용도변경
2. 소음피해 방지시설의 보완

시 · 도지사 또는 시장 · 군수 · 구청장은 소음 대책 지역에 「건축법」에 따라 시설물 설치를 허가하였을 때는 그 허가내용(조건을 붙인 경우에는 그 내용을 포함한다)을 시설관리자 또는 사업시행자에게 통보하여야 한다(공항소음 방지 및 소음대책지역 지원에 관한 법률 제6조 제3항). 제1항에 따른 설치 및 용도 제한 대상 시설물의 종류와 제한조건 등에 관하여 필요한 사항은 국토교통부령으로 정한다(공항소음 방지 및 소음대책지역 지원에 관한 법률 제6조 제4항).

3. 공항소음 방지 및 주민지원에 관한 중기계획의 수립

국토교통부장관은 소음 대책 지역에 대하여 5년마다 공항소음 방지 및 주민지원에 관한 중기계획(이하 "중기계획"이라 한다)을 수립하여야 한다(공항소음 방지 및 소음대책지역 지원에 관한 법률 제7조 제1항). 중기계획에는 다음 각호의 사항을 포함하여야 한다(공항소음 방지 및 소음대책지역 지원에 관한 법률 제7조 제2항).

1. 공항소음 대책의 기본방향
2. 공항소음 저감방안
3. 공항소음대책사업
4. 주민지원사업
5. 재원 조달 및 사업별 배분 방안
6. 토지이용계획 및 공간관리 방향
7. 그 밖에 국토교통부장관이 필요하다고 인정하는 사항

국토교통부장관은 중기계획을 수립할 때는 미리 소음 대책 지역의 주민, 전문가 등의 의견을 수렴한 후 그 의견이 타당하다고 인정할 때는 이를 반영하여야 한다(공항소음 방지 및 소음대책지역 지원에 관한 법률 제7조 제3항). 중기계획을 수립할 때 의견수렴의 절차 · 방법, 그 밖에 필요한 사항은 대통령령[60]으로 정한다(공항소음 방지 및 소음대책지역 지원에 관한 법률 제7조 제4항).

---

60) 공항소음 방지 및 소음대책지역 지원에 관한 법률 시행령 제2조의2(주민의 의견수렴 방법) 국토교통부장관은 법 제7조 제3항에 따라 의견을 수렴할 때는 소음 대책 지역의 주민 및 법 제18조 제2항에 따른 소음 대책 인근지역(이하 "소음 대책 인근지역"이라 한다)의 주민을 대상으로 설문조사를 실시하거나 공청회를 개최하여야 한다.

4. 공항소음대책사업의 계획수립 등

시설관리자 또는 사업시행자는 중기계획에 따라 다음 각호의 사항을 포함하는 연차별 공항소음 대책사업계획(이하 "소음 대책 사업계획"이라 한다)을 수립 · 시행하여야 한다(공항소음 방지 및 소음대책지역 지원에 관한 법률 제8조 제1항).

1. 방음시설 및 냉방시설 설치사업
2. 공영방송 수신료 지원사업(시설관리자로 한정한다)
3. 다음 각 목의 어느 하나에 해당하는 시설에 설치된 냉방시설의 전기료 일부 지원사업(시설관리자로 한정한다)
   가. 「교육기본법」 제9조에 따른 학교
   나. 「건축법」 제2조 제2항 제1호부터 제4호까지 및 제14호에 따른 시설 중 국토교통부령으로 정하는 주민 주거용 시설 및 주민 공동이용시설
   다. 「건축법」 제2조 제2항 제11호에 따른 노유자(老幼者)시설
4. 자동 소음측정망 설치사업
5. 삭제 〈2015. 12. 31.〉
6. 손실보상 및 토지 등의 매수
7. 그 밖에 공항소음을 줄이고 쾌적한 생활환경을 조성하기 위하여 국토교통부장관이 필요하다고 인정하는 사항

공항소음 방지 및 소음대책지역 지원에 관한 법률 제8조 1항 제1호 및 제2호의 설치 및 지원사업 대상은 제5조 제1항에 따라 소음 대책 지역으로 지정 · 고시될 당시의 소음 대책 지역 안에 있는 주거 · 교육 · 의료 · 공공시설 등 국토교통부령으로 정하는 시설물에 한정한다(공항소음 방지 및 소음대책지역 지원에 관한 법률 제8조 제2항).

시설관리자 또는 사업시행자는 소음 대책 지역의 변경으로 인하여 제외되는 지역 안의 제2항에 따른 시설물에 대하여 소음 대책 지역에서 제외된

날부터 5년 이내에 해당 시설물의 소유자가 신청하면 다음 각호의 사업을 시행하여야 한다(공항소음 방지 및 소음대책지역 지원에 관한 법률 제8조 제3항).

1. 방음시설 설치사업
2. 텔레비전 수신 장애 방지사업
3. 학교 냉방시설 설치사업

시설관리자 또는 사업시행자는 소음 대책 사업계획을 수립하거나 수립된 소음 대책 사업계획을 변경하려는 경우에는 국토교통부장관의 승인받아야 한다. 다만, 대통령령으로 정하는 경미한 사항의 변경은 그러하지 아니하다(공항소음 방지 및 소음대책지역 지원에 관한 법률 제8조 제4항). 소음 대책 사업계획의 수립 및 시행에 관하여 필요한 사항은 대통령령으로 정한다(공항소음 방지 및 소음대책지역 지원에 관한 법률 제8조 제5항).

5. 소음저감 운항 의무 등

소음 대책 지역의 공항에서 이륙하거나 착륙하는 항공기는 항공기 소음을 줄이기 위하여 국토교통부장관이 정하여 고시하는 운항절차(이하 "저소음운항절차"라 한다)에 따라 운항하여야 한다(공항소음 방지 및 소음대책지역 지원에 관한 법률 제9조 제1항).

시설관리자는 항공기가 저소음 운항 절차에서 정하는 측정지점별 소음기준을 위반하는지 감시하여야 하며, 소음기준을 위반한 항공기에 대하여는 대통령령으로 정하는 바에 따라 국토교통부장관에게 통보하여야 한다(공항소음 방지 및 소음대책지역 지원에 관한 법률 제9조 제2항).

6. 자동 소음측정망의 설치

시설관리자 또는 사업시행자는 항공기가 측정지점별 소음기준을 준수하는지 감시하고 공항소음 대책 등에 활용하기 위하여 소음 대책 지역의 소음 실태를 조사할 수 있는 자동 소음측정망을 국토교통부령으로 정하는 바에 따라 설치하여야 한다(공항소음 방지 및 소음대책지역 지원에 관한 법률 제10조 제1항).

시 · 도지사 또는 시장 · 군수 · 구청장은 관할 구역의 소음 실태를 조사하는 데 필요한 경우에는 자동 소음측정망을 추가로 설치하거나 설치 위치를 변경할 것을 시설관리자 또는 사업시행자에게 요청할 수 있다(공항소음 방지 및 소음대책지역 지원에 관한 법률 제10조 제2항).

제3절
손실보상

소음 대책 지역의 지정 · 고시 당시 제5조 제1항에 따른 제1종 구역, 제2종 구역 또는 국토교통부령으로 정하는 제3종 구역에 있던 건축물이나 토지의 소유자가 해당 건축물이나 토지의 정착물을 철거할 때는 철거에 따른 손실보상을 시설관리자 또는 사업시행자에게 청구할 수 있다(공항소음 방지 및 소음대책지역 지원에 관한 법률 제11조 제1항).

소음 대책 지역의 지정 · 고시 당시 제5조 제1항에 따른 제1종 구역, 제2종 구역 또는 국토교통부령으로 정하는 제3종 구역에 있던 건축물이나 토지의 소유자가 해당 건축물이나 토지의 정착물을 국토교통부령으로 정하는 제3종 구역 밖의 지역으로 이전할 때는 이전에 따른 손실보상을 시설관리자 또는 사업시행자에게 청구할 수 있다(공항소음 방지 및 소음대책지역 지원에 관한 법률 제11조 제2항).

손실보상의 기준 및 청구 방법 등에 관하여 필요한 사항은 대통령령[61]으로 정한다(공항소음 방지 및 소음대책지역 지원에 관한 법률 제11조 제3항).

1. 토지매수의 청구 등

공항소음 방지 및 소음대책지역 지원에 관한 법률 제5조 제1항에 따른 제1종 구역, 제2종 구역 또는 국토교통부령으로 정하는 제3종 구역에 있는 토지(이하 "매수 대상 토지"라 한다)의 소유자는 시설관리자 또는 사업시행자에게 해당 토지의 매수를 청구할 수 있다(공항소음 방지 및 소음대책지역 지원에 관한 법률 제12조 제1항). 제1항에도 불구하고 매수 대상 토지가 「농지법」에 따른 농지인 경우 그 소유자는 국토교통부장관에게 해당 토지의 매수를 청구할 수 있다(공항소음 방지 및 소음대책지역 지원에 관한 법률 제12조 제2항).

---

61) 공항소음 방지 및 소음대책지역 지원에 관한 법률 시행령 제5조(손실보상의 기준 및 청구 방법) ① 법 제11조 제1항 및 제2항에 따른 손실보상의 대상은 같은 항에 따른 건축물, 현존하는 수목(樹木) 및 토지의 정착물(이하 "손실보상건축물등"이라 한다)로 한다. ② 법 제11조 제1항 및 제2항에 따라 손실보상을 청구하려는 자는 국토교통부령으로 정하는 바에 따른 보상청구서에 해당 손실 보상건축물 등이 손실보상의 대상에 해당함을 입증할 수 있는 자료를 첨부하여 시설관리자 또는 사업시행자에게 제출하여야 한다. ③ 시설관리자 또는 사업시행자는 제2항에 따른 손실보상의 청구를 받은 경우에는 보상 대상 여부 및 감정평가 계획을 청구인에게 알려야 한다. ④ 법 제11조 제3항에 따른 손실보상의 기준이 되는 금액의 산정은 「감정평가 및 감정평가사에 관한 법률」에 따른 감정평가법인 등(이하 "감정평가법인 등"이라 한다) 2인 이상이 평가한 금액의 산술평균치로 한다. ⑤ 시설관리자 또는 사업시행자는 제4항에 따른 감정평가법인 등 외에 손실보상 청구인이 추천하는 감정평가법인 등 1인을 추가로 선정할 수 있다. 이 경우 손실보상 청구인은 제3항에 따라 감정평가 계획을 통보받은 날부터 30일 이내에 감정평가법인 등 1인의 선정을 요청하여야 한다.

매수청구를 받은 시설관리자 또는 사업시행자와 제2항에 따라 매수청구를 받은 국토교통부장관은 해당 토지를 매수하여야 한다(공항소음 방지 및 소음대책지역 지원에 관한 법률 제12조 제3항).

국토교통부장관이 토지를 매수할 때는 제23조 제1항 제1호 또는 제2호의 재원을 사용하여야 한다(공항소음 방지 및 소음대책지역 지원에 관한 법률 제12조 제4항). 국토교통부장관이 토지를 매수하는 경우 토지매수의 절차 및 비용의 부담과 관련된 사항은 제13조(제4항은 제외한다) 및 제14조를 준용한다. 이 경우 "시설관리자 또는 사업시행자"는 "국토교통부장관"으로 본다(공항소음 방지 및 소음대책지역 지원에 관한 법률 제12조 제5항).

2. 토지매수의 절차 등

시설관리자 또는 사업시행자는 제12조 제1항에 따라 토지의 매수청구를 받은 날부터 2개월 이내에 해당 토지가 매수 대상 토지인지 여부 및 대통령령으로 정하는 바에 따라 산정한 매수 예상 가격 등을 매수청구인에게 통보하여야 한다(공항소음 방지 및 소음대책지역 지원에 관한 법률 제13조 제1항).

시설관리자 또는 사업시행자는 제1항에 따라 매수 대상 토지로 통보한 때에는 통보일부터 3년 이내에 해당 매수 대상 토지를 매수하여야 한다(공항소음 방지 및 소음대책지역 지원에 관한 법률 제13조 제2항).

매수 대상 토지를 매수하는 가격(이하 "매수가격"이라 한다)은 「부동산 가격공시에 관한 법률」에 따른 공시지가를 기준으로 해당 토지의 위치, 형상, 환경 및 이용 현황 등을 고려하여 평가한 금액으로 한다. 이 경우 매수가격의 산정 시기 및 산정 방법 등은 대통령령으로 정한다(공항소음 방지 및 소음대책지역 지원에 관한 법률 제13조 제3항).

시설관리자 또는 사업시행자는 제23조 제1항에 따라 조성한 자금 중 국고지원금, 소음부담금을 포함한 자금으로 매수한 토지는 「국유재산법」 제13조에 따라 기부채납 하여야 한다(공항소음 방지 및 소음대책지역 지원에 관한 법률 제13조 제4항).

토지를 매수하는 경우에 그 매수 절차와 그 밖에 필요한 사항은 대통령령[62]으로 정한다(공항소음 방지 및 소음대책지역 지원에 관한 법률 제13조 제5항).

---

62) 공항소음 방지 및 소음대책지역 지원에 관한 법률 시행령 제6조(토지매수의 청구 등) ① 법 제12조 제1항에 따라 토지의 매수를 청구하려는 자는 국토교통부령으로 정하는 토지매수청구서에 다음 각호의 서류를 첨부하여 시설관리자 또는 사업시행자에게 제출하여야 한다.

1. 토지대장 등본 또는 부동산종합증명서, 토지 등기사항증명서 2. 토지이용계획확인서 또는 부동산종합증명서 3. 토지의 매수청구 사유를 증명하는 서류

② 시설관리자 또는 사업시행자는 제1항에 따라 매수청구를 받은 경우에는 법 제13조 제1항에 따라 매수 대상 토지인지 여부, 매수 예상 가격 및 감정평가 계획을 매수청구인에게 알려야 한다. 이 경우 매수예상가 격은 매수청구 당시의 개별공시지가로 한다. ③ 시설관리자 또는 사업시행자는 감정평가법인 등에 대상 토지에 대한 감정평가를 의뢰하여 법 제13조 제3항에 따른 매수가격을 결정한 후 이를 매수청구인에게 알려야 한다. 제7조(매수가격의 산정 시기 · 방법) ① 법 제13조 제3항에 따른 매수가격은 감정평가법인 등 2인 이상이 「부동산 가격공시에 관한 법률」 제3조에 따른 매수청구 당시의 표준지공시지가를 기준으로 공시기준일부터 매수청구인에게 매수금액을 지급하려는 날까지의 기간 동안 지가변동률 및 생산자 물가상승률 등을 고려하여 평가한 금액의 산술평균치로 한다. ② 시설관리자 또는 사업시행자는 매수가격의 산정을 위하여 제1항에 따른 감정평가법인 등 외에 매수청구인이 추천하는 감정평가법인 등 1인을 추가로 선정할 수 있다. 이 경우 매수청구인은 제6조 제2항에 따라 감정평가 계획을 통보받은 날부터 30일 이내에 감정평가법인 등 1인의 선정을 요청하여야 한다.

3. 비용의 부담

시설관리자 또는 사업시행자는 제13조 제3항에 따른 매수가격의 산정을 위한 감정평가 등에 든 비용을 부담한다(공항소음 방지 및 소음대책지역 지원에 관한 법률 제14조 제1항). 시설관리자 또는 사업시행자는 제1항에도 불구하고 매수청구인이 정당한 사유 없이 매수청구를 철회할 때는 대통령령으로 정하는 바에 따라 감정평가에 든 비용의 전부 또는 일부를 매수청구인에게 부담하게 할 수 있다. 다만, 매수가격이 매수예상가격에 비하여 대통령령으로 정하는 비율 이상 떨어진 경우에는 그러하지 아니하다(공항소음 방지 및 소음대책지역 지원에 관한 법률 제14조 제2항).

4. 기부채납된 토지의 관리

국토교통부장관은 기부채납된 토지가 공항소음 방지 및 소음대책지역 지원에 관한 법률의 목적에 적합하게 사용 · 관리될 수 있도록 기부 토지관리계획을 수립하여야 한다(공항소음 방지 및 소음대책지역 지원에 관한 법률 제15조 제1항).

시설관리자 또는 사업시행자는 기부 토지관리계획의 범위에서 기부 토지관리실시계획을 수립하여 해당 토지를 사용 · 관리할 수 있다(공항소음 방지 및 소음대책지역 지원에 관한 법률 제15조 제2항).

5. 구분소유권의 매수청구 등에 관한 특례

공항소음 방지 및 소음대책지역 지원에 관한 법률 제5조 제1항에 따른 제

1종 구역, 제2종 구역 또는 국토교통부령으로 정하는 제3종 구역에 있는 집합건물의 구분소유자(「집합건물의 소유 및 관리에 관한 법률」 제2조 제2호에 따른 구분소유자를 말한다)는 시설관리자 또는 사업시행자에게 해당 구분소유권의 매수를 청구할 수 있다. 이 경우 시설관리자 또는 사업시행자는 특별한 사유가 없으면 매수청구를 받은 구분소유권을 매수하여야 한다(공항소음 방지 및 소음대책지역 지원에 관한 법률 제15조의2 제1항).

시설관리자 또는 사업시행자가 구분소유권을 매수하는 경우 매수 절차, 매수가격의 산정 시기 및 산정 방법에 관하여는 제13조 제1항부터 제3항까지 및 제5항을 준용하고, 매수가격의 산정을 위한 감정평가 등에 든 비용에 관하여는 제14조를 준용한다(공항소음 방지 및 소음대책지역 지원에 관한 법률 제15조의2 제2항).

시설관리자 또는 사업시행자가 매수한 구분소유권의 기부채납에 관하여는 제13조 제4항을 준용하고, 기부채납된 구분소유권의 관리에 관하여는 제15조를 준용한다(공항소음 방지 및 소음대책지역 지원에 관한 법률 제15조의2 제3항).

6. 항공기 소음등급의 설정

국토교통부장관은 공항에 취항하는 항공기가 발생시키는 소음의 정도에 따라 항공기 소음등급을 대통령령[63]으로 정하는 바에 따라 설정하여야 한다(공항소음 방지 및 소음대책지역 지원에 관한 법률 제16조).

---

63) 공항소음 방지 및 소음대책지역 지원에 관한 법률 시행령 제9조(항공기 소음등급의 구분) ① 법 제16조에 따른 항공기 소음등급은 제1등급부터 제5등급까지로 구분한다. ② 제1항에 따른 항공기 소음등급의 구분기준은 국토교통부령으로 정한다.

7. 부담금의 부과·징수

국토교통부장관은 소음대책지역으로 지정된 공항에 착륙하는 항공기의 소유자 등(「항공안전법」 제7조에 따른 소유자 등을 말한다. 이하 같다)에게 제16조에 따른 항공기 소음등급에 따라 「공항시설법」 제32조에 따른 사용료 중 착륙료(부가가치세는 제외한다)의 100분의 30을 넘지 아니하는 범위에서 부담금(이하 "소음부담금"이라 한다)을 부과 · 징수할 수 있다(공항소음 방지 및 소음대책지역 지원에 관한 법률 제17조 제1항).

국토교통부장관은 대통령령[64]으로 정하는 심야 시간에 운항하는 항공기

---

64) 공항소음 방지 및 소음대책지역 지원에 관한 법률 시행령 제10조(부담금 등의 부과 기준 및 징수 절차 등) ① 법 제17조 제1항에 따른 소음부담금(이하 "소음부담금"이라 한다)은 항공기가 제2조에 따라 지정 · 고시된 소음 대책 지역 안의 공항에 착륙할 때마다 제9조 제1항에 따른 항공기 소음등급에 따라 부과한다. ② 국토교통부장관은 제9조 제1항에 따른 항공기 소음등급에 따라 다음 각호의 금액을 항공기 소유자들(「항공안전법」 제7조에 따른 소유자들을 말한다. 이하 이 조에서 같다)에게 소음부담금으로 부과 · 징수한다. 〈개정 2017. 12. 26.〉

1. 제1등급 해당 항공기: 해당 항공기 착륙료(「공항시설법」 제32조에 따른 사용료 중 착륙료를 말하며, 부가가치세는 제외한다. 이하 이 조에서 같다)의 100분의 25에 해당하는 금액
2. 제2등급 해당 항공기: 해당 항공기 착륙료의 100분의 20에 해당하는 금액
3. 제3등급 해당 항공기: 해당 항공기 착륙료의 100분의 17에 해당하는 금액
4. 제4등급 해당 항공기: 해당 항공기 착륙료의 100분의 14에 해당하는 금액
5. 제5등급 해당 항공기: 해당 항공기 착륙료의 100분의 10에 해당하는 금액

③ 소음부담금의 납부기일 및 환율 적용 기준 등은 국토교통부령으로 정한다. ④ 법 제17조 제2항에 따른 심야 시간은 당일 오후 11시부터 다음 날 오전 6시까지로 한다. ⑤ 법 제17조 제1항 및 제2항 따라 소음부담금의 납부 고지를 받은 항공기 소유자들은 다음 각호의 어느 하나에 해당하는 사유가 있는 경우에는 납부 고지를 받은 날부터 30일 이내에 해당 소음부담금의 조정을 신청할 수 있다. 이 경우 국토교통부장관은 소음부담금의 조정신청을 받은 날부터 30일 이내에 그 처리결과를 신청인에게 알려주어야 한다.

의 소유자 등과 제9조 제2항에 따라 소음기준의 위반을 통보받은 항공기의 소유자 등에게는 추가로 제1항에 따른 부담금의 2배를 소음부담금으로 부과·징수할 수 있다(공항소음 방지 및 소음대책지역 지원에 관한 법률 제17조 제2항).

소음부담금의 부과 기준, 징수 절차 및 부과 금액에 대한 조정절차 등에 관하여 필요한 사항은 대통령령으로 정한다(공항소음 방지 및 소음대책지역 지원에 관한 법률 제17조 제3항).

토교통부장관은 소음부담금의 납부 의무자가 납부 기한까지 소음부담금을 내지 아니하면 소음부담금의 100분의 1에 해당하는 가산금을 징수한다(공항소음 방지 및 소음대책지역 지원에 관한 법률 제17조 제4항). 국토교통부장관은 소음부담금의 납부 의무자가 체납된 소음부담금을 납부하지 아니한 때에는 체납된 소음부담금에 납부 기한의 다음 날부터 납부일 전일까지의 기간과 금융회사 등이 연체대출금에 적용하는 이자율 등을 고려하여 대통령령으로 정하는 이자율을 곱한 금액을 제4항에 따른 가산금에 더하여 징수한다. 이 경우 가산금의 총액은 체납된 소음부담금의 100분의 3을 초과할 수 없다(공항소음 방지 및 소음대책지역 지원에 관한 법률 제17조 제5항). 국토교통

---

1. 제2항에 따른 소음부담금 부과 기준에 따라 부과·징수되지 아니한 경우
2. 제4항에 따른 심야 시간 운항 또는 법 제9조 제2항에 따른 소음기준을 위반하지 아니한 경우

⑥ 국토교통부장관은 제5항 각호의 어느 하나에 해당하는 경우에는 부과금을 다시 산정하여 조정하되, 이미 낸 금액과 조정된 금액에 차이가 있는 경우에는 그 차액을 다시 부과하거나 환급하여야 한다. ⑦ 국토교통부장관은 제6항에 따라 소음부담금을 조정하여 차액을 다시 부과하거나 환급할 때는 그 금액, 사유, 납부 방법 또는 환급 방법, 그 밖에 필요한 사항을 서면으로 알려주어야 한다. ⑧ 법 제17조 제5항에서 "대통령령으로 정하는 이자율"이란 체납 기간 1일당 체납된 소음부담금의 10만분의 22의율을 말한다.

부장관은 소음부담금의 납부 의무자가 납부 기한까지 소음부담금을 내지 아니하면 기간을 정하여 독촉하고, 그 지정된 기간에 소음부담금 및 제4항 · 제5항에 따른 가산금을 내지 아니하면 국세 체납처분의 예에 따라 징수할 수 있다(공항소음 방지 및 소음대책지역 지원에 관한 법률 제17조 제6항).

제4절
지원사업계획의 수립

1. 지원사업계획의 수립 등

시설관리자 또는 사업시행자는 중기계획의 범위에서 연차별 주민지원사업계획(이하 "지원사업계획"이라 한다)을 수립하여야 한다(공항소음 방지 및 소음대책지역 지원에 관한 법률 제18조 제1항).

시설관리자 또는 사업시행자는 소음 대책 지역 밖의 지역으로서 대통령령으로 정하는 일정 범위의 지역(이하 "소음 대책 인근지역"이라 한다)을 지원사업계획에 포함하여야 한다(공항소음 방지 및 소음대책지역 지원에 관한 법률 제18조 제2항).

국토교통부장관은 제5조 제1항에 따라 소음 대책 지역을 지정 · 고시할 때 시장 · 군수 · 구청장과 협의하여 소음 대책 인근지역을 포함하여 지정 · 고시할 수 있다(공항소음 방지 및 소음대책지역 지원에 관한 법률 제18조 제3항).

시설관리자 또는 사업시행자가 지원사업계획을 수립하려는 때에는 주민지원사업의 종류 및 규모 등에 대하여 해당 시장 · 군수 · 구청장과 협의하여야 한다(공항소음 방지 및 소음대책지역 지원에 관한 법률 제18조 제4항).

주민지원사업은 해당 시장 · 군수 · 구청장 또는 교육감(학교시설의 설치에 관한 사업에 한정한다)이 시행한다. 다만, 공모사업 등 대통령령으로 정하는 사업은 시설관리자 또는 사업시행자가 직접 시행할 수 있다(공항소음 방지 및 소음대책지역 지원에 관한 법률 제18조 제5항).

시설관리자 또는 사업시행자는 지원사업계획을 수립하거나 수립된 지원사업계획을 변경하려는 경우에는 국토교통부장관의 승인을 받아야 한다. 다만, 대통령령으로 정하는 경미한 사항의 변경은 그러하지 아니하다(공항소음 방지 및 소음대책지역 지원에 관한 법률 제18조 제6항). 지원사업계획의 수립에 필요한 사항은 대통령령[65]으로 정한다(공항소음 방지 및 소음대책지역 지원에 관한 법률 제18조 제7항).

---

65) 공항소음 방지 및 소음대책지역 지원에 관한 법률 시행령 제11조(주민지원사업계획의 수립) ① 법 제18조 제1항에 따른 주민지원사업계획에는 다음 각호의 사항이 포함되어야 한다.

1. 사업의 목적 및 개요 2. 주민복지사업의 내용 3. 소득증대사업의 내용 4. 사업별 지원계획 5. 사업의 효과

② 법 제18조 제2항에서 "대통령령으로 정하는 일정 범위의 지역"이란 가중등가소음도[Lden dB(A)] 57 이상 61 미만의 지역을 말한다. ③ 법 제18조 제5항 단서에서 "공모사업 등 대통령령으로 정하는 사업"이란 법 제19조 제1항에 따른 주민지원사업 중 공모방식을 통해 시행하는 사업(시설물의 설치사업은 제외한다)을 말한다. ④ 법 제18조 제6항 단서에서 "대통령령으로 정하는 경미한 사항의 변경"이란 법 제18조 제6항에 따라 승인받은 주민지원사업계획에 따른 사업비 총액을 변경하지 아니한 범위에서의 법 제19 제1항 제1호부터 제3호까지 규정하는 세부 사업 간의 변경을 말한다.

2. 주민지원사업의 종류 등

주민지원사업의 종류는 다음 각호와 같다(공항소음 방지 및 소음대책지역 지원에 관한 법률 제19조 제1항).

1. 주민복지사업: 공동이용시설(도서관, 체육공원 등) 설치, 교육문화사업 등 지역주민의 복지향상을 위한 사업으로 대통령령으로 정하는 사업을 말한다.
2. 소득증대사업: 공동작업장 및 공동영농 시설의 설치 등 소득증대에 기여할 수 있는 사업으로 대통령령으로 정하는 사업을 말한다.
3. 그 밖에 지역주민의 복지향상 및 소득증대에 기여할 수 있는 사업으로서 대통령령으로 정하는 기준에 따라 해당 지방자치단체의 조례로 정하는 사업

시설관리자 또는 사업시행자는 제1항 각호의 사업별로 드는 사업비의 100분의 75를 넘지 아니하는 범위에서 주민지원사업 시행자에게 제23조에 따라 조성된 자금을 지원하여야 한다. 다만, 제18조 제5항 단서에 따라 시설관리자 또는 사업시행자가 직접 시행할 때는 그러하지 아니하다(공항소음 방지 및 소음대책지역 지원에 관한 법률 제19조 제2항). 사업비 지원 비율 등 구체적인 사항은 대통령령[66]으로 정한다(공항소음 방지 및 소음대책지역 지원에 관한 법률 제19조 제3항).

---

66) 공항소음 방지 및 소음대책지역 지원에 관한 법률 시행령 제12조(주민지원사업의 종류 등) ① 법 제19조 제1항 제1호 및 제2호에 따른 주민지원사업의 종류 및 사업비 지원 비율은 별표 1과 같다.
② 법 제19조 제1항 제3호에서 "대통령령으로 정하는 기준"이란 다음 각호의 기준을 말한다.

3. 소음피해 지역권 개발구역의 지정

국토교통부장관, 시 · 도지사 또는 특별자치도지사(이하 "지정권자"라 한다)는 소음 대책 지역으로 지정 · 고시된 지역에 대하여 체계적인 개발이 필요하다고 인정할 때는 소음피해 지역권 개발구역을 지정할 수 있다(공항소음 방지 및 소음대책지역 지원에 관한 법률 제20조).

4. 소음피해 지역권 개발사업의 시행 등

소음피해 지역권 개발구역에 대한 개발사업은 다음 각호의 자 중에서 지정권자가 지정하는 자가 시행한다. 다만, 제6호에 해당하는 자는 제1호부터 제5호까지의 어느 하나에 해당하는 자와 공동으로 시행하는 경우만 해당한다(공항소음 방지 및 소음대책지역 지원에 관한 법률 제21조 제1항).

> 1. 학자금 및 장학금 지원, 교육기자재 및 도서 구입 지원, 통학 차량 지원, 기숙사 · 생활관 설치 또는 저소득 취약계층에 대한 방과후학교 및 방학 중 프로그램 지원 등 지역주민을 위한 육영사업(育英事業)일 것
> 2. 공용주차장 설치, 소규모 공원 설치, 방범 시설 설치, 가로등 설치 또는 공항별 소음 민원센터 설치사업 등 지역주민의 복지향상을 위한 공동이용시설 설치사업일 것
> 3. 마을 단위 오 · 폐수 처리시설, 오염물질 정화사업, 공동 재생에너지 시설 사업 또는 마을환경(담장 개보수 등) 및 주거 개선사업 등 지역 환경 개선사업일 것
> 4. 사회적 기업 지원 또는 주민 참여 지역 특화 상품 및 지역 문화 사업의 개발 지원 등 지역주민의 소득증대사업일 것

③ 법 제19조 제1항 제3호 및 이 조 제2항에 따라 지방자치단체의 조례로 정하는 주민지원사업에 대한 사업비 지원 비율은 100분의 75로 한다. ④ 법 제19조 제2항 본문에 따른 사업비에는 별표 1의 시설 및 제2항 각호의 기준에 따라 지방자치단체의 조례로 설치하는 시설의 설치에 수반되는 부속 설비 및 기자재 비용을 포함하되, 그 용지비는 제외한다. ⑤ 주민지원사업으로 설치된 시설 등을 운영하는 자는 해당 시설의 유지보수 등 관리에 필요한 조치를 하여야 한다.

1. 국가 또는 지방자치단체
2. 대통령령으로 정하는 공공기관
3. 「지방공기업법」에 따라 설립된 지방공사
4. 「주택법」 제4조에 따라 등록한 주택건설사업자 중 도시개발사업을 시행할 능력이 있는 자로서 대통령령으로 정하는 요건에 해당하는 자(「주택법」 제2조 제12호에 따른 주택단지와 그에 따르는 기반 시설을 조성하는 경우만 해당한다)
5. 「건설산업기본법」에 따른 토목공사업 또는 토목건축공사업의 면허를 받는 등 개발계획에 맞게 소음피해 지역권 개발사업을 시행할 능력이 있다고 인정되는 자로서 대통령령으로 정하는 요건에 해당하는 자
6. 「부동산투자회사법」에 따라 설립된 자기관리부동산투자회사 또는 위탁관리부동산투자회사로서 대통령령으로 정하는 요건에 해당하는 자
7. 제1호부터 제6호까지의 어느 하나에 해당하는 자 둘 이상이 소음피해 지역권 개발사업을 시행할 목적으로 출자하여 설립한 법인

소음피해 지역권 개발구역의 지정, 개발사업계획의 수립 · 시행 방법 등은 이 법에 특별한 규정이 있는 경우를 제외하고는 「도시개발법」 또는 「도시재정비 촉진을 위한 특별법」에서 정하는 바에 따른다(공항소음 방지 및 소음대책지역 지원에 관한 법률 제21조 제2항).

5. 공항소음 대책위원회의 설치 및 기능

시설관리자 또는 사업시행자는 다음 각호의 사항을 심의하기 위하여 소음 대책 지역으로 지정 · 고시된 공항별로 공항소음 대책위원회(이하 “소음대책위원회”라 한다)를 둔다(공항소음 방지 및 소음대책지역 지원에 관한 법률 제22조 제1항).

1. 공항소음대책사업 및 주민지원사업의 추진계획에 관한 사항
2. 공항소음대책사업과 주민지원사업의 시행 방법 및 우선순위에 관한 사항
3. 공항소음대책사업과 주민지원사업의 시행 결과 및 개선에 관한 사항
4. 그 밖에 공항소음대책사업 및 주민지원사업의 시행에 필요한 사항

국토교통부장관은 항공기 운항과 관련하여 소음 대책 지역의 소음 영향도에 변경을 초래할 우려가 있는 정책으로서 국토교통부령으로 정하는 정책을 수립 · 변경하려는 경우 국토교통부령[67]으로 정하는 바에 따라 해당 소음 대책위원회의 의견을 들어야 한다(공항소음 방지 및 소음대책지역 지원에 관한 법률 제22조 제2항).

소음 대책위원회의 구성과 운영 등에 관하여 필요한 사항은 대통령령[68]으로 정한다(공항소음 방지 및 소음대책지역 지원에 관한 법률 제22조 제3항).

---

67) 공항소음 방지 및 소음대책지역 지원에 관한 법률 시행규칙 제11조의2(공항소음 대책위원회의 의견 청취) ① 법 제22조 제2항에서 "국토교통부령으로 정하는 정책"이란 다음 각호의 사항에 대한 정책 중 영 제2조 제4항에 따라 지정 · 고시된 소음 대책 지역의 소음 영향도가 증가될 것으로 우려되는 정책을 말한다.

1. 심야 비행 통제 시간
2. 소음 대책 지역 및 소음 대책 인근지역에서의 항공기 비행경로
3. 법 제9조 제1항에 따라 공항별로 고시된 저소음 운항 절차 중 항공기 운항과 관련된 사항

② 국토교통부장관은 제1항 각호의 정책을 수립 · 변경하려는 경우 사전에 해당 공항소음 대책위원회의 개최를 요청하고 그 의견을 들어야 한다. 다만, 폭설 등 자연재해로 인하여 심야 비행 통제 시간을 일시적으로 조정하거나 비상 항공기의 운항 등 긴급한 경우에는 그렇지 않다

68) 공항소음 방지 및 소음대책지역 지원에 관한 법률 시행령 제14조(공항소음 대책위원회의 구성 · 운영) ① 법 제22조 제1항에 따른 공항소음 대책위원회(이하 "소음 대책위원회"라 한다)는 위원장 및 부위원장 각 1명을 포함한 25명 이내의 위원으로 구성한다. ② 위원장은 시설관리자 또는 사업시행자가 되며, 부위원장은 위원 중에서 위원장이 지명한다. ③ 위원은 다음 각호의 사람 중에서 위원장이 성별을 고려하여 위촉한다.

6. 자금

공항소음대책사업 및 주민지원사업 등에 필요한 자금은 다음 각호의 재원으로 시설관리자 및 사업시행자가 조성하여야 한다(공항소음 방지 및 소음대책지역 지원에 관한 법률 제23조 제1항).

1. 정부의 국고지원금
2. 「교통시설특별회계법」 제6조 제1항 제3호에 따른 소음부담금
3. 시설관리자 및 사업시행자가 부담하는 사업비. 다만, 시설관리자의 경우에는 「공항시설법」 제32조에 따른 사용료 등 공항수익 중 국토교통부령으로 정하는 공항수익을 말한다.

---

1. 지방항공청 소속 공무원
2. 소음 대책 지역으로 지정 · 고시된 지역을 관할하는 지방자치단체 소속 공무원
3. 소음 대책 지역으로 지정 · 고시된 지역을 관할하는 지방자치단체의 장이 추천한 소음 대책 지역주민

3의2. 소음 대책 인근지역을 관할하는 지방자치단체의 장이 추천한 소음 대책 인근지역의 주민

4. 제1호부터 제3호까지 규정한 사람 외에 공항소음에 관한 학식과 경험이 풍부한 사람

④ 소음 대책위원회에는 소음 대책위원회의 사무를 처리할 간사 1명을 두며, 간사는 시설관리자 또는 사업시행자의 소속 직원 중에서 위원장이 정한다. ⑤ 제3항 제3호 및 제4호에 따른 위촉위원의 임기는 2년으로 하고, 한 차례만 연임할 수 있다. ⑥ 소음 대책위원회에 출석한 위원에게는 예산의 범위에서 수당과 여비를 지급할 수 있다. 다만, 공무원인 위원이 그 소관 업무와 직접 관련하여 출석할 때는 그러하지 아니하다. ⑦ 소음 대책위원회의 구성 · 운영에 필요한 세부 사항은 소음 대책위원회의 의결을 거쳐 위원장이 정한다. 제14조의2(위원의 해촉) 소음 대책위원회의 위원장은 제14조 제3항 각호에 따른 위원이 다음 각호의 어느 하나에 해당하는 경우에는 해당 위원을 해촉(解囑)할 수 있다.

1. 심신장애로 인하여 직무를 수행할 수 없게 된 경우
2. 직무와 관련된 비위 사실이 있는 경우
3. 직무태만, 품위손상이나 그 밖의 사유로 인하여 위원으로 적합하지 아니하다고 인정되는 경우
4. 위원 스스로 직무를 수행하는 것이 곤란하다고 의사를 밝히는 경우

자금은 다음 각호의 사업에 사용할 수 있다(공항소음 방지 및 소음대책지역 지원에 관한 법률 제23조 제2항).

1. 공항소음대책사업
2. 주민지원사업
3. 그 밖에 대통령령으로 정하는 사항

7. 공항소음대책사업 등의 본인 부담 시행

시설관리자 또는 사업시행자가 제23조에 따라 조성된 자금이 아닌 본인의 자금으로 공항소음대책사업 및 주민지원사업을 시행하려는 경우에는 그 사업계획을 수립하여 국토교통부장관의 승인을 받아야 한다(공항소음 방지 및 소음대책지역 지원에 관한 법률 제24조 제1항).

공항소음대책사업은 승인받은 날부터 5년 이내에 완료하여야 한다(공항소음 방지 및 소음대책지역 지원에 관한 법률 제24조 제2항).

국토교통부장관은 시설관리자 또는 사업시행자가 제1항에 따라 승인받아 공항소음대책사업 및 주민지원사업을 시행할 때는 제17조 제1항에 따른 부담금을 제1항에 따라 승인을 받은 날부터 부과하지 아니할 수 있다(공항소음 방지 및 소음대책지역 지원에 관한 법률 제24조 제3항).

국토교통부장관은 시설관리자 또는 사업시행자가 제1항에 따라 승인받은 사업계획에 따라 시행하지 아니하면 승인을 취소할 수 있다(공항소음 방지 및 소음대책지역 지원에 관한 법률 제24조 제4항).

8. 각종 부담금의 면제

공항소음 방지 및 소음대책지역 지원에 관한 법률 제18조에 따라 주민지원사업으로 설치되는 공용 · 공공용 시설 등 대통령령으로 정하는 시설에 대하여는 다음 각호의 법률에서 정하는 바에 따라 해당 부담금을 면제한다(공항소음 방지 및 소음대책지역 지원에 관한 법률 제25조).

1. 「개발이익 환수에 관한 법률」 제5조에 따른 개발부담금
2. 「농지법」 제38조에 따른 농지 보전부담금
3. 「초지법」 제23조에 따른 대체초지조성비
4. 「공유수면 관리 및 매립에 관한 법률」 에 따른 공유수면 점용료 또는 사용료

9. 세제 지원

지방자치단체의 장은 소음 대책 지역의 주민에 대하여 「지방세법」 이나 그 밖의 관계 법률에서 정하는 바에 따라 재산세 · 취득세 및 등록세를 감면할 수 있다(공항소음 방지 및 소음대책지역 지원에 관한 법률 제26조).

10. 지역기업의 우대

시설관리자 또는 사업시행자는 대통령령으로 정하는 공사 · 물품 · 용역 등의 계약을 체결하는 경우 해당 소음 대책 지역 또는 소음 대책 인근지역을 관할하는 지방자치단체에 주된 영업소를 두고 있는 자를 대통령령으로 정하는 바에 따라 우대할 수 있다(공항소음 방지 및 소음대책지역 지원에 관한 법률 제26조의2).

11. 공유재산의 사용 허가·대부 등의 특례

소음 대책 지역 또는 소음 대책 인근지역을 관할하는 시장 · 군수 · 구청장은 해당 지역주민들의 복리증진 또는 소득증대를 위하여 필요하다고 인정할 때는 「공유재산 및 물품 관리법」에도 불구하고 주민지원사업으로 설치된 시설 중 해당 지방자치단체 소유 시설을 조례로 정하는 지역주민 단체에 무상으로 사용 허가하거나 대부할 수 있다(공항소음 방지 및 소음대책지역 지원에 관한 법률 제26조의3 제1항). 공유재산의 사용 허가 · 대부의 구체적인 내용과 조건 등은 「공유재산 및 물품 관리법」에 따른다(공항소음 방지 및 소음대책지역 지원에 관한 법률 제26조의3 제2항).

12. 보고 · 검사 등

국토교통부장관은 필요한 때에는 시설관리자 또는 사업시행자에게 공항소음대책사업 또는 주민지원사업 등에 관하여 필요한 보고를 하게 하거나 자료 제출을 명할 수 있으며, 소속 공무원에게 시설관리자 또는 사업시행자의 사무실 · 사업장이나 그 밖의 필요한 장소에 출입하여 장부 · 서류나 그 밖의 물건을 검사하게 하거나 관계인에게 질문하게 할 수 있다(공항소음 방지 및 소음대책지역 지원에 관한 법률 제27조 제1항). 검사를 하는 경우에는 검사 7일 전까지 검사 일시, 검사 목적 및 검사 내용 등 검사계획을 검사 대상자에게 알려야 한다. 다만, 긴급한 경우이거나 검사계획이 사전에 알려지면 검사 목적을 달성할 수 없다고 인정하는 경우에는 그러하지 아니하다(공항소음 방지 및 소음대책지역 지원에 관한 법률 제27조 제2항).

출입 · 검사를 하는 공무원은 그 권한을 표시하는 증표를 지니고 이를 관계인에게 보여주어야 한다(공항소음 방지 및 소음대책지역 지원에 관한 법률 제27조 제3항). 증표에 관하여 필요한 사항은 국토교통부령으로 정한다(공항소음 방지 및 소음대책지역 지원에 관한 법률 제27조 제4항).

13. 권한의 위임

공항소음 방지 및 소음대책지역 지원에 관한 법률에 따른 국토교통부장관의 권한은 그 일부를 대통령령으로 정하는 바에 따라 그 소속 기관의 장에게 위임할 수 있으며, 소속 기관의 장은 대통령령으로 정하는 바에 따라 그 권한의 일부를 재위임할 수 있다(공항소음 방지 및 소음대책지역 지원에 관한 법률 제28조).

14. 과태료

다음 각호의 어느 하나에 해당하는 자에게는 500만원 이하의 과태료를 부과한다(공항소음 방지 및 소음대책지역 지원에 관한 법률 제29조 제1항).

1. 제24조 제1항에 따라 승인받은 사업계획에 따라 사업을 시행하지 아니한 자
2. 제27조 제1항에 따른 보고를 하지 아니하거나 거짓으로 보고한 자 또는 검사를 거부 · 방해하거나 기피한 자
3. 제27조 제1항에 따른 자료 제출을 하지 아니하거나 거짓으로 자료를 제출한 자

과태료는 대통령령으로 정하는 바에 따라 국토교통부장관이 부과 · 징수한다(공항소음 방지 및 소음대책지역 지원에 관한 법률 제29조 제2항).

제 4 장

소음의 여러 문제

제1절
층간소음과 벽간소음

1. 층간소음으로 인한 갈등과 범죄

층간소음(層間騷音, neighbor noise complaints)이란 아파트나 다세대주택, 연립주택과 같은 공동주택에서 발생하는 소음 공해를 말한다. 층간소음은 공동주택의 한 층에서 발생한 소리가 다른 층 가구에 전달되는 것을 말한다.

층간소음이라고 하면 대개 공동주택 내에서 위·아래층 간에 발생하는 소음으로 한정하여 인지하는 경우가 많은데, 실제로는 공동주택 내에 입주자 또는 사용자의 활동으로 인하여 타 세대에 발생하는 모든 소음을 포함한다. 예를 들어, 위·아래층 세대뿐만 아니라 양옆 세대나 불특정 세대가 대상이 될 수 있다.[69]

주택법 제44조 등 관련 법령에 따르면 아이들이 뛰는 소리뿐 아니라 문을 닫는 소리, 애완견이 짖는 소리, 늦은 시간이나 이른 시간에 세탁기·청소기·운동기구를 사용하는 소리 등이 층간소음에 해당한다.

공동주택 층간소음의 범위와 기준에 관한 규칙[70]은 「소음·진동 관리법」

---

69) 박영민 외. "소규모 공동주거시설의 층간소음 정책 개선방안", 한국 환경정책·평가연구원, 2018, 4면.

70) 공동주택 층간소음의 범위와 기준에 관한 규칙 제1조(목적) 이 규칙은 「소음·진동 관리법」 제21조의2 제3항 「공동주택관리법」 제20조 제5항에 따라 공동주택 층간소음의 범위와 기준을 규정함을 목적으로 한다. 제2조(층간소음의 범위) 공동주택 층간소음의 범위는 입주자 또는 사용자의 활동으로 인하여 발생하는 소음으로서 다른 입주자 또는 사용자에게 피해를 주는 다음 각호의 소음으로 한다. 다만, 욕실, 화장실 및 다용도실 등에서 급수·배수로 인하여 발생하는 소음은 제외한다.

제21조의2 제3항[71] 및 「공동주택관리법」 제20조 제5항[72]에 따라 공동주택 층간소음의 범위와 기준을 규정함을 목적으로 한다(공동주택 층간소음의 범위와 기준에 관한 규칙 제1조). '공동주택 층간소음의 범위 및 기준에 관한

---

1. 직접 충격 소음: 뛰거나 걷는 동작 등으로 인하여 발생하는 소음
2. 공기전달 소음: 텔레비전, 음향기기 등의 사용으로 인하여 발생하는 소음

제3조(층간소음의 기준) 공동주택의 입주자 및 사용자는 공동주택에서 발생하는 층간소음을 별표에 따른 기준 이하가 되도록 노력하여야 한다.

71) 소음 · 진동관리법 제21조의2(층간소음 기준 등) ① 환경부장관과 국토교통부장관은 공동으로 공동주택에서 발생하는 층간소음(인접한 세대 간 소음을 포함한다. 이하 같다)으로 인한 입주자 및 사용자의 피해를 최소화하고 발생한 피해에 관한 분쟁을 해결하기 위하여 층간소음 기준을 정하여야 한다. ② 제1항에 따른 층간소음의 피해 예방 및 분쟁 해결을 위하여 필요한 경우 환경부장관은 대통령령으로 정하는 바에 따라 전문기관으로 하여금 층간소음의 측정, 피해사례의 조사 · 상담 및 피해조정지원을 실시하도록 할 수 있다. ③ 제1항에 따른 층간소음의 범위와 기준은 환경부와 국토교통부의 공동 부령으로 정한다.

72) 공동주택관리법 제20조(층간소음의 방지 등) ① 공동주택의 입주자 등은 공동주택에서 뛰거나 걷는 동작에서 발생하는 소음이나 음향기기를 사용하는 등의 활동에서 발생하는 소음 등 층간소음[벽간소음 등 인접한 세대 간의 소음(대각선에 위치한 세대 간의 소음을 포함한다)을 포함하며, 이하 "층간소음"이라 한다]으로 인하여 다른 입주자 등에게 피해를 주지 아니하도록 노력하여야 한다. ② 제1항에 따른 층간소음으로 피해를 입은 입주자 등은 관리 주체에게 층간소음 발생 사실을 알리고, 관리주체가 층간소음 피해를 끼친 해당 입주자 등에게 층간소음 발생을 중단하거나 소음차단 조치를 권고하도록 요청할 수 있다. 이 경우 관리주체는 사실관계 확인을 위하여 세대 내 확인 등 필요한 조사를 할 수 있다. ③ 층간소음 피해를 끼친 입주자 등은 제2항에 따른 관리주체의 조치 및 권고에 협조하여야 한다. ④ 제2항에 따른 관리주체의 조치에도 불구하고 층간소음 발생이 계속될 경우에는 층간소음 피해를 입은 입주자 등은 제71조에 따른 공동주택관리 분쟁조정위원회나 「환경분쟁 조정법」 제4조에 따른 환경분쟁조정위원회에 조정을 신청할 수 있다. ⑤ 공동주택 층간소음의 범위와 기준은 국토교통부와 환경부의 공동 부령으로 정한다. ⑥ 관리주체는 필요한 경우 입주자 등을 대상으로 층간소음의 예방, 분쟁의 조정 등을 위한 교육을 실시할 수 있다. ⑦ 입주자 등은 필요한 경우 층간소음에 따른 분쟁의 예방, 조정, 교육 등을 위하여 자치적인 조직을 구성하여 운영할 수 있다.

규칙'에 따르면 걷거나 뛰는 소리, 문 여닫는 소리 등이 낮에는 39데시벨(dB), 밤에는 34dB을 넘으면 층간소음으로 인정된다.

2. 층간소음의 특징

층간소음은 무형성, 단속성(斷續性), 상대성, 주관성 등의 특성을 가지고 있다. 소음침해의 특징은 첫째, 층간 소음원이 공기를 매질(媒質)로 하거나 바닥 또는 벽체를 통해서 전해지는 것을 통하여 소음도를 측정할 수 있지만, 소음의 비물질적 무형성이기 때문에 구체적인 피해 물질이 남지 않는다. 이러한 소음의 비물질적 무형성은 소음으로 인한 손해의 발생이나 인과관계의 증명에 곤란을 초래할 수 있다. 둘째, 층간소음은 생활 소음이 주를 이루어 그 지속시간이 길지 않고 불규칙적으로 끊어졌다 이어졌다 하는 단속성(斷續性)을 지닌다. 층간소음은 원인행위가 계속되는 동안만 존재하고 원인행위가 종료되면 그에 따른 소음도 종료된다는 한시성(限時性)을 가진다.[73)][74)] 소음은 대기오염이나 수질오염과는 달리 소음원으로부터 일정한 지역에 국한하여 발생하기 때문에 소음의 영향권 내에서 멀어짐에 따라 그 피해를 전혀 받지 아니하거나 의식하지 못하는 상대성을 지닌다. 층간소음으로 인한 피해는 객관적으로 같은 음량이나 음질의 소음도라고 하더라도 공동주택 거주자의 소음에 대한 반응의 민감도나 생활 태도에 따라 다르게 나타나는 주관성을 지닌다.[75)] 이처럼 개인별로 층간소음에 대한 인식과 체감 정도의 편

---

73) 김춘환, "騷音 · 振動規制에 관한 法的 問題", 「環境法硏究」 제27권 제1호, 2005, 75면.

74) 이웃 간의 층간소음 분쟁에서 가장 많은 비중을 차지하고 있는 아동의 발걸음 또는 뛰는 소리, 망치 소리, 가구 이동 소리 등은 끊어졌다 이어졌다 하는 단속성(斷續性) 때문에 소음의 측정이나 손해의 증명을 곤란하게 하는 요소이다.

75) 최창렬, "공동주택의 층간소음 침해와 방지 청구권의 법리", 「환경법 연구」 제40권 제

차가 너무 크다는 점이다.[76] 층간소음의 특징은 지속성이다. 6개월, 1년을 참다가 불면증, 우울증, 분노조절 장애 등을 겪는다. 사람마다 느끼는 정도는 다르지만, 한번 '귀트임' 즉, 일단 층간소음이 인지되면 일반 소음보다 훨씬 민감하게 반응한다.

3. 층간소음의 갈등 유형과 범죄 현황

(1) 층간소음의 유형과 원인

층간소음의 유형으로는 ① 발걸음과 같이 뛰거나 걷는 동작에 의해 발생한 직접 충격음, ② TV, 컴퓨터, 스피커 등 음향기기의 사용으로 인한 공기전달 소음의 유형이 있다. 일반적으로 이웃 간 문제가 되는 것은 콘크리트 바닥 면에 직접 충격이 가해져 소리가 울리는 '바닥충격음'이 대표적이다.

층간소음 발생 원인별로 살펴보면, 아이들이 뛰거나 발걸음으로 인한 소음이 70.7%를 차지하고 있으며, 망치질(3.9%), 가구를 끌거나 찍는 행위(3.4%), TV·청소기·세탁기를 비롯한 가전제품으로 인한 소음으로 나타났다.[77]

3호, 2018, 346-349면.

76) 이웃집에 층간소음 피해에 대한 고충을 토로하면 오히려 대다수가 "우리는 층간소음을 낸 적이 없다"는 반응을 보이는 건 이런 이유에서이다. 진동모드를 한 휴대폰을 방바닥에 둔 뒤 전화기를 울리면 같은 공간에 있는 사람에겐 큰 소음이 아닌 것처럼 느껴질 수 있지만, 다른 세대에는 거대한 진동 소음으로 바뀌어 전달돼 큰 피해를 유발한다. 저주파 진동이 벽을 타고 음파 형태로 다른 세대에 전달되기 때문이다. 오래된 냉장고 등에서 발생하는 모터 소음 역시 같은 원리이다.

77) 박영민 외, 앞의 논문, 18면.

(2) 층간소음 현황과 범죄

홍기원 의원이 국토교통부에서 제출받은 자료에 따르면, 공동주택 층간소음 민원은 최근 4년간 총 219,882건으로 나타났다. 연도 별로 보면 증가하는 추세가 뚜렷했다. 2019년 32,785건, 2020년 45,868건, 2021년 53,429건, 2022년 55,504건, 2023년 6월 기준 32,296건을 기록했다. 2022년 9월-2023년 8월 사이 1년간 층간소음으로 인한 경찰 신고는 총 38,317건으로 월평균 약 3,200건에 달하는 수치이다.[78] 층간소음 이웃사이센터에 접수된 층간소음 민원 또한 계속 증가하고 있는 상황이다(표1 참조).

KBS 시사 직격이 최근 5년간 층간소음 관련 형사사건 판결문을 분석해 층간소음 갈등으로 인한 범죄 현황을 분석한 결과를 보면, 살인, 폭력 등 5대 강력범죄가 2016년 11건에서 2021년 110건으로 10배 많아졌다. 연도별로 보면, 2016년 11건이었는데 2017년 42건, 2018년 60건, 2019년 84건으로 해마다 증가했고, 2020년부터 시작된 코로나 영향으로 2020년에는 114건, 2020년은 110건으로 급증했다.[79]

한편 층간소음 갈등을 해결하기 위해 출동한 경찰관이 흉기 난동을 막지 못하여 사회적 이슈가 되어 경찰의 신뢰도를 추락하게 한 적도 있다.[80]

---

78) https://www.edaily.co.kr/news/read?newsId=01266086635745040&mediaCodeNo=257&OutLnkChk=Y

79) 경제정의실천시민연합, "[보도자료] 층간소음 관련 강력범죄 증가에 대한 입장", 2023, 1-3면.

80) 2021년 11월 15일 인천시 남동구 빌라에서 발생한 흉기 난동 사건 당시 현장에 출동해 부실하게 대응한 혐의로 불구속기소 됐다. 이들은 빌라 4층에 살던 C씨(50)가 3층 거주자인 40대 여성에게 흉기를 휘두를 때 범행을 제지하지 않거나 피해자를 보호하지 않고 현장을 이탈했다. "층간소음 갈등을 해결하기 위해 출동한 두 경찰관이 목전에서 발생한 흉기 난동을 막지 못하는 일이 벌어졌다. 이들은 범행 직후 현장을 이탈하는 어처구니없는 행동까지 보였다. 이들이 소지한 무기는 무용지물이었다. 결국 가해자를 제압한 건 피해자의 가족이었다. 선배 경찰관들이 힘들게 쌓아 올린 공권력에

〈표 1〉 층간소음 이웃사이센터 상담 접수 현황

구분	접수	처리		
		콜센터	온라인	계
2016	19,495	14,204	5,291	19,495
2017	22,849	14,828	8,021	22,849
2018	28,231	20,750	7,481	28,231
2019	26,257	16,647	9,610	26,257
2020	42,250	28,132	14,118	42,250
2021	46,596	36,109	10,487	46,596
2022	40,393	32,461	7,932	40,393
합계	293,309	217,596	75,713	293,309

출처: 층간소음 이웃사이센터 홈페이지 자료실

대한 신뢰가 한순간에 무너져 내렸다."([분수대] 경찰관, 중앙일보 2021년 11월 24일, A33면). 인천지방법원은 형사17단독은 직무 유기 혐의로 불구속기소 된 A 전 경위(49), B 전 순경(25 · 여)에 대한 선고공판을 열어 징역 1년에 집행유예 2년을 각각 선고했고, 또한 이들에게 120시간의 사회봉사를 명령했다. 이 판사는 "피고인들은 경찰 공무원으로서 국민 생명 등을 보호하고 범죄를 진압할 임무를 수행해야 하는데 현장을 이탈했다"면서 "경찰관에 대한 피해자들의 기대를 저버렸고 국민 신뢰까지 저해했다"고 판시했다. 재판부는 "A 전 경위는 오래된 상급자인데도 (B 전 순경과) 마찬가지로 현장을 이탈했다"면서 "A 전 경위의 책임이 매우 크다고 보이는데 인정하지 않고 있다"고 설명했다. B 전 순경에 대해서는 "법정에서 잘못을 인정하고 반성하고 있다"며 양형 이유를 밝혔다. A 전 경위 등은 2021년 11월 15일 인천시 남동구 빌라에서 발생한 흉기 난동 사건 당시 현장에 출동해 부실하게 대응한 혐의로 불구속기소 됐다. 이들은 빌라 4층에 살던 C씨(50)가 3층 거주자인 40대 여성에게 흉기를 휘두를 때 범행을 제지하지 않거나 피해자를 보호하지 않고 현장을 이탈했다. 피해자는 C씨가 휘두른 흉기에 목을 찔려 의식을 잃었고 뇌수술을 받았다. 그의 남편과 딸도 얼굴과 손 등을 다쳐 전치 3~5주의 병원 진단을 받았다. 사건 발생 후 성실의무 위반 등으로 해임된 A 전 경위와 B 전 순경은 징계가 부당하다며 행정소송을 냈으나 패소했다. 1심에서 징역형의 집행유예가 선고된 해임 경찰관 중 여자 경찰이 판결에 불복해 법원에 항소장을 냈다.

4. 독일과 영국의 층간소음 대응 법제

(1) 독일

독일에서는 「질서 위반에 관한 법률(OWiG: Gesetz über Ordnungs-widrigkeiten)」 제117조(허용되지 않는 소음(Unzulässiger Lärm))에서 일반 대중이나 이웃을 크게 방해하거나 타인의 건강에 해를 끼칠 만한 소음을 일으킨 경우를 질서 위반으로 규정하고 있으며, 이와 같은 위반은 다른 규정에 의거해 처벌할 수 없는 경우 최고 5,000유로(약 650만 원)의 벌금을 부과할 수 있다.[81] 또한 「공해방지법」 제11조 및 제14조에서는 이웃 간 발생할 수 있는 소음, 즉 화장실의 급배수 소음이나 악기 연주 등의 행위를 밤 10시부터 오전 7시까지 금지하고 있다. 그리고 일요일을 제외한 월요일부터 토요일까지는 이웃에 소음을 발생시킬 수 있는 못 박기나 집수리 등의 행위를 특정 시간에만 가능하도록 규정하고 있다(오전 8시~12시, 오후 3시~6시). 즉, 정온(靜穩)이 특히 필요한 일요일이나 점심 시간대 그리고 수면을 취해야 하는 야간시간대에는 이웃 간 소음 발생 행위를 제한하고 있다.[82]

(2) 영국

영국은 소음 문제를 반사회행위(反社會行爲, Anti-Social Behaviour)의 문제로 보고, 공동주택의 층간소음 문제를 해결하기 위해 반사회행위법과 청

81) Gesetz über Ordnungswidrigkeiten (OWiG) §117 Unzulässiger Lärm (1) Ordnungswidrig handelt, wer ohne berechtigten Anlaβ oder in einem unzulässigen oder nach den Umständen vermeidbaren Ausmaβ Lärm erregt, der geeignet ist, die Allgemeinheit oder die Nachbarschaft erheblich zu belästigen oder die Gesundheit eines anderen zu schädigen. (2) Die Ordnungswidrigkeit kann mit einer Geldbuβe bis zu fünftausend Euro geahndet werden, wenn die Handlung nicht nach anderen Vorschriften geahndet werden kann.

82) 박영민 외, 앞의 논문, 32면.

정이웃 환경법을 통합해 1996년 소음법(Noise Act)을 제정하여, 특히 밤 11시부터 다음 날 아침 7시까지 야간소음에 대해 엄격히 규제하고 있다. 또한 각 지방자치단체는 소음 관련 전담부서를 두고 소음 신고에 따라 경고 및 누진 벌금을 부과하고 있다.[83)]

(3) 우리나라

우리는 현행 법제상 층간소음에 대한 처벌은 '경범죄 처벌법'에 근거하고 있다.

층간소음은 경범죄처벌법상의 인근 소란죄로 10만원 이하 벌금 · 구류 또는 과료로 처벌하고 있다(경범죄 처벌법 제3조 제21호). 이마저도 '고의성'이 명확하지 않으면 처벌하기 어려운 실정이다.

5. 층간 · 벽간소음 방지 방안

층간소음의 발생 원인은 '주택 설계 문제'와 '공동체 의식, 배려 부족'에 있다는 응답이 많은 것으로 나타났다. 결국 층간소음을 근본적으로 해결하기 위해서는 '주택 설계' 단계에서 층간소음을 방지해야 하며, 심각한 층간소음을 발생하는 경우에는 '법적 처벌'을 하는 등 제도적 장치가 필요하다.[84)]

벽간소음의 근본적인 원인은 경계벽 소음 차단 규정 부실과 이른바 '방쪼개기' 등 무차별적인 원룸 임대사업에 있다. '주택건설기준 등에 관한 규정'상 바닥구조는 콘크리트 슬래브 두께가 210㎜ 이상이고 층간 바닥의 충격

83) 이재삼 · 문재태, "층간소음의 제 문제에 관한 법적 검토", 「東北亞法研究」 제10권 제2호, 2016, 238면.

84) 마크로밀엠브레인, "층간소음 이슈 관련 인식 조사", ㈜마크로밀엠브레인, 2022, 10면.

음이 49dB 이하여야 하는 등 두께와 방음 성능 기준에 관한 규정이 모두 충족돼야 한다. 경계벽은 벽의 자재와 두께, 차음성능의 기준이 존재하나 바닥구조와 달리 이 중 하나만 해당하면 된다. 더욱이 바닥구조는 시공 전에 바닥충격음 차단 성능을 사전에 검사하는 사전인증제도와 시공 후에도 기준에 충족하는지 검사하는 사후확인제도가 마련돼 있다. 그러나 경계벽은 관련 제도가 미비한 실정이다(https://www.kyeonggi.com/article).

환경권을 근거로 직접 층간소음에 대해 법리구성을 하는 것은 대부분 학자들과 마찬가지로 판례에서도 부정될 것이므로, 공동주택 규약이나 환경분쟁 조정절차 등을 통한 해결이 대안으로 제시되고 있다. 그러나 층간소음이 사인 간의 법적 분쟁으로 되면 최종적이고 확실한 해결책은 민사법적 구제를 통하는 것이 될 수밖에 없다.[85]

층간소음 문제에 대해 정부는 신축 아파트의 경우, 준공 단계에서 바닥충격음을 측정・평가하는 사후확인제도를 통해 보강 조치를 의무화했다.

「경제정의실천시민연합」은 층간소음 대책으로 ①모든 신축 공동주택 전 세대를 대상으로 층간소음 전수조사 시행과 '표시제' 법제화,[86] ②기준 미달 주택 시공사에 대한 벌칙 규정 강화,[87] ③공동주택 건축 시 층간소음이 낮아

85) 이종덕, "층간소음에 대한 민사법적 검토", 「법조」 제730호(2018.8), 109면.

86) 2022년 8월 4일 이후 사업계획승인을 신청하는 공동주택을 대상으로 층간소음 사후확인제가 시행됐으나, 전체 공동주택 중에서 2~5%의 아파트만을 대상으로 샘플링 테스트가 진행되기 때문에 나머지 98-95% 세대에 대한 바닥충격음 성능은 확인하기 어렵다. 아파트 건축 시에 작업자의 숙련도에 따라 층간소음 차단 성능이 달라지므로 공법이나 기술이 실제 건설 현장에서 적용되도록 공동주택 신축 시 층간소음 실측 전수조사 및 각 공동주택에 대해 층간소음을 명시하는 '층간소음 표시제도'를 법제화해야 한다. 표시제는 소비자들의 공동주택 선택 시에 도움이 될 것이다.

87) 주택건설기준 등에 관한 규정에는 층간소음 성능검사 결과가 성능 검사기준 미달 시, 사용검사권자가 사업 주체에 시정조치 기간 등을 정하여 권고사항에 대한 조치계획서 제출을 요구하도록 하는 등 개선 권고 절차를 마련했으나, 그야말로 권고 수준에

지는 기둥식(라멘) 구조 공법 의무화[88], ④ 공동주택 사후분양제 시행[89]을 제시하고 있다.[90]

현행 층간소음에 관한 법적 기준은 공동주택의 입주자 및 사용자 간의 층간소음을 기준치 이하가 되도록 노력하는, 즉 이웃 간 화해를 위한 권고 수준으로 이에 대한 처벌 규정을 별도로 마련하고 있지 않아 그 실효성 측면에서 문제가 제기된다.[91] 야간시간대 처벌 규정을 신설하여 층간소음 예방에 대한 실효성을 확보해야 한다.

그치고 있다. 아무리 법이 있어도 권고에 그치면 실효성이 없다. 시행령에 벌칙을 신설해 바닥충격음 성능검사 기준에 맞지 아니한 주택(층간 바닥)을 시공한 사업 주체에 과태료 부과 및 기준만족 보완 시까지 준공검사 연기와 그에 따른 손해배상 책임을 추가해야 한다.

88) 공동주택에서 내 집의 바닥은 아래층의 천장이다. 현실적으로 층간소음이 발생했을 때 바닥 전체를 보수하여 층간소음을 저감하는 것은 불가능에 가깝다. 층간소음 문제 해결을 위해서는 건축 단계에서 구조적으로 해결해야 한다. 천장에서 가해지는 진동이 보와 기둥으로 분산되어 층간소음이 낮아지는 기둥식(라멘) 구조로 건축하면 된다. 우리나라 대부분 아파트는 층간소음에 취약한 벽식구조인데, 국토교통부에 따르면 2007년부터 10년간 지은 전국 500가구 이상 아파트의 98.5%가 해당된다. 건설사들은 공사 기간이 짧고, 공사비가 적게 들고, 층고가 낮아져 일반분양을 통한 수익이 큰 벽식구조를 선호하는데, 층간소음 문제가 심각하므로 공공주택부터 신축 시 라멘 구조로 짓도록 해야 한다.

89) 한국의 공동주택 청약제도는 건물 완공 전에 분양되어 분양받은 아파트가 층간소음이 어느 정도인지는 사전에 알 수 없다. 준공검사 시 층간소음을 전수조사하여 하자가 없다고 확인된 후에 분양될 수 있도록 공동주택 사후분양제를 시행하여야 한다. 모든 시민이 정온한 주택환경에서 살 수 있도록 선명한 제도개선이 필요하다.

90) 경제정의실천시민연합, "[보도자료] 층간소음 관련 강력범죄 증가에 대한 입장", 2023.

91) 박영민 외, 앞의 논문, 44면.

제2절
집회의 자유와 집회 · 시위 현장의 소음 문제

표현의 자유가 확장되고 평화적인 집회 시위문화가 정착되어 가고 있지만, 한편으로는 집회 현장에서 또 다른 기본권 침해 요소가 등장했다. 집회나 시위과정에서 발생하는 소음(騷音)은 집회 · 시위 현장 인근 지역주민을 비롯한 어린이 등의 평온할 권리, 학습권, 건강권 등을 침해하는 등 불만과 또 다른 갈등 요인으로 작용하고 있다. 집회 소음 발생 때 소음기준치를 어느 정도로 할 것이냐의 문제는 단순한 법기 술상의 문제가 아니라 집회 주최측과 일반 국민의 법익이 충돌하는 매우 중요한 법익 균형의 문제라고 하겠다.[92)]

1. 집회·시위 현장의 소음 문제[93)]

헌법상 집회의 자유는 개인의 인격을 발현시켜 주고, 대의민주주의하에서 민주적 정당성을 보충해 주며, 소수자를 보호해 주는 기능이 있다. 이렇게 헌법상 매우 중요한 기능을 하는 집회의 자유는 원칙적으로 헌법 제21조 제1항에 의하여 최대한 보장해 주어야 한다. 따라서 집회 시 필연적으로 유발되는 일정한 크기의 집회 소음은 일상적으로 우리 생활 속에서 유발되는

---

92) 이병동, “집회 시 합리적인 소음규제 방안에 관한 연구”, 교수요원 논문집, 2006, 539면.

93) 집회 시위 현장의 소음 문제는 이철호, “집회의 자유와 대화 경찰관 제도에 관한 소고” 「한국치안행정논집」 제20권 제2호(2023), 261-263면 참조.

보호 가치가 낮은 「소음 · 진동 관리법」상의 소음과는 달리 헌법상 집회의 자유에 의하여 최대한 보호해 주어야 한다.[94] 그러나 다른 한편 집회 시 통상적으로 유발되는 그 수인한도를 벗어난 소음은 해당 집회 장소의 인근 주민이나 학생 등의 평온할 권리나 건강권 또는 학습권 등을 심히 침해할 수 있다. 따라서 다양한 방법으로 고의적 또는 악의적으로 크게 집회 소음을 방출하거나, 또는 기타 해당 집회 장소에서 지나치게 과도한 집회 소음을 통해서 헌법 제37조 제2항의 질서 유지나 공공복리 등을 해칠 수 있다.[95]

현행 「집회 및 시위에 관한 법률」은 일정 소음 이상의 확성기 등 사용을 제한하고(동법 제14조 제1항), 소음기준 초과 시 ① 기준 이하의 소음 유지 명령, ② 확성기 등 사용 중지 명령, ③ 확성기 등의 일시 보관 등의 행정 제재를 규정하고 있으며(동법 제14조 제2항), 해당 명령 위반 등의 경우에는 6개월 이하의 징역 또는 50만원 이하의 벌금 · 구류 또는 과료에 해당하는 형사처벌을 하도록 하고 있다(동법 제24조). 동법 시행령 [별표 2]는 확성기 등의 소음기준에 대해 구체적으로 규정하고 있는데, ①시간대 세분화(야간→야간/심야) 및 심야 주거지역 등의 소음기준 강화(60dB→55dB), ②최고소음도 제한 도입, ③국경일과 국가보훈처 주관 기념일 행사 보호 등 집회 소음기준이 강화되었다. 또한 집회 · 시위로 사생활의 평온을 뚜렷하게 해칠 우려가 있어 거주자 등이 요청하는 경우 금지 통고 또는 제한 통고할 수 있도록 규정하고 있다(동법 제8조 제5항). 금지 통고를 받고도 집회 · 시위를 주최한 자는 2년 이하의 징역 또는 200만 원 이하의 벌금에 처할 수 있다(동법 제22조 제2항).

집회 현장에서 매일 스피커를 통해 장송곡(葬送曲)을 틀어대다 보니 인근

---

94) 이희훈. "집회 및 시위에 관한 법령상 집회 · 시위 소음 측정 규정 중심의 입법적 개선 방안", 「유럽헌법연구」 29. 2019, 254면; 대법원 2004.10.5. 2004도4467.

95) 이희훈, "집회 및 시위에 관한 법령상 집회 소음규제 조항들의 문제점과 입법적 개선 방안", 「치안정책연구」 36(4), 2022, 350면.

에 위치한 어린이집[96] 아이들이 낮잠을 자지 못하여 피해를 호소하는 등 집회 현장 인근 주민들이나 직장인들은 집회 시위로 인한 소음피해를 호소하고 있지만, 이를 법적으로 막을 방법이 없다.

아래 〈표 2〉는 최근 4년간 집회 시위 '소음 측정 조치' 현황을 나타낸 것으로, 2021년 9월 기준 집회 시위 개최 횟수가 전년 동기간 대비 19.8% 증가하였고, 이에 유지명령 등과 같은 소음 측정 조치 역시 전년 대비 32.4% 증가한 것을 알 수 있다. 실제 개최 횟수가 증가함에 따라 소음 측정 조치 역시 비례하여 증가한 것으로, 이는 소음으로 인한 지역주민의 민원이 계속해서 증가하고 있다는 의미로 해석할 수 있다. 2022년 9월 기준 집회 시위 개최 횟수는 57,259회로 전년 9월 대비 13.8%가 감소하였으나, 유지명령을 포함한 소음 측정 조치는 전년 대비 44.6% 증가한 것을 알 수 있다.

〈표 2〉 최근 4년간 소음 측정 조치 현황

구분	소계	유지명령	중지 명령	일시 보관
2019	1,654	1,531	120	3
2020	1,266	1,180	85	1
2021	1,693	1,558	132	3
2021.9	1,284	1,192	89	3
2022.9	1,857	1,575	282	0

출처 : 치안 정책연구소. 치안 전망 2023, 152면.

96) 「집회 및 시위에 관한 법률」은 초 · 중등교육법상 교육시설인 초 · 중 · 고등학교 주변에서 집회로 인한 학습권이 침해될 우려가 있으면 집회를 금지하거나 제한할 수 있다고 규정하고 있다(동법 제8조 제5항 제2호). 그러나 어린이집은 초 · 중등교육법상의 교육시설에 해당하지 않아 어린이집 인근에서 개최되는 집회 시위를 규제할 수 없다. 집회 및 시위에 관한 법률상 소음기준이 주거지역 · 학교 · 종합병원 근처는 낮시간 등가소음도(10분간 평균 소음값) 65데시벨, 최고소음도 85데시벨 이하로 제한돼 있다. '그 밖의 지역'에 해당할 경우 등가소음은 75데시벨, 최고소음은 95데시벨 이하 규정을 적용받는다.

특히, 중지 명령의 경우 2021년 1월~9월까지 89건에서 2022년 같은 기간 동안 282건으로 193건이 증가하여 2배 이상 증가하였는데, 이는 여전히 집회 시위 현장에서 소규모 집회에도 확성기 등을 사용하면서 기준치 이상의 소음을 유발하였기 때문이다.[97] 특히 집회의 주최자와 참가자들이 날로 교묘하게 현행 「집회 및 시위에 관한 법률」 및 동법 시행령상 여러 집회 소음 조항들의 규제 내용들을 피하는 편법 수단이 계속 증가하고 있는 문제점이 있다.[98] 최근 집회 시위 현장에서 소규모의 집회 시에도 마이크와 확성기 등을 주로 사용하면서 이로 인해 인근 주민들의 민원신고도 증가하는 추세이다. 국민의 평온한 일상을 유지하는 것은 헌법상 환경권과 관련한 기본권인바, 경찰은 집회 소음으로 인한 민원 예방에도 만전을 기해야 한다.

현행 「집회 및 시위에 관한 법률 시행령」은 주거지역이나 학교·종합병원·공공도서관 인근지역에서 열린 집회·시위가 1시간 동안 3번 이상 최고 소음기준을 넘거나, 10분 동안 측정한 소음이 평균 소음기준을 넘기면 6개월 이하의 징역 또는 50만원 이하의 벌금·구류 또는 과료에 처한다(동법 제14조 및 동법 시행령 제14조 별표2, 동법 제24조 제4호). 한편 2023년 10월 17일부터 국민 피해를 일으키는 과도한 집회 소음으로부터 사생활의 평온을 보장하기 위해, 주거지역, 학교, 종합병원, 공공도서관의 경우에는 등가소음도 측정시간을 기존 10분에서 5분으로 단축했으며, 최고소음도 위반 판단 기준을 1시간 내 2회로 단축하여 시행하고 있다.

경찰청의 최근 5년(2019~2023년) 집회 시위 소음 대응 현황(표3 참조)에 따르면, 평균 60dB(데시벨·주거지 기준) 등 일정 기준 이하의 소음을 내지 못하게 규제하는 '소음 유지명령' 발동 건수는 2021년 1558건에서 2023년

---

97) 치안정책연구소, 「치안전망 2023」, 2022, 152면.
98) 이희훈, 앞의 논문(2022), 346면.

2916건으로 늘었다. 이를 어길 시 내리는 '확성기 사용 중지 명령'은 2021년 132건, 2022년 557건으로 늘었다가 2023년 458건으로 줄었다. 경찰의 명령에도 불구하고 확성기를 계속 사용하면 확성기를 압수하거나 전원을 차단하는 '일시 보관 조치'를 하는데, 이는 2019년부터 2022년까지 매년 1~3건에 그쳤다. 2023년 다소 늘긴 했지만 6건에 불과했다.[99]

〈표 3〉 집회 시위 관련 경찰 조치 현황

단위: 건

	2019년	2020년	2021년	2022년	2023년
소음 유지 명령 (기준치 이하)	1531	1182	1558	2115	2916
확성기 사용 중지 명령	120	85	132	557	458
확성기 일시 보관 조치	3	1	3	1	6

집회 시위 현장에서 영상장치, 확성기 등의 기계를 사용해 무분별하게 소음을 발생시키고, 인근지역 불특정 다수의 주민에게 막대한 피해와 사생활 침해를 일으키는 등의 국민 불편 민원이 증가하면서 「집회 및 시위에 관한 법률」 일부개정법률안 등이 발의된 상태이다.

확성기 · 꽹과리 등을 이용해 과도한 소음을 유발하는 등 공공질서에 관한 법익침해의 위험이 명백한 경우에는 합리적인 범위 내에서 집회 시위를 제한할 필요가 있다.

99) "경찰, 작년 소음 규정 위반 집회 확성기 압수-차단 6건뿐", 「동아일보」 2024년 8월 15일, 10면.

2. 소결

집회 시위 현장의 소음규제는 단순한 법적 문제가 아닌 인구밀집도 등 소음 환경, 집회 문화, 환경권에 대한 국민 인식, 헌법상 기본권인 집회의 자유와 건강하고 쾌적한 환경에서 생활할 권리인 환경권과의 조화 등 우리나라 현실의 복합적 사항의 반영이 필요한 문제이다.

세계적으로 집회 시위 등 표현의 자유를 최대한 보장하면서 집회 시위 규제를 최소한으로 유지해오던 나라들이 집회 시위 현장에서 발생하는 소음에 대한 규제에 적극적으로 대응하고 있다. 영국만 하더라도 2022년 '경찰, 범죄, 양형 및 법원에 관한 법률(PCSCA: Police, Crime, Sentencing and Courts Act 2022)'을 제정하여 집회 시위 소음에 대한 규제를 새로 도입했다. 독일은 집회 시위 소음을 환경오염과 같은 선상에 놓고 구체적 허용기준을 세분화하여 규정하고 있다. 미국 루이지애나주(State of Louisiana)는 소음 관련 처벌 조항을 형법에 명기하여 소음 유발행위를 구체적으로 구분하고 이를 어기면 벌금과 구류 등 형벌을 과하고 있다. 프랑스는 집회 신고 단계에서부터 인근 주민에 대한 소음 대책 제출을 의무화하여 무분별한 시위 소음으로부터 일반 시민을 보호하고 있다.

독일 경찰은 일반 소음규제 관련 법령인 「연방환경오염보호법」 등에 근거하여 집회 소음을 규제하고 있다. 동법에 따른 소음 허용기준은 ① 7개 지역으로 세분화 되어 있고, ② 우리나라보다 상대적으로 엄격하며, ③ 최고소음도 또한 규제하고 있다.

미국 뉴욕시의 경우 확성기 등 사용 시 집회 신고와 별도로 일(日) 단위 소음허가를 받아야 하고, 특정 지역 및 시간대에서는 확성기 등 사용 허가는 불허하도록 하고 있다. 확성기 사용 여부 및 대수만 알리는 현행 집회 신고 제하에서 집회 소음 예방이 어렵고, 특히 수일간 지속되는 집회에서 1회 신고만으로 확성기 등 사용이 계속될 수 있어 소음에 대한 적기 대응이 어렵다는 점에서 의미가 있을 수 있다. 다만, 해당 신고제도가 실질적 허가제로 운

영되어 집회의 자유를 본질적으로 침해할 가능성에 대해 유의해야 할 것이다.[100)][101)]

민주화 이후 집회 · 시위에 대한 제한을 크게 완화하는 과정에서 선진국보다 매우 관대한 소음기준이 설정됐다. 그로 인해 도심 곳곳에서 집회 소음으로 인한 고통이 심하다. 이는 집회 참가자의 기본권과 인근 시민의 기본권의 합리적 조화라고 보기 어렵다.[102)] 미국은 주(州)법이나 시(市)의 조례 등으로 집회나 시위, 확성기 사용과 소음기준을 자율적으로 규제하고 있다. 미국 뉴욕시의 행정 조례(New York City administrative Code)상의 특별규제 요건과 같이 수업 중인 학교, 예배 중인 교회, 재판 중인 법원이나 병원이나 유사한 기관의 500피트 이내, 확성기의 사용이 차량 운전자나 보행자의 안전에 위협이 되는 상태 여부, 주중 밤 10부터 아침 9시 사이, 주말과 휴일 밤 8시 또는 일몰과 아침 10시 사이, 거주 용도를 위해 합법적으로 사용되는 건물의 50피트 이내의 장소에서는 주중 밤 8시 또는 일몰과 아침 9시 사이 등에서의 확성기 또는 음향 장치의 사용 제한[103)]과같이 우리도 집회 소음에 대한 강력한 규제가 필요하다고 하겠다.

---

100) 구희재, "집회 소음규제의 현황과 쟁점", 「이슈와 쟁점」 제1901호, 2021, 3-4면.

101) 집회 · 시위의 자유를 폭넓게 인정하는 선진국들도 일반 시민에게 피해를 주는 소음은 엄격하게 규제한다. 미국 워싱턴 DC는 조례에서 주간에는 65㏈, 야간에는 60㏈로 집회의 소음을 제한하고 있다. 두 차례의 경고에도 계속 소음 허용기준을 초과하면 위반자를 긴급체포하고 소음 유발 장치를 압수할 수 있다. 뉴욕시는 집회 신고와 별도로 소음 발생과 관련한 허가를 맡아야 하고 매일 45달러(6만5천여원)의 수수료를 제출해야 한다. 허가되지 않은 소음 기구를 사용하거나 기준을 초과할 시 벌금이 부과될 수 있다. 일본 도쿄는 집회에서 최고소음이 85㏈을 넘을 경우 경찰이 즉각 집회자에게 시정명령을 내리고, 받아들이지 않으면 확성기를 압수하고 형사처벌을 할 수 있도록 규정한다. 프랑스 파리는 주간에는 주변의 배경소음 대비 5㏈, 야간에는 3㏈을 초과할 수 없도록 규정한다. 독일은 명시적으로 집회 소음을 규제하는 규정은 없지만, 연방환경오염보호법에 따라 우리나라보다 세분된 소음규제를 시행 중이다.

102) 장영수, "집회 · 시위만 특별대접 안 돼", 「중앙SUNDAY」 2023년 10월 21일, T30면.

103) 김형훈 외, 「비교예방경찰법」, 박영사, 2021, 104면.

제3절
선거운동과 소음 문제

1. 공직선거법과 소음

선거운동의 자유는 널리 선거 과정에서 자유로이 의사를 표현할 자유의 일환이므로 표현의 자유의 한 태양이기도 하다.

선거에 출마한 후보자는 선거기간 중에 소속 정당의 정강 · 정책이나 후보자의 정견, 그 밖에 필요한 사항을 홍보하기 위하여 공개장소에서 연설 · 대담을 할 수 있고, 공개장소에서 연설 · 대담을 위하여 자동차와 이에 부착된 확성장치 및 휴대용 확성장치를 각각 사용할 수 있다(공직선거법 제79조 제1항 및 제3항).[104]

대통령선거의 경우 사용할 수 있는 자동차와 이에 부착된 확성장치 및 휴대용 확성장치를 후보자와 시 · 도 및 구 · 시 · 군 선거연락소마다 각 1대 · 각 1조, 지역구 국회의원선거 및 시 · 도지사 선거는 후보자와 구 · 시 · 군 선거연락소마다 각 1대 · 각 1조, 지역구 지방의회 의원선거 및 자치구 · 시 · 군의 장 선거는 후보자마다 1대 · 1조로 제한하고 있고(공직선거법 제

---

104) "공직선거법 제79조 제3항은 '후보자 등과 사회자는 공개장소에서 연설 · 대담을 위하여 다음 각호의 구분에 따라 자동차와 이에 부착된 확성장치 및 휴대용 확성장치를 각각 사용할 수 있다'고 규정하면서, 같은 항 제1호는 대통령선거의 경우 사용할 수 있는 자동차와 이에 부착된 확성장치 및 휴대용 확성장치를 후보자와 시 · 도 및 구 · 시 · 군 선거연락소마다 각 1대 · 각 1조로 제한하고 있다. 따라서 특정 자동차에 확성장치를 장착하고 선전 벽보 등을 붙인 채 공개장소에서 연설 · 대담을 위한 이동 및 연설 · 대담 등에 상시 사용하고 있는 상태에서, 다른 자동차 또는 확성장치를 공개장소에서 연설 · 대담을 위한 도구로 직접 사용하였다면, 특별한 사정이 없으면 자동차와 이에 부착된 확성장치의 수를 제한한 공직선거법 제79조 제3항의 규정을 위반하여 연설 · 대담한 경우에 해당한다."(대법원 2008. 12. 11, 2008도8859).

79조 제3항 1호-3호), 자동차에 부착된 확성장치를 사용함에 있어 확성 나발의 수는 1개를 넘을 수 없다(공직선거법 제79조 제5항).

자동차와 확성장치에는 중앙선거관리위원회규칙이 정하는 바에 따라 표지를 부착하여야 하되 그 자동차에는 선전 벽보, 선거공보, 선거공약서 및 후보자 사진을 붙일 수 있도록 규정하고 있다(공직선거법 제79조 제6항).[105]

2. 공직선거법상 확성장치의 소음기준

공직선거법상 확성장치의 소음기준으로는 자동차에 부착된 확성장치는 정격출력 3킬로와트 및 음압 수준 127데시벨을 초과할 수 없다. 다만, 대통령선거 후보자용 또는 시 · 도지사 선거 후보자용의 경우에는 정격출력 40킬로와트 및 음압 수준 150데시벨을 초과할 수 없다(공직선거법 제79조 제8항 제1호). 휴대용 확성장치는 정격출력 30와트를 초과할 수 없다. 다만, 대통령선거 후보자용 또는 시 · 도지사 선거 후보자용의 경우에는 정격출력 3킬로와트를 초과할 수 없다(공직선거법 제79조 제8항 제1호).

일정한 경우 국가는 사인인 제3자에 의한 국민의 환경권 침해에 대해서도 적극적으로 기본권 보호조치를 취할 의무를 지나, 헌법재판소가 이를 심사할 때는 국가가 국민의 기본권적 법익 보호를 위하여 적어도 적절하고 효율적인 최소한의 보호조치를 취했는가 하는 이른바 "과소 보호 금지원칙"의 위반 여부를 기준으로 삼아야 한다.[106]

---

105) 공직선거법 제79조 제3항의 규정을 위반하여 공개장소에서 연설 · 대담을 한 자를 1년 이하의 징역 또는 200만 원 이하의 벌금에 처하도록 규정하고 있다(공직선거법 제256조 제4항 제8호).

106) "…이 사건의 경우 청구인의 기본권적 법익이 침해되고 있음이 명백히 드러나지 않고, 공직선거법의 규정을 보더라도 확성장치로 인한 소음을 예방하는 규정이 불충분

선거운동 과정의 소음 문제를 해결하는 방안으로, 조기숙 교수는 이미 유럽의 여러 나라에서는 정착된, 정음(靜音) 공공성을 최우선으로 생각하는 새로운 선거 문화를 만들어가는 움직임, 바로 정음의 '저소음 선거 캠페인'을 제안하고 있다. 정음의 저소음 선거운동은 선거운동의 방식과 개념을 바꾸는 게 핵심이다. 확성기 대신 작은 손피켓을 들고, 대로변에서 힘의 과시보다는 골목 골목을 돌며 다양한 주민들을 만나 그들의 소리를 듣고, 요란한 소리(노래)보다는 진솔한 대화를 시도하는 것이다.[107]

선거운동기간 동안 일상생활에 지장을 주는 과도한 선거운동 소음은 허용될 수 없다. 그동안 선거운동에 대하여 관대한 소음기준이 설정된 것은 아닌지 검토할 필요가 있다. 시대 상황에 맞는 소음기준이 마련되어야 한다.

하다고 단정할 수도 없으며, 기본권보호의무의 인정 여부를 선거운동의 자유와의 비교형량하에서 판단할 때, 확성장치 소음규제기준을 정하지 않았다는 것만으로 청구인의 정온한 환경에서 생활할 권리를 보호하기 위한 입법자의 의무를 과소하게 이행하였다고 평가할 수는 없다."(헌재 2008. 7. 31. 2006헌마711," (1)재판관 조대현의 별개의 합헌 의견 : 이 사건 법률조항에서 선거운동을 위하여 확성장치의 사용을 허용하면서 확성장치에 의한 소음허용기준을 규정하지 아니한 것이 청구인의 환경권을 침해하였는지에 대해서는 과소 보호 금지원칙이 아니라 헌법 제37조 제2항이 심사기준이 되어야 한다. 이 사건 법률조항은 청구인의 환경권을 과도하게 침해하였다고 볼 수 없으므로 합헌이다. (2) 재판관 김희옥, 재판관 김종대, 재판관 민형기, 재판관 목영준의 반대의견 : 이 사건 법률조항은 관련 법익을 형량하여 기본권보호의무를 이행하는 데 있어서 환경권을 과소하게 보호하고 있고, 이는 청구인이 누려야 할 정온한 환경에서 생활할 권리의 침해를 가져왔다고 하지 않을 수 없으므로, 입법자가 공직선거시 유발되는 선거 소음에 대한 입법을 개선할 수 있도록 이 사건 법률조항에 대하여 헌법불합치 결정을 선고하여야 한다(헌재 2008. 7. 31. 2006헌마711, 판례집 20-2상, 346).

107) 조기숙, "[왜냐면] 조용한 울림 '정음'…저소음 선거 캠페인을 제안한다", 「한겨레신문」 2025년 10월 14일, 25면.

제4절
북한의 대남방송과 접경지 주민의 소음 문제

I. 표현의 자유와 대북 전단 살포

1. 남북관계 발전에 관한 법률의 내용

(1) 남북관계 발전에 관한 법률의 목적과 기본원칙 등

남북관계 발전에 관한 법률은 「대한민국헌법」이 정한 평화적 통일을 구현하기 위하여 남한과 북한의 기본적인 관계와 남북관계의 발전에 관하여 필요한 사항을 규정함을 목적으로 한다(동법 제1조).

남북관계의 발전은 자주 · 평화 · 민주의 원칙에 따라 남북공동 번영과 한반도의 평화통일을 추구하는 방향으로 추진되어야 한다. 남북관계의 발전은 국민적 합의를 바탕으로 투명과 신뢰의 원칙에 따라 추진되어야 하며, 남북관계는 정치적 · 파당적 목적을 위한 방편으로 이용되어서는 아니 된다(남북관계 발전에 관한 법률 제2조).

(가) 남한과 북한의 관계

남한과 북한의 관계는 국가 간의 관계가 아닌 통일을 지향하는 과정에서 잠정적으로 형성되는 특수관계이다. 남한과 북한 간의 거래는 국가 간의 거래가 아닌 민족 내부의 거래로 본다(남북관계 발전에 관한 법률 제3조). 남북관계 발전에 관한 법률 중 남북회담 대표, 대북 특별사절 및 파견공무원에 관한 규정은 다른 법률에 우선하여 적용한다(남북관계 발전에 관한 법률 제5조).

(나) 남북관계 발전에 관한 법률과 용어

남북관계 발전에 관한 법률에서 사용하는 용어의 정의는 다음과 같다(남북관계 발전에 관한 법률 제4조).

1. "남북회담 대표"라 함은 특정한 목적을 위하여 정부를 대표하여 북한과의 교섭 또는 회담에 참석하거나 남북합의서에 서명 또는 가서명하는 권한을 가진 자를 말한다.
2. "대북 특별사절"이라 함은 북한에서 행하여지는 주요 의식에 참석하거나 특정한 목적을 위하여 정부의 생각과 인식을 북한에 전하거나 이러한 행위와 관련하여 남북합의서에 서명 또는 가서명하는 권한을 가진 자를 말한다.
3. "남북합의서"라 함은 정부와 북한 당국 간에 문서의 형식으로 체결된 모든 합의를 말한다.
4. "군사분계선 일대"라 함은 「군사기지 및 군사시설 보호법」 제2조 제7호에 따른 민간인통제선 이북 지역을 말한다.
5. "전단 등"이라 함은 전단, 물품(광고 선전물 · 인쇄물 · 보조기억장치 등을 포함한다), 금전 또는 그 밖의 재산상 이익을 말한다.
6. "살포"라 함은 선전, 증여 등을 목적으로 전단 등을 「남북교류협력에 관한 법률」 제13조 또는 제20조에 따른 승인을 받지 아니하고 북한의 불특정 다수인에게 배부하거나 북한으로 이동(단순히 제3국을 거치는 전단 등의 이동을 포함한다. 이하 같다) 시키는 행위를 말한다.

2. 남북관계 발전과 정부의 책무

(가) 한반도 평화증진

정부는 남북화해와 한반도의 평화를 증진 시키기 위하여 노력한다. 정부는 한반도 긴장 완화와 남한과 북한간 정치 · 군사적 신뢰 구축을 위한 시책을 수립 · 시행한다(남북관계 발전에 관한 법률 제6조).

(나) 남북경제공동체 구현

정부는 민족경제의 균형적 발전을 통하여 남북경제공동체를 건설하도록 노력한다. 정부는 남북경제협력을 활성화하고 이를 위한 제도적 기반을 구축하는 등 남한과 북한 공동의 경제적 이익을 증진 시키기 위한 시책을 수립 · 시행한다(남북관계 발전에 관한 법률 제7조).

(다) 민족 동질성 회복

정부는 사회문화 분야의 교류 협력을 활성화함으로써 민족 동질성을 회복하도록 노력한다. 정부는 지방자치단체 및 민간단체 등의 교류 협력을 확대 · 발전시켜 남한과 북한 간 상호이해를 도모하고 민족의 전통문화 발전을 위한 시책을 수립 · 시행한다(남북관계 발전에 관한 법률 제8조).

(라) 인도적 문제 해결

정부는 한반도 분단으로 인한 인도적 문제 해결과 인권개선을 위하여 노력한다. 정부는 이산가족의 생사 · 주소 확인, 서신교환 및 상봉을 활성화하고 장기적으로 자유로운 왕래와 접촉을 할 수 있도록 시책을 수립 · 시행한다(남북관계 발전에 관한 법률 제9조).

(마) 북한에 대한 지원

정부는 인도주의와 동포애 차원에서 필요한 경우 북한에 대한 지원을 할 수 있다. 정부는 북한에 대한 지원이 효율적이고 체계적이며 투명하게 이루어질 수 있도록 종합적인 시책을 수립 · 시행한다(남북관계 발전에 관한 법률 제10조).

(바) 국제사회에서의 협력 증진

정부는 국제기구나 국제회의 등을 통하여 국제사회에서 남북공동의 이익을 증진 시킬 수 있도록 노력한다(남북관계 발전에 관한 법률 제11조).

(사) 재정상의 조치

정부는 남북관계 발전에 관한 법률에 규정된 정부의 책무를 이행하는 데 필요한 재원을 안정적으로 확보하기 위하여 노력한다. 정부는 지방자치단체 및 비영리법인 · 비영리민간단체에 대하여 남북관계 발전에 관한 법률에 따른 사업에 필요한 비용의 전부 또는 일부를 지원할 수 있다(남북관계 발전에 관한 법률 제12조).

(아) 남북관계 발전의 기반 조성

정부는 남북관계 발전에 필요한 기반을 조성하기 위하여 다음 각호의 사업을 추진할 수 있다(남북관계 발전에 관한 법률 제12조의2 제1항).

1. 남북관계 발전의 필요성에 관한 국민의 관심 확대를 위한 다양한 홍보 방안 마련 및 시행
2. 남북관계 발전에 대한 국민의 이해와 참여를 증진하기 위한 국민 참여 사업
3. 남북관계 발전에 필요한 지역별 기반 조성
4. 남북관계 발전 및 남북교류에 관한 실적과 통계의 수집 · 분석 및 공개
5. 한반도 평화증진, 남북경제공동체 구현, 민족 동질성 회복, 인도적 문제 해결과 인권개선 등 남북관계 발전에 필요한 기반을 조성하기 위한 사업이나 활동하는 비영리법인 · 비영리민간단체에 대한 지원

3. 남북관계 발전에 관한 법률과 남북합의서 체결

(가) 남북합의서의 체결 · 비준

대통령은 남북합의서를 체결 · 비준하며, 통일부장관은 이와 관련된 대통령의 업무를 보좌한다(남북관계 발전에 관한 법률 제21조 제1항). 대통령은 남북합의서를 비준하기에 앞서 국무회의의 심의를 거쳐야 한다(남북관계 발전에 관한 법률 제21조 제2항). 국회는 국가나 국민에게 중대한 재정적 부담을 지우는 남북합의서 또는 입법사항에 관한 남북합의서의 체결 · 비준에 대한 동의권을 가진다(남북관계 발전에 관한 법률 제21조 제3항). 대통령이 이미 체결 · 비준한 남북합의서의 이행에 관하여 단순한 기술적 · 절차적 사항만을 정하는 남북합의서는 남북회담 대표 또는 대북 특별사절의 서명만으로 발효시킬 수 있다(남북관계 발전에 관한 법률 제21조 제4항).

(나) 남북합의서의 공포

국회의 동의 또는 국무회의의 심의를 거친 남북합의서는 「법령 등 공포에 관한 법률」의 규정에 따라 대통령이 공포한다(남북관계 발전에 관한 법률 제22조).

(다) 남북합의서의 효력 범위 등

남북합의서는 남한과 북한 사이에 한하여 적용한다(남북관계 발전에 관한 법률 제23조 제1항). 대통령은 남북관계에 중대한 변화가 발생하거나 국가안전보장, 질서 유지 또는 공공복리를 위하여 필요하다고 판단되면 기간을 정하여 남북합의서 효력의 전부 또는 일부를 정지시킬 수 있다(남북관계 발전에 관한 법률 제23조 제2항). 대통령은 국회의 체결 · 비준 동의를 얻은 남북합의서에 대하여 제2항의 규정에 따라 그 효력을 정지시키고자 하는 때에는 국회의 동의를 얻어야 한다(남북관계 발전에 관한 법률 제23조 제3항).

(라) 남북합의서 위반행위의 금지

누구든지 다음 각호에 해당하는 행위를 하여 국민의 생명 · 신체에 위해를 끼치거나 심각한 위험을 발생시켜서는 아니 된다(남북관계 발전에 관한 법률 제24조 제1항).

1. 군사분계선 일대에서의 북한에 대한 확성기 방송
2. 군사분계선 일대에서의 북한에 대한 시각 매개물(게시물) 게시
3. 전단 등 살포

통일부장관은 동 법률 제24조 제1항 각호에서 금지된 행위를 예방하는 데 필요한 경우에는 관계 중앙행정기관의 장 또는 지방자치단체의 장에게 협조를 요청할 수 있다. 이 경우 관계 중앙행정기관의 장 또는 지방자치단체의 장은 특별한 사유가 없으면 협조하여야 한다(남북관계 발전에 관한 법률 제24조 제2항).

4. 남북합의서 위반행위의 금지 위반과 벌칙

남북합의서 위반행위의 금지를 위반한 자는 3년 이하의 징역 또는 3천만 원 이하의 벌금에 처한다. 다만, 제23조 제2항 및 제3항에 따라 남북합의서(제24조 제1항 각호의 금지행위가 규정된 것에 한정한다)의 효력이 정지된 때에는 그러하지 아니하다(남북관계 발전에 관한 법률 제25조 제1항). 미수범은 처벌한다(남북관계 발전에 관한 법률 제25조 제2항).[108]

---

108) "[재판관 이은애, 재판관 이종석, 재판관 이영진, 재판관 김형두의 위헌의견] 심판 대상 조항은 표현의 내용을 제한하는 결과를 가져오는바, 국가가 표현 내용을 규제하는 것은 원칙적으로 중대한 공익의 실현을 위하여 불가피한 경우에 한하여 허용되

고, 특히 정치적 표현의 내용 중에서도 특정한 견해, 이념, 관점에 기초한 제한은 과잉금지원칙 준수 여부를 심사할 때 더 엄격한 기준이 적용되어야 한다. 국가형벌권의 행사는 중대한 법익에 대한 위험이 명백한 경우에 한하여 최후수단으로 선택되어 필요 최소한의 범위에 그쳐야 하는바, 심판 대상 조항은 전단등 살포를 금지하는 데서 더 나아가 이를 범죄로 규정하면서 징역형 등을 두고 있으며, 그 미수범도 처벌하도록 하고 있어 과도하다고 하지 않을 수 없다. 심판 대상 조항으로 북한의 적대적 조치가 유의미하게 감소하고 이로써 접경지역 주민의 안전이 확보될 것인지, 나아가 남북 간 평화통일의 분위기가 조성되어 이를 지향하는 국가의 책무 달성에 도움이 될 것인지 단언하기 어려운 반면, 심판 대상 조항이 초래하는 정치적 표현의 자유에 대한 제한은 매우 중대하다. 그렇다면 심판 대상 조항은 과잉금지원칙에 위배되어 청구인들의 표현의 자유를 침해한다. 심판 대상 조항은 북한의 적대적 조치로 초래되는 국민의 생명·신체에 대한 위해나 심각한 위험 발생의 책임을 전단등 살포 행위자에게 전가하는 것이다. 법원이 구체적 사건에서 인과관계와 고의의 존부를 판단하여 범죄성립 여부를 결정할 수 있다고 하더라도, 위와 같은 위해나 심각한 위험의 발생이 전적으로 제3자인 북한에 의하여 초래되고 이에 대한 행위자의 지배 가능성이 인정되지 않는 이상, 전단등 살포에 대하여 형벌을 부과하는 것은 비난 가능성이 없는 자에게 형벌을 가하는 것과 다름이 없다. 따라서 심판 대상 조항은 책임주의 원칙에도 위배 되어 청구인들의 표현의 자유를 침해한다. [재판관 유남석, 재판관 이미선, 재판관 정정미의 위헌의견] 심판 대상 조항이 정한 결과의 발생이 북한의 도발이나 무력 행사의 위협 등 북한의 개입으로 실현되는 것이기는 하나, 북한의 개입은 전단등 살포를 원인으로 하여 이루어진 것임을 전제로 하는 것이고, 결과 발생에 대한 고의와 인과관계를 요구하므로, 심판 대상 조항이 타인의 행위로 인한 결과에 대해 그 책임 유무를 묻지 않고 형벌을 부과하는 구조라고 볼 수는 없다. 따라서 심판 대상 조항이 비난 가능성 있는 행위를 하지 않는 사람에게 책임을 물어 처벌하는 것이라고 볼 수 없으므로, 책임주의 원칙 위반은 문제 되지 아니한다. 심판 대상 조항에 의한 표현의 자유 제한이 표현의 내용과 무관한 내용 중립적 규제라고 보기는 어려운바, 심판 대상 조항은 표현의 내용을 규제하는 것으로 봄이 타당하다. 심판 대상 조항이 추구하는 주된 목적인 국민, 특히 접경지역 주민의 생명·신체의 안전 보장을 위해서는 반드시 형벌권의 행사가 아니더라도, 전단등, 살포 행위 전에 이를 신고하도록 하고 그 신고에 대해 '경찰관 직무집행법' 등에 따라 적절하게 대응하도록 함으로써, 접경지역 주민 등의 생명·신체의 안전 보장이라는 입법목적을 달성할 수 있다. 심판 대상 조항이 입법목적 달성을 위한 수단으로 형벌을 택한 것은 형벌의 보충성 및 최후 수단성에 부합한다고 보기 어렵다. 정보의 유입과 유통을 엄격히 통제하고

5. 헌법재판소 결정

헌법재판소는 남북합의서 위반행위로서 전단등 살포하여 국민의 생명 · 신체에 위해를 끼치거나 심각한 위험을 발생시키는 것을 금지하는 남북관계 발전에 관한 법률 제24조 제1항 제3호 및 이에 위반한 경우 처벌하는 같은

있는 북한의 특성상, 북한을 자극하여 도발을 일으킬 수 있을 만한 표현의 내용은 상당히 포괄적이므로, 심판 대상 조항에 의해 제한되는 표현 내용이 광범위하며, 이로 인하여 표현의 자유가 지나치게 제한된다. 심판 대상 조항이 정하는 결과는 북한의 개입을 통해서 실현되는 것인데, 그 개입이 있을 것인지 여부는 특수한 경우를 제외하고는 행위자가 예측하기 어려우므로, 표현의 자유에 대한 심대한 위축 효과를 초래한다. 심판 대상 조항을 통해 평화통일을 지향할 국가의 책무를 달성한다는 공익은 명백하거나 구체적이지 못한 반면, 행위자가 받게 되는 표현의 자유에 대한 제약은 그 표현의 의미와 역할의 중요성에 비해 매우 크다. 따라서 심판 대상 조항은 과잉금지원칙을 위반하여 청구인들의 표현의 자유를 침해한다. [재판관 김기영, 재판관 문형배의 반대의견] 심판 대상 조항은 표현의 내용에 대한 제한이 아니라, 전단등 살포라는 표현 방법에 대한 제한으로 보아야 한다. 국가형벌권 행사는 중대한 법익에 대한 위험이 명백한 경우에 한하여 최후수단으로 선택되어 필요 최소한의 범위에 그쳐야 하나, 국민, 특히 접경지역 주민의 생명과 신체의 안전이라는 매우 중요한 법익의 침해 또는 그 위험을 동등한 정도로 방지하면서도 덜 침해적인 대안을 찾을 수 있는지 의문이다. 심판 대상 조항의 '위험'은 그 위험이 임박하고 그 발생이 명백하다고 볼 수 있는 경우에만 인정되고, 법원이 구체적 사건에서 '국민의 생명 · 신체에 대한 위해 또는 그 심각한 위험의 발생'에 대한 고의의 존부, 그리고 전단등 살포 행위와의 사이에 인과관계를 인정할 수 있는지 여부를 판단하여 그 처벌 여부를 결정할 수 있으므로, 처벌범위가 무한정 확대된다고 볼 수 없다. 청구인들의 견해는 전단등 살포 외의 다른 방법을 통하여 충분히 표명될 수 있고, 남북간 긴장 완화를 시도하는 국면에서 제한된 표현의 자유도 교류 협력이 활성화되는 국면에서 확장될 수 있다는 동적인 관점에서 심판 대상 조항을 이해해야 한다. 심판 대상 조항에 따른 처벌은 남북합의서의 유효한 존속을 전제로 하므로, 전단등 살포를 극도로 경계하는 북한 입장에서는 전단등 살포의 억제를 위해서라도 남북합의서를 준수할 이익이 있고, 북한이 이를 준수하면 접경지역 주민의 안전은 물론, 한반도 전체의 평화가 유지될 수 있다. 따라서 심판 대상 조항은 과잉금지원칙에 위배 되어 표현의 자유를 침해한다고 볼 수 없다."(헌재 2023.9.26 전원재판부 2020헌마1724).

법 제25조 중 제24조 제1항 제3호에 관한 부분(이하 이들 조항을 합하여 '심판대상조항'이라 한다)이 청구인들의 표현의 자유를 침해하는지 여부와 관련하여, "심판 대상 조항은 표현의 내용을 제한하는 결과를 가져오는바, 국가가 표현 내용을 규제하는 것은 원칙적으로 중대한 공익의 실현을 위하여 불가피한 경우에 한하여 허용되고, 특히 정치적 표현의 내용 중에서도 특정한 견해, 이념, 관점에 기초한 제한은 과잉금지원칙 준수 여부를 심사할 때 더 엄격한 기준이 적용되어야 한다. 국가형벌권의 행사는 중대한 법익에 대한 위험이 명백한 경우에 한하여 최후수단으로 선택되어 필요 최소한의 범위에 그쳐야 하는바, 심판 대상 조항은 전단등 살포를 금지하는 데서 더 나아가 이를 범죄로 규정하면서 징역형 등을 두고 있으며, 그 미수범도 처벌하도록 하고 있어 과도하다고 하지 않을 수 없다. 심판 대상 조항으로 북한의 적대적 조치가 유의미하게 감소하고 이로써 접경지역 주민의 안전이 확보될 것인지, 나아가 남북 간 평화통일의 분위기가 조성되어 이를 지향하는 국가의 책무 달성에 도움이 될 것인지 단언하기 어렵지만, 심판 대상 조항이 초래하는 정치적 표현의 자유에 대한 제한은 매우 중대하다. 그렇다면 심판 대상 조항은 과잉금지원칙에 위배되어 청구인들의 표현의 자유를 침해한다.

심판 대상 조항은 북한의 적대적 조치로 초래되는 국민의 생명·신체에 대한 위해나 심각한 위험 발생의 책임을 전단등 살포 행위자에게 전가하는 것이다. 법원이 구체적 사건에서 인과관계와 고의의 존부를 판단하여 범죄 성립 여부를 결정할 수 있다고 하더라도, 위와 같은 위해나 심각한 위험의 발생이 전적으로 제3자인 북한에 의하여 초래되고 이에 대한 행위자의 지배가능성이 인정되지 않는 이상, 전단등 살포에 대하여 형벌을 부과하는 것은 비난 가능성이 없는 자에게 형벌을 가하는 것과 다름이 없다. 따라서 심판 대상 조항은 책임주의 원칙에도 위배되어 청구인들의 표현의 자유를 침해한다."[109]고 하여 위헌결정을 했다.

II. 북한의 대남방송과 접경지 주민의 소음 고통 문제

1. 접경지 주민의 소음 고통

북한이 전방에 설치한 확성기로 소음을 방출하는 바람에 접경지 남측 주민들이 피해를 호소하고 있다. 주로 강화도 북쪽에 사는 주민들의 고통이 크다고 한다. 합참에서는 "미상(未詳) 소음"이라고 표현했는데, 정체를 알 수 없다는 뜻이다. 사이렌에 북장구 소리가 섞였다고도 하고, 쇠를 깎고 긁는 듯한 소리라고도 했다.[110)]

경기도 파주시 최북단 비무장지대(DMZ) 내 대성동 마을, 통일촌, 해마루촌 등 파주시 DMZ와 민간인출입통제선 지역 3개 마을 주민 30여 명은 북한의 대남 확성기 방송으로 인해 극심한 피해를 보고 있다[111)][112)]고 일간신문은 기사화하고 있다.

서울신문이 직접 소음측정기로 측정한 결과, 군사분계선 기준으로 6㎞ 정도 떨어진 경기 파주시 탄현면 프로방스 마을에서 들리는 대남방송 소음은 최대 75㏈(데시벨)이 넘는 것으로 측정됐다. 75㏈은 달리는 지하철 안에서 들리는 열차 소리와 유사한 정도다. 같은 기준으로 9㎞ 정도 떨어진 김포시 하성면 후평마을에서는 측정된 소음은 최대 70㏈, 4.5㎞ 정도 떨어진 인천 강화군 월곶리 연미정에서는 최대 65㏈이었다. 65㏈는 차량이 지나가는 대

---

109) 헌재 2023. 9. 26. 2020헌마1724등, 판례집 35-2, 379.

110) "만물상: 북한의 '자해 소음'", 「조선일보」 2024년 9월 14일, A22면.

111) "밤새 대남 확성기서 들개 · 쇠 긁는 소리…20일째 잠 설쳐", 「중앙일보」 2024년 10월 21일, 14면.

112) 남북에 골병드는 접경지 주민의 소음 고통과 대남심리전 변천사에 대한 자세한 내용은 「주간경향」 제1601호(2024.10.26) 참조.

로변, 70㏈은 공사장에서 나타나는 소음과 비슷한 수치이다. 오후 10시 이후 한밤중 소음을 측정해 대남방송을 빼곤 별다른 소음은 없었는데도 귀가 먹먹하고 아팠다. 국토교통부와 환경부는 야간에 1분 동안 들리는 소음의 평균치가 34㏈ 이상일 경우 층간소음으로 인정하는데, 접경지역 주민들은 밤마다 층간소음을 훌쩍 넘는 수준의 소음에 시달리고 있는 셈이다.[113)]

접경지 대남방송은 소음으로 그치는 것이 아니고 접경지 주민의 경제활동에 많은 지장과 피해를 주고 있다. 강화군과 파주시, 김포 등 접경지역의 토지 거래와 건물 신축도 얼어붙고, 펜션을 비롯한 캠핑장의 예약도 취소되고 손님도 끊기는 등 접경지 주민들의 생계에 지대한 악영향을 끼치고 있다.[114)]

2. 접경지 주민의 소음 문제 해결 방안

접경지 주민의 소음 고통은 탈북단체의 대북 전단 살포→ 북한의 오물 풍선 살포→ 대북 방송 재개→ 북한의 소음방송 재개 순으로 이어진 만큼 정부가 대북 방송을 멈추고 대북 전단 살포도 적극적으로 막아야 한다.[115)]

---

113) "귀청 때리는 귀신 소리… 北대남 방송에 불면증 시달리는 주민들", 「서울신문」 2024년 10월 28일, 14면.

114) "더 커진 '대남방송'에 강화 주민들 고통…"대북 방송 우선 중단하라" 펜션 손님 끊기고 토지 거래 꽁꽁", 「한겨레신문」 2025년 3월 11일, 12면; "대남방송 소음 테러에 접경지 숙박업계 '유탄'", 「한국경제」 2024년 11월 7일, A27면; "강화 北 소음 폭탄에 … 치명타 주민들 대북 방송부터 중단을", 「한국일보」 2025년 3월 31일, 12면.

115) "종일 귀신 소리 시달리는 접경지 "소음 스트레스 때문에 못 살겠어"", 「한겨레신문」 2024년 11월 8일, 12면.

군 당국은 2025년 6월 11일 대북 확성기 방송을 선제적으로 중단했다. 북한도 이튿날 확성기 소음방송을 멈췄다. 당시 군은 이동식 확성기 10여 개를 철수했다. 또한 국가정보원이 2025년 7월 말 50여년 만에 대북 심리전 라디오 방송 송출을 중단하자 북한도 곧바로 대북 방송 방해 전파 발신을 멈췄다. 우리 군 당국은 2025년 8월 5일 남북 접경지역에 설치한 대북 확성기를 철거하는 작업에 착수했다.[116)][117)]

접경지 주민의 소음 문제를 해결하는 등 긴장 완화를 위해 남과 북이 모두 적대적인 자세에서 전향적으로 평화 공존을 위한 대응으로 바뀌어야 한다.

---

116) "군, 대북 방송 중단 이어 확성기 '철거'…북, 이번에도 호응할까?", 「경향신문」 2025년 8월 5일, 5면.

117) "정부는 국군심리전단이 제작해 송출하던 라디오 방송인 '자유의 소리' 방송 송출을 1일부터 중단했다. 방송은 통상 오후 10시부터 다음 날 오전 2시까지 4시간가량의 정비 시간을 제외하고 하루 종일 진행됐는데, 2025년 8월 31일 오후 10시 방송을 끝으로 9월 1일 오전 2시부터 방송을 재개하지 않았다. '자유의 소리' 방송 중단은 대북 확성기 방송 중단과 확성기 시설물 철거 등에 이은 남북 긴장 완화 조치의 일환으로 보인다. 이 방송은 FM 라디오 방송이나 단파방송 형태로 송출되던 것으로 정보가 차단된 접경지역 북한 주민들이나 북한군이 한국 등 외부 세계 관련 정보를 얻는 주요 수단이었다. 날씨 등의 생활 정보를 비롯해 대한민국의 체제 우월성을 선전하는 한편 북한 정권의 실상을 알리는 내용, 가요 등 음악, 국제 뉴스 등이 송출돼왔다."(「동아일보」 2025년 9월 1일, A12면).

닫는 글

층간소음은 층간(層間)에만 머물지 않는다. 세대 간, 진영 간, 계층 간 소음도 참을 수 없는 단계로 가고 있는 듯한 느낌이다. 우퍼 스피커를 천정에 붙여 놓는 식의 '소음 보복'은 다양한 분야에서, 다양한 방식으로 일어나고 있다. 층간소음은 한국 사회가 얼마나 얇고 위험한 시스템인가를 보여주는 바로미터(barometer)인지 모른다.[118)]

에이리가족과 네임리스건축은 집(House)에 대하여, "효율적인 삶을 위해 존재하는 공간이 아니라 가족 구성원이 좋아하는 것들로 가득 찬 곳, 편안하게 숨 쉴 수 있는 공간이면 된다. 조용한 시간을 가질 수 있고 소파에 앉아 그림을 보거나 음악을 들으며 사랑하는 가족과 많은 시간을 보내는 공간"[119)]이라고 말하고 있다. 그런데 집, 특히 우리가 아파트라 부르는 공동주택의 층간소음은 항상 우리 곁에 상존하고 있는 개인 문제임과 동시에 사회문제화 되었다. 사람이 소음(騷音)에 지속적으로 노출되게 되면 다양한 질환을 유발하거나 악화시킬 수 있다. 소음으로 인한 스트레스는 정신질환을 유발하거나 악화시킬 수 있으며, 혈관질환 위험도 높이며, 아이들의 경우에는 주의력과 인지 기능이 떨어질 수 있다.

헌법이 주거의 자유를 기본권으로 보장하고 있다. 형법에서는 '사람의 주거에 침입한 자는 3년 이하의 징역 또는 500만원 이하의 벌금에 처한다'고 규정하고 있다(형법 제319조). 여기서 주거침입죄의 보호법익은 사적 생활관계에 있어서 사실상 누리고 있는 주거의 평온, 즉 '사실상 주거의 평온'을

118) 권석천, '층간소음의 사회'를 어찌할 것인가, 「법률신문」 2023년 5월 15일.
119) 에이리가족 외, 「코르뷔지에 넌 오늘도 행복하니」, 안그라픽스, 2019, 258면.

의미한다(대법원 83도685). '사실상 주거의 평온'은 거주자가 주거에서 누리는 사실적 지배 · 권리관계가 평온하게 유지되는 상태이다. 결국 헌법이 주거의 자유와 형법이 주거침입죄를 통하여 보호하고자 하는 것은 개인의 사생활(privacy)과 안전(security)이라고 하겠다.

(1) 층간소음, 벽간소음으로 인한 갈등의 증가는 주거환경에서 소음 문제가 사회적으로 심각함을 나타내고 있다.

공동주택이 주거 비율의 7~80%를 차지하고 있다. 이처럼 우리나라의 주거 특성은 공동주택에 주로 거주하고, 실내에서 신발을 신지 않고 생활하는 방식이기 때문에 공동주택에서 구조적으로 발생하는 층간소음을 줄일 수는 있어도 없애는 것은 불가능하다.[120)]

층간소음의 발생 원인을 분석한 결과를 보면, 아이들이 뛰거나 발걸음으로 인한 직접 충격 소음이 층간소음의 발생 원인으로 가장 큰 영향을 미치는 것으로 나타나는바, 현실에서 층간소음으로 인한 분쟁을 예방하는 방법의 하나는 유치원, 초등학교 등에서 지속적인 층간소음 예방 교육을 하는 것이다. 또한 장기적으로는 아파트 주거문화에서 공동체 문화를 회복하는 것도 하나의 방법이라고 본다. 또 지속적인 층간소음 예방 공익광고를 통하여 이로 인한 사회적 분쟁을 미리 방지해야 한다.

(2) 집회의 자유는 헌법상 표현의 자유 중 하나로, 집단적 표현의 자유에 해당한다. 이 자유는 개인의 인격 발현과 민주주의의 실천이라는 이중적 기능을 가진다. 헌법재판소에 따르면 집회 · 결사의 자유는, 여러 사람이 공동의 목적을 가지고 회합 또는 결합해 자신들의 의사를 표현하는 것이다. 특히, 소외된 정치적 소수자들이 자신의 의견을 정치 과정에 반영하기 위한 수

120) 박인숙, "공동주택 층간소음 현황과 개선과제", 「이슈와 논점」 제1948호(2022.5.18), 4면.

단이라는 측면에서 다수결 원리에 따라 진행되는 현대 대의제도와 언론 · 출판의 자유를 보완하는 기능을 가진다. 집회나 시위는 여러 사람이 공동목적으로 회합하고 공공장소를 행진하거나 위력 또는 기세를 보여 불특정 여러 사람의 의견에 영향을 주거나 제압을 가하는 행위이다. 이로 인해 어느 정도의 소음이나 통행의 불편 등이 발생할 수밖에 없는 것은 부득이한 일이므로 일반 국민도 이를 수인할 의무가 있다고 하므로 어느 정도의 불편은 감수해야 한다.[121)122)] 그러나 집회 양태는 과도한 소음을 유발해서 일상생활을 어렵게 하는 경우가 많다. 집회 시위에 관한 자유를 최대한 폭넓게 보장하되, 집회 시위 현장의 폭력적 소음으로 일반 시민이 일방적으로 피해를 보지 않도록 일반 시민들의 기본권 보호를 위해 소음에 대한 규제를 강화해야 한다.

(3) 대통령을 비롯한 공직 대표자를 선출하는 선거 과정에서 선거운동이 무제한으로 허용되는 자유는 아니다. 국민의 다른 기본권과 조화를 이루어야 한다. 선거운동 과정에서 확성장치로 인한 소음이 일상생활에 지장과 불편을 주어서는 안 된다.

---

121) 지성우, 과도한 1인 시위 적절한 규제 필요성, 「문화일보」 2023년 10월 30일, 31면.

122) "집회 · 결사의 자유는 헌법상 기본권이다. 다만 '재산 피해나 사생활 침해 우려가 뚜렷한 경우' 제한할 수 있다. 선진국은 집회 신고 때 확성기 사용 허가를 별도로 내주고 소음기준을 엄격히 적용한다. 폴리스라인을 지키지 않는 등의 불법 시위에는 무관용 원칙이 철저하다. 국내 집시법도 소음피해를 주는 확성기, 북, 꽹과리 등의 사용을 제한하지만 잘 지켜지지 않고 있다. 주거 · 학교 지역에서 주간 65㏈(데시벨), 야간 60㏈로 소음기준도 정했으나 무용지물이다. 우리 국민은 집회 및 시위의 권리 보장에 민감한 편이다. 한 여론조사에선 10명 중 7명이 '집회의 자유 보장을 위해 소음을 감수해야 한다'고 답했다. 사회적 약자들이 내는 공동의 목소리(소음)가 집회의 본질인 만큼 어느 정도 용인돼야 한다고 본다. 헌법재판소가 야간 집회 금지와 국회의사당 등 집회 금지 장소 규정에 대해 헌법불합치 결정을 내린 배경이다. 그렇다고 국민의 행복추구권 등 다른 기본권을 침해해도 괜찮은 제한 없는 권리는 아닐 것이다. 집회의 자유와 국민 기본권이 공존할 수 있도록 엄격한 법 집행이 요구된다." ("[지평선] 청와대 앞 집회 소음", 「한국일보」, 2019년 11월 26일).

선거운동 기간 동안 일상생활에 지장을 주는 과도한 선거운동 소음은 허용될 수 없다. 시대 상황에 맞는 소음기준이 마련되어야 한다.

(4) 현행 소음진동관리법은 '국가와 지방자치단체는 국민의 쾌적하고 건강한 생활환경을 조성하기 위하여 소음 · 진동으로 인한 피해를 예방 · 관리할 수 있는 시책을 수립 · 추진하여야 한다"(동법 제2조의2)고 규정하고 있다. 이는 소음 문제에 대한 대책 수립을 지방자치단체에 명령하고 있는 것이다. 층간소음 · 집회 소음을 비롯한 생활 소음 문제 예방과 해결을 위한 지방자치단체들의 전향적인 자세가 필요한 시점이다.

부록

소음 판례

사례 1 도로 소음 사건

대법원 2015. 9. 24. 선고 2011다91784 판결
[공2015하,1596]

【판결요지】

[1] 도로에서 발생하는 소음으로 말미암아 생활에 고통을 받는(이하 '생활방해'라 한다) 정도가 사회 통념상 일반적으로 참아내야 할 정도(이하 '참을 한도'라 한다)를 넘는지는 피해의 성질과 정도, 피해이익의 공공성, 가해행위의 태양, 가해행위의 공공성, 가해자의 방지 조치 또는 손해 회피의 가능성, 공법상 규제기준의 위반 여부, 지역성, 토지이용의 선후관계 등 모든 사정을 종합적으로 고려하여 판단하여야 한다. 그리고 도로가 현대생활에서 필수 불가결한 시설로서 지역 간 교통과 균형개발 및 국가의 산업경제 활동에 큰 편익을 제공하는 것이고, 도시개발사업도 주변의 정비된 도로망 건설을 필수적인 요소로 하여 이루어지고 있는 점, 자동차 교통이 교통의 많은 부분을 차지하고 있고, 도시화·산업화에 따른 주거의 과밀화가 진행되고 있는 현실에서 일정한 정도의 도로 소음의 발생과 증가는 사회발전에 따른 피치 못할 변화에 속하는 점 등도 충분히 고려되어야 한다. 특히 고속국도는 자동차 전용의 고속교통에 공용되는 도로로서 도로 소음의 정도가 일반 도로보다 높은 반면, 자동차 교통망의 중요한 축을 이루고 있고, 지역경제뿐 아니라 국민경제 전반의 기반을 공고히 하며 전체 국민 생활의 질을 향상시키는 데 중요한 역할을 담당하고 있는 점 등을 더하여 보면, 이미 운영 중인 또는 운영이 예정된 고속국도에 근접하여 주거를 시작한 경우의 '참을 한도' 초과 여부는 보다 엄격히 판단하여야 한다.

[2] 공법상 기준으로서 환경정책기본법의 환경기준은 국민의 건강을 보호하고 쾌적한 환경을 조성하기 위하여 유지되는 것이 바람직한 기준, 즉 환경행정에서 정책목표로 설정된 기준인 점, 위 환경기준은 도로법이나 도로교통법에 규정된 도로의 종류와 등급, 차로의 수, 도로와 주거의 선후관계를 고려하지 아니한 채 오로지 적용 대상 지역에 따라 일정한 기준을 정하고 있을 뿐이어서 모든 상황의 도로에 구체적인 규제의 기준으로 적용될 수 있는 것으로 보기 어려운 점, 2층 이상의 건물에 미치는 도로교통소음이 환경정책기본법의 환경기준을 준수하였는지는 소음 · 진동 공정시험기준(환경부고시 제2010-142호)에 규정된 측정 방법에 따라 소음피해지점에서 소음원 방향으로 창문 · 출입문 또는 건물 벽 밖의 0.5~1m 떨어진 지점에서 측정된 실외소음에 의해 판정하게 되어 있으나, 공동주택에 거주하는 사람들에 대하여는 일상생활이 실제 이루어지는 실내에서 측정된 소음도에 따라 '참을 한도' 초과 여부를 판단함이 타당한 점 등을 고려하면, 도로변 지역의 소음에 관한 환경정책기본법의 소음 환경기준을 초과하는 도로 소음이 있다고 하여 바로 민사상 '참을 한도'를 넘는 위법한 침해행위가 있다고 단정할 수 없다.

이른바 도로 소음으로 인한 생활방해를 원인으로 제기된 사건에서 공동주택에 거주하는 사람들이 참을 한도를 넘는 생활방해를 받고 있는지는 특별한 사정이 없으면 일상생활이 실제 주로 이루어지는 장소인 거실에서 도로 등 소음원에 면한 방향의 모든 창호를 개방한 상태로 측정한 소음도가 환경정책기본법상 소음 환경기준 등을 초과하는지에 따라 판단하는 것이 타당하다.

[3] 도로 소음으로 인한 생활방해를 원인으로 소음의 예방 또는 배제를 구하는 방지 청구는 금전배상을 구하는 손해배상청구와는 내용과 요건을 서로 달리하는 것이어서 같은 사정이라도 청구의 내용에 따라 고려 요소의 중요도에 차이가 생길 수 있고, 방지 청구는 그것이 허용될 경우 소송당사자뿐

아니라 제3자의 이해관계에도 중대한 영향을 미칠 수 있어, 방지 청구의 당부를 판단하는 법원으로서는 청구가 허용될 경우에 방지 청구를 구하는 당사자가 받게 될 이익과 상대방 및 제3자가 받게 될 불이익 등을 비교·교량하여야 한다.

【참조 조문】

[1] 민법 제205조, 제206조, 제214조, 제217조 [2] 민법 제205조, 제206조, 제214조, 제217조, 환경정책기본법 제12조 제1항, 제2항, 환경정책기본법 시행령 제2조 [별표] [3] 민법 제205조, 제206조, 제214조, 제217조

【참조판례】

[1] 대법원 1999. 7. 27. 선고 98다47528 판결(공1999하, 1755)
대법원 2007. 6. 15. 선고 2004다37904, 37911 판결(공2007하, 1062)
[2] 대법원 2010. 11. 25. 선고 2008다49868 판결

【전 문】

【원고, 상고인】 한국도로공사 (소송대리인 법무법인(유한) 제이피 담당변호사 김인중 외 5인)

【피고, 피상고인】 별지 피고 명단 기재와 같다. (소송대리인 변호사 이병길)

【원심판결】 대구고법 2011. 9. 21. 선고 2010나4845 판결

【주 문】

원심판결을 파기하고, 사건을 대구고등법원에 환송한다.

【이 유】

상고이유를 판단한다.

1. 도로에서 발생하는 소음으로 말미암아 생활에 고통을 받는(이하 '생활방해'라 한다) 정도가 사회 통념상 일반적으로 참아내야 할 정도(이하 '참을 한도'라 한다)를 넘는지 여부는 피해의 성질과 정도, 피해이익의 공공성, 가해행위의 태양, 가해행위의 공공성, 가해자의 방지 조치 또는 손해 회피의 가능성, 공법상 규제기준의 위반 여부, 지역성, 토지이용의 선후관계 등 모든 사정을 종합적으로 고려하여 판단하여야 한다(대법원 1999. 7. 27. 선고 98다47528 판결, 대법원 2007. 6. 15. 선고 2004다37904, 37911 판결 참조). 그리고 도로가 현대생활에서 필수 불가결한 시설로서 지역 간 교통과 균형개발 및 국가의 산업경제 활동에 큰 편익을 제공하는 것이고, 도시개발사업도 주변의 정비된 도로망 건설을 필수적인 요소로 하여 이루어지고 있는 점, 자동차 교통이 교통의 많은 부분을 차지하고 있고, 도시화 · 산업화에 따른 주거의 과밀화가 진행되고 있는 현실에서 일정한 정도의 도로 소음의 발생과 증가는 사회발전에 따른 피치 못할 변화에 속하는 점 등도 충분히 고려되어야 한다. 특히 고속국도는 자동차 전용의 고속교통에 공용되는 도로로서 도로 소음의 정도가 일반 도로보다 높은 반면, 자동차 교통망의 중요한 축을 이루고 있고, 당해 지역경제뿐 아니라 국민경제 전반의 기반을 공고히 하며 전체 국민 생활의 질을 향상시키는 데 중요한 역할을 담당하고 있는 점 등을 더하여 보면, 이미 운영 중인 또는 운영이 예정된 고속국도에 근접하여 주거를 시작한 경우의 '참을 한도' 초과 여부는 보다 엄격히 판단하여야 할 것이다.

한편 공법상 기준으로서 환경정책기본법의 환경기준은 국민의 건강을 보호하고 쾌적한 환경을 조성하기 위하여 유지되는 것이 바람직한 기준, 즉 환경행정에서 정책목표로 설정된 기준인 점(대법원 2010. 11. 25. 선고 2008다49868 판결 참조), 위 환경기준은 도로법이나 도로교통법에 규정된 도로의 종류와 등급, 차로의 수, 도로와 주거의 선후관계를 고려하지 아니한 채 오로지 적용 대상 지역에 따라 일정한 기준을 정하고 있을 뿐이어서 모든 상황의 도로에 구체적인 규제의 기준으로 적용될 수 있는 것으로 보기 어려운 점, 2층 이상의 건물에 미치는 도로교통소음이 환경정책기본법의 환경기준을 준수하였는지 여부는 소음 · 진동공정시험기준(환경부고시 제2010-142호)에 규정된 측정 방법에 따라 소음피해지점에서 소음원 방향으로 창문 · 출입문 또는 건물 벽 밖의 0.5~1m 떨어진 지점에서 측정된 실외소음에 의해 판정하도록 되어 있으나, 공동주택에 거주하는 사람들에 대하여는 일상생활이 실제 이루어지는 실내에서 측정된 소음도에 따라 '참을 한도' 초과 여부를 판단함이 타당한 점 등을 고려하면, 도로변 지역의 소음에 관한 환경정책기본법의 소음 환경기준을 초과하는 도로 소음이 있다고 하여 바로 민사상 '참을 한도'를 넘는 위법한 침해행위가 있다고 단정할 수 없다.

이른바 도로 소음으로 인한 생활방해를 원인으로 제기된 사건에서 공동주택에 거주하는 사람들이 참을 한도를 넘는 생활방해를 받고 있는지는 특별한 사정이 없는 한 일상생활이 실제 주로 이루어지는 장소인 거실에서 도로 등 해당 소음원에 면한 방향의 모든 창호를 개방한 상태로 측정한 소음도가 환경정책기본법상 소음 환경기준 등을 초과하는지 여부에 따라 판단하는 것이 타당하다.

나아가 도로 소음으로 인한 생활방해를 원인으로 소음의 예방 또는 배제를 구하는 방지 청구는 금전배상을 구하는 손해배상청구와는 내용과 요건을 서로 달리하는 것이어서 같은 사정이라도 청구의 내용에 따라 고려 요소의 중요도에 차이가 생길 수 있고, 방지 청구는 그것이 허용될 경우 소송당사자뿐 아니라 제3자의 이해관계에도 중대한 영향을 미칠 수 있어, 방지 청구의 당부를 판단하는 법원으로서는 해당 청구가 허용될 경우에 방지 청구를 구하는 당사자가 받게 될 이익과 상대방 및 제3자가 받게 될 불이익 등을 비교 · 교량하여야 한다.

2. 원심은, 구 환경정책기본법(2011. 7. 21. 법률 제10893호로 전부 개정되기 전의 것) 제10조 제2항, 같은 법 시행령(2012. 7. 20. 대통령령 제23967호로 전부 개정되기 전의 것) 제2조가 정한 도로변 일반주거지역의 환경기준은 주간(06:00~22:00) 65데시벨(dB), 야간(22:00~06:00) 55데시벨(dB)인 점, 통상적으로 소음도가 40데시벨(dB)이 넘으면 수면의 깊이가 낮아지기 시작하고, 50데시벨(dB)이 넘으면 호흡·맥박수가 증가하며, 60데시벨(dB)이 넘으면 수면장애가 시작되고, 70데시벨(dB)이 넘으면 말초혈관이 수축되는 반응을 보이면서 정신 집중이 떨어지고 휴식에 지장을 주는 것으로 알려져 있는 점, 제1심 감정인이 2009. 11. 소음·진동공정시험방법에 따라 측정한 이 사건 아파트 101동의 7층 이상 거주 세대, 102동의 5층 이상 거주 세대의 소음도는 주간 실외소음도 71.2데시벨(dB)~72.2데시벨(dB), 야간 실외소음도 70.2데시벨(dB)~71.6데시벨(dB)로 위 환경기준을 훨씬 상회하고 있는 점, 이 사건 고속도로 확장공사의 완료 전에 이미 이 사건 아파트 부지에 관한 택지개발사업이 준공되었을 뿐만 아니라 위 아파트 신축공사가 시작되었으므로 원고는 위 확장공사 완료 전에 이 사건 아파트의 완공 상황을 예상한 방음 대책을 수립할 수 있었던 점 등을 들어, 원고의 피고들에 대한 방음 대책 이행 의무의 기준이 되는 '참을 한도'는 실외소음도 65데시벨(dB)이라고 판단한 후, 원고는 이 사건 고속도로로부터 피고들에게 도달되는 소음을 '참을 한도' 내로 저감시킬 방음 대책을 이행할 의무가 있다고 판단하였다.

3. 그러나 원심의 판단은 다음과 같은 점에서 받아들이기 어렵다.

원심판결 이유와 기록에 의하면, ① 이 사건 고속도로는 이미 1970. 7.경 왕복 4차로로 개설된 도로로 1998. 3.경 왕복 8차로로 확장하는 내용의 '확장공사 구간 지정 결정'이 고시되었는데, 그 후인 1998. 5. 6. 이 사건 아파트가 위치한 'ㅇㅇㅇㅇ2지구 택지개발사업지구'가 택지개발예정지구로 지정되어 1999. 7. 30.부터 2004. 12. 31.까지 택지개발사업이 시행된 점, ② 위 고속도로 확장공사는 1998. 4.경부터 2003. 12.경까지 시행되었는데, 이 사건 아파트는 고속도로 확장공사가 거의 완성되었을 무렵인 2003. 10.경 착공되어 2005. 12.경에야 준공된 점, ③ 도시화 · 산업화 및 이로 인한 주거의 과밀화로 인하여 도시에 거주하는 대부분의 거주자는 어느 정도의 소음이 존재하는 상황에서 특정 장소에 거주를 시작하게 될 것인데, 거주자가 고요하고 평온한 상태에서 쾌적한 일상생활을 누릴 수 있는 생활이익은 원칙적으로 그가 거주를 시작한 때 그 장소에서의 소음도를 기초로 형성되기 시작하는 것이고, 피고들이 이 사건 아파트에 거주할 당시 이 사건 고속도로로 인하여 일정한 정도의 도로 소음의 발생과 증가를 알았거나 알 수 있었던 것으로 보이는 점, ④ 원심은 제1심 감정인이 소음 · 진동공정시험방법에 규정된 측정 방법에 따라 소음측정기의 마이크로폰을 이 사건 아파트 베란다 창문으로부터 0.5~1m 돌출시켜 이 사건 고속도로 방향으로 설치하여 측정한 소음도 및 이에 기초하여 산정한 실외소음도를 그대로 받아들여 원고의 방음대책 이행 의무를 인정하였으나, 피고들이 거주하는 이 사건 아파트 101동의 7층 이상 세대, 102동의 5층 이상 세대에서 위 실외소음도를 피고들이 일상생활을 주로 하는 지점의 소음도로 보기는 어렵고, 피고들의 일상생활이 실제 주로 이루어지는 장소인 거실에서 도로 등 소음원에 면한 방향의 모든 창호를 개방한 상태로 측정한 소음도를 기준으로 환경정책기본법상 소음 환경기준 등을 초과하는지 여부를 판단하는 것이 타당한 점, ⑤ 공동주택에 거주하는 사람들의 생활이익이 중요함은 물론이지만, 자동차 교통망의 중요한 축을 이루고 있는 이 사건 고속도로는 국민경제 전반의 기반을 공고히 하고, 전체 국민 생활의 질을 향상시키는 등 그 공공성과 사회적 가치가 매우 클 뿐만 아니라, 국가를 대신하여 고속국도를 관리하는 주체인 원고로서는 동등한 피해 상황에 있는 국민 전체를 기준으로 도로 소음 방지 조치의 내용을 결정할 수밖에 없고, 따라서 그 방지 조치도 기술적 · 경제적으로 한계를 지닐 수밖에 없으므로, 방지 청구의 당부를 판단함에 있어서 청구가 허용될 경우 그로 인해 당사자들이 받게 될 영향을 비교 · 교량해야 함에도, 원심은 원고가 부담해야 할 방음 대책 이행 의무의 구체적인 내용을 전혀 특정하지 않았고, 원고의 방음 대책 이행 의무가 피고들과 이 사건 고속도로의 이용자들에게 미칠 이익 · 불이익에 대한 비교 · 교량을 행하지 아니한 결과, 원심이 인정한 65데시벨(dB) 이하 소음도를 달성하기 위해서는 어떠한 조치나 공사가 필요한지, 그에 소요될 시간과 비용은 어떠한지, 고속도로의 정상적인 통행에 지장이 없는지 등을 전혀 알 수 없는 점 등의 사정을 알 수 있다.

이와 같은 사정들을 앞에서 본 법리에 따라 살펴보면, 이 사건 청구에서 원심 판시와 같은 사정만으로 바로 '참을 한도'를 넘는 생활방해가 인정되어 원고에게 방음 대책 이행 의무가 인정된다고 단정하기 어렵다.

4. 원심으로서는 앞에서 본 사정들을 충분히 고려하여 원고가 피고들에 대하여 방음 대책 이행 의무를 부담하는지를 판단하였어야 할 것임에도, 피고들의 일상생활이 실제 주로 이루어지는 지점의 소음도를 측정하지 아니하였을 뿐만 아니라, 이 사건 고속도로의 특성과 토지이용의 선후관계를 제대로 고려하지 아니하였고, 또 이 사건 청구가 받아들여짐으로써 소송당사자들과 도로 이용자들이 받게 될 이익 · 불이익을 비교 · 교량하지 아니한 채, 원고가 피고들에게 이 사건 고속도로에서 발생하는 소음이 65데시벨(dB) 이상 도달하지 아니하도록 할 의무를 부담한다고 판단하고 말았다. 이러한 원심의 판단에는 도로의 소음으로 말미암은 생활방해에서 '참을 한도' 및 그 생활방해를 원인으로 하는 방지 청구권에 관한 법리를 오해하여 필요한 심리를 다하지 아니함으로써 판결에 영향을 미친 위법이 있다.

5. 덧붙여, 원심은 이 사건 고속도로 소음으로 인한 생활방해를 원인으로 소음의 예방 또는 배제를 명하는 법적 근거를 분명히 밝히지 아니한 채 원고가 그 방음 대책을 이행할 의무가 있다고 판단하였는데, 환송 후 원심으로서는 그 법적 근거를 분명히 한 후 그 당부를 판단할 필요가 있음을 지적해 둔다.

6. 그러므로 나머지 상고이유들에 대한 판단을 생략한 채 원심판결을 파기하고, 사건을 다시 심리 · 판단하도록 원심법원에 환송하기로 하여, 관여 대법관의 일치된 의견으로 주문과 같이 판결한다.

대법관 이상훈(재판장) 김창석 조희대(주심) 박상옥

사례 2 도로 소음 사건

대법원 2008. 8. 21. 선고 2008다9358,9365 판결
[공2008하,1293]

【판결요지】

[1] 차량이 통행하는 도로에서 유입되는 소음 때문에 인근 주택의 거주자에게 사회 통념상 일반적으로 수인할 정도를 넘어서는 침해가 있는지 여부는, 주택법 등에서 제시하는 주택건설기준보다는 환경정책기본법 등에서 설정하고 있는 환경기준을 우선적으로 고려하여 판단하여야 한다.

[2] 도로에서 유입되는 소음 때문에 인근 주택의 거주자에게 사회 통념상 수인한도를 넘는 생활이익의 침해가 발생하였다고 하더라도, 그 주택을 건축하여 분양한 분양회사는 도로의 설치 · 관리자가 아니고 그 주택의 건축으로 인하여 소음이 발생하였다고 볼 수도 없으므로, 주택의 거주자들이 분양회사를 상대로 소음 때문에 발생한 생활이익의 침해를 원인으로 하는 불법행위책임을 물을 수는 없다. 다만 분양회사는 주택의 공급 당시에 주택법상의 주택건설기준 등 그 주택이 거래상 통상 소음방지를 위하여 갖추어야 할 시설이나 품질을 갖추지 못한 경우에 집합건물의 소유 및 관리에 관한 법률 제9조 또는 민법 제580조의 담보책임을 부담하거나, 수분양자와의 분양계약에서 소음방지 시설이나 조치에 관하여 특약이 있는 경우에 그에 따른 책임을 부담하거나, 또는 분양회사가 수분양자에게 분양하는 주택의 소음 상황 등에 관한 정보를 은폐하거나 부정확한 정보를 제공하는 등 신의칙상의 부수의무를 게을리한 경우에 그 책임을 부담할 뿐이다.

【참조조문】

[1] 국가배상법 제5조 제1항, 환경정책기본법 제10조 제2항, 환경정책기본법 시행령 제2조 [별표 1] 제2호, 주택법 제21조 제1항 제1호, 주택법 시행령 제22조, 주택건설기준 등에 관한 규정 제9조 [2] 집합건물의 소유 및 관리에 관한 법률 제9조, 민법 제2조, 제105조, 제580조, 제750조

【전 문】

【원고, 상고인】 부산광역시 (소송대리인 변호사 박옥봉)

【원고, 피상고인】 지에스건설 주식회사 (소송대리인 변호사 이강남)

【피고, 상고인 겸 피상고인】 피고 1외 559인 (소송대리인 변호사 김시승)

【원심판결】 부산고법 2008. 1. 8. 선고 2007나6895 판결

【주 문】

상고를 모두 기각한다. 상고비용은 상고인 각자가 부담한다.

【이 유】

상고이유를 판단한다.

1. 원고 부산광역시의 상고이유에 대한 판단

국가배상법 제5조 제1항에 정하여진 '영조물의 설치 또는 관리의 하자'라 함은 공공의 목적에 공여된 영조물이 그 용도에 따라 갖추어야 할 안전성을 갖추지 못한 상태에 있음을 말하고, 안전성을 갖추지 못한 상태, 즉 타인에게 위해를 끼칠 위험성이 있는 상태라 함은 당해 영조물을 구성하는 물적 시설 그 자체에 있는 물리적·외형적 흠결이나 불비로 인하여 그 이용자에게 위해를 끼칠 위험성이 있는 경우뿐만 아니라, 그 영조물이 공공의 목적에 이용됨에 있어 그 이용 상태 및 정도가 일정한 한도를 초과하여 제3자에게 사

회 통념상 수인할 것이 기대되는 한도를 넘는 피해를 입히는 경우까지 포함된다고 보아야 한다(대법원 2004. 3. 12. 선고 2002다14242 판결 등 참조).

그리고 수인한도의 기준을 결정함에 있어서는 일반적으로 침해되는 권리나 이익의 성질과 침해의 정도뿐만 아니라 침해행위가 갖는 공공성의 내용과 정도, 그 지역 환경의 특수성, 공법적인 규제에 의하여 확보하려는 환경기준, 침해를 방지 또는 경감시키거나 손해를 회피할 방안의 유무 및 그 난이 정도 등 여러 사정을 종합적으로 고려하여 구체적 사건에 따라 개별적으로 결정하여야 하는바(대법원 2005. 1. 27. 선고 2003다49566 판결 등 참조), 특히 차량이 통행하는 도로에서 유입되는 소음으로 인하여 인근 공동주택의 거주자에게 사회 통념상 일반적으로 수인할 정도를 넘어서는 침해가 있는지 여부는 주택법 등에서 제시하는 주택건설기준보다는 환경정책기본법 등에서 설정하고 있는 환경기준을 우선적으로 고려하여 판단하여야 한다.

원심판결 이유에 의하면, 원심은, 이 사건 도로의 하루 통행 차량이 약 86,361대에 이르는 등 공공도로인 점과 피고들이 이 사건 도로가 개통된 이후에 건축된 이 사건 아파트에 입주한 점 등을 감안하더라도, 피고들이 거주하는 세대의 야간 등가소음도가 65㏈ 이상으로 환경정책기본법이 요구하는 도로변 주거지역의 야간 소음기준(55㏈)을 훨씬 초과함으로써 피고들에게 통상의 수인한도를 넘는 피해를 발생하게 하였다면 원고 부산광역시의 이 사건 도로 설치 · 관리상에 하자가 있다고 판단하였는바, 앞서 본 법리에 비추어 보면 원심의 위와 같은 판단은 정당한 것으로서 수긍이 가고, 거기에 상고이유에서 주장하는 바와 같이 공공영조물 설치 · 관리상의 하자에 관한 법리 오해, 소음피해로 인한 수인한도에 관한 법리 오해, 심리미진 등의 위법이 있다고 할 수 없다.

2. 피고들의 상고이유에 대한 판단

도로에서 유입되는 소음으로 인하여 인근 공동주택의 거주자에게 사회 통념상 수인한도를 넘는 생활이익의 침해가 발생하였다고 하더라도, 그 공동주택을 건축하여 분양한 분양회사는 도로의 설치 · 관리자가 아니고 위 공동주택의 건축으로 인하여 소음이 발생하였다고 볼 수도 없으므로, 공동주택의 거주자들이 분양회사를 상대로 소음으로 인하여 발생한 생활이익의 침해를 원인으로 하는 불법행위책임을 물을 수는 없는 것이고, 다만 분양회사는 공동주택의 공급 당시에 주택법상의 주택건설기준 등 그 공동주택이 거래상 통상 소음방지를 위하여 갖추어야 할 시설이나 품질을 갖추지 못한 경우에 집합건물의 소유 및 관리에 관한 법률 제9조 또는 민법 제580조의 규정에 의한 담보책임을 부담하거나, 수분양자와의 분양계약에서 소음방지 시설이나 조치에 관하여 특약이 있는 경우에 그에 따른 책임을 부담하거나, 또는 분양회사가 수분양자에게 분양하는 공동주택의 소음 상황 등에 관한 정보를 은폐하거나 부정확한 정보를 제공하는 등 신의칙상의 부수 의무를 게을리한 경우에 그 책임을 부담할 뿐이다.

원심의 인정 사실 및 기록에 비추어 보면, 원고 회사가 이 사건 아파트에 대한 사용승인을 받을 당시 이 사건 아파트의 소음도는 64.7㏈로서 주택법상의 주택건설기준 등에서 규정하고 있는 소음기준을 충족하고 있었고, 달리 이 사건 아파트의 사용승인 또는 분양 당시 이 사건 아파트의 방음시설이 통상 갖추어야 할 수준에 이르지 못하였다고 인정할 증거도 없으며, 원고 회사가 수분양자인 피고들과의 사이에 소음방지 시설이나 조치에 관한 별도의 특약을 체결하였다거나, 피고들에게 이 사건 아파트의 소음 상황 등에 관하여 부정확한 정보를 제공하였다고 인정할 증거도 없다.

이러한 사정을 위 법리에 비추어 보면, 도로에서 유입되는 소음으로 인하여 피고들에게 사회 통념상 수인한도를 넘는 생활이익의 침해가 발생하였다고 하더라도 분양회사인 원고 회사로서는 피고들에 대하여 담보책임이나 특약에 의한 책임, 또는 신의칙상 의무 위반으로 인한 책임을 부담하지 아니한다.

원심은 그 이유 설시에 있어 다소 명확하지 아니한 부분은 있으나, 원고 회사가 피고들에 대하여 소음으로 인한 손해배상 기타 채무를 부담하지 않는다고 판단한 결론은 정당하다.

그 밖의 상고이유는 사실심법원에서 주장하지 아니한 사실을 상고심에서 새롭게 주장한 것이거나 적법한 상고이유로 삼을 만한 사유가 되지 못한다.

3. 결 론

그러므로 상고를 모두 기각하고, 상고 비용은 각 패소자가 부담하도록 하여 관여 법관의 일치된 의견으로 주문과 같이 판결한다.

대법관 안대희(재판장) 김영란 이홍훈(주심)

사례 3 항공기 소음 사건

대법원 2010. 11. 25. 선고 2007다74560 판결
[공2011상,4]

【판결 요지】

[1] 항공기 소음의 측정은 전문적인 학식이나 경험이 있는 자의 감정에 의할 수밖에 없고, 또한 항공기 소음은 그 영향 범위가 넓고 지속적이기 때문에 실측만으로 이를 평가하는 것은 사실상 어려우므로, 감정 대상 지역 중 대표적인 지점을 선정하여 일정 기간 항공기 소음을 실측한 값과 공인된 프로그램에 의하여 예측한 소음 값을 비교하여 그 예측값이 일정한 오차의 허용 범위 내에 들면 그 지역의 신빙성 있는 항공기 소음도로 인정하는 것이 일반적이다. 따라서 법정의 절차에 따라 선서하였거나 법원의 촉탁에 의한 감정인이 전문적인 학식과 경험을 바탕으로 위와 같은 과정을 거쳐 제출한 감정 결과는 그 소음 실측이나 예측 과정에서 상당히 중한 오류가 있었다거나 상대방이 그 신빙성을 탄핵할 만한 객관적인 자료를 제출하지 않는다면 실측 과정 등에서 있을 수 있는 사소한 오류의 가능성을 지적하는 것만으로 이를 쉽게 배척할 수는 없다.

[2] 소음 등을 포함한 공해 등의 위험지역으로 이주하여 들어가서 거주하는 경우와 같이 위험의 존재를 인식하면서 그로 인한 피해를 용인하며 접근한 것으로 볼 수 있는 경우에, 그 피해가 직접 생명이나 신체에 관련된 것이 아니라 정신적 고통이나 생활방해의 정도에 그치고 그 침해행위에 고도의 공공성이 인정되는 때에는, 위험에 접근한 후 실제로 입은 피해 정도가 위험에 접근할 당시에 인식하고 있었던 위험의 정도를 초과하는 것이거나 위험에

접근한 후에 그 위험이 특별히 증대하였다는 등의 특별한 사정이 없는 한 가해자의 면책을 인정하여야 하는 경우도 있다. 특히 소음 등의 공해로 인한 법적 소송이 제기되거나 그 피해에 대한 보상이 실시되는 등 피해지역임이 구체적으로 드러나고 또한 이러한 사실이 그 지역에 널리 알려진 이후에 이주하여 오는 경우에는 위와 같은 위험에의 접근에 따른 가해자의 면책 여부를 보다 적극적으로 인정할 여지가 있다. 다만 일반인이 공해 등의 위험지역으로 이주하여 거주하는 경우라고 하더라도 위험에 접근할 당시에 그러한 위험이 존재하는 사실을 정확하게 알 수 없는 경우가 많고, 그 밖에 위험에 접근하게 된 경위와 동기 등의 여러 가지 사정을 종합하여 그와 같은 위험의 존재를 인식하면서도 위험으로 인한 피해를 용인하면서 접근하였다고 볼 수 없는 경우에는 손해배상액의 산정에 있어 형평의 원칙상 과실상계에 준하여 감액 사유로 고려하여야 한다.

[3] 국가배상법 제5조 제1항에 정하여진 '영조물의 설치 또는 관리의 하자'라 함은 공공의 목적에 공여된 영조물이 그 용도에 따라 갖추어야 할 안전성을 갖추지 못한 상태에 있음을 말하고, 여기서 안전성을 갖추지 못한 상태, 즉 타인에게 위해를 끼칠 위험성이 있는 상태라 함은 당해 영조물을 구성하는 물적 시설 그 자체에 있는 물리적 · 외형적 흠결이나 불비로 인하여 그 이용자에게 위해를 끼칠 위험성이 있는 경우뿐만 아니라, 그 영조물이 공공의 목적에 이용됨에 있어 그 이용 상태 및 정도가 일정한 한도를 초과하여 제3자에게 사회 통념상 수인할 것이 기대되는 한도를 넘는 피해를 입히는 경우까지 포함된다고 보아야 한다. 그리고 수인한도의 기준을 결정함에 있어서는 일반적으로 침해되는 권리나 이익의 성질과 침해의 정도뿐만 아니라 침해행위가 갖는 공공성의 내용과 정도, 그 지역 환경의 특수성, 공법적인 규제에 의하여 확보하려는 환경기준, 침해를 방지 또는 경감시키거나 손해를 회피할 방안의 유무 및 그 난이 정도 등 여러 사정을 종합적으로 고려하여 구체

적 사건에 따라 개별적으로 결정하여야 한다.

[4] 대구비행장 주변 지역의 항공기 소음으로 인한 피해의 내용 및 정도, 그 비행장 및 군용항공기의 운항이 가지는 공공성과 아울러 그 비행장이 개설 당시와 달리 점차 주거지 및 도시화되어 인구가 밀집되는 등으로 비도시지역에 위치한 국내의 다른 비행장과 확연히 구별되는 지역적, 환경적 특성을 갖는 점 등 여러 사정을 종합적으로 고려하여, 대구비행장 주변 지역의 소음피해가 소음도 85WECPNL 이상인 경우 사회생활상 통상의 수인한도를 넘어 위법하다고 본 원심의 판단이 정당하다고 한 사례.

【참조 조문】

[1] 민사소송법 제202조, 제338조, 제341조 [2] 민법 제396조, 제750조, 제763조 [3] 국가배상법 제5조 제1항, 민법 제750조 [4] 국가배상법 제5조 제1항, 민법 제750조

【참조판례】

[2][3] 대법원 2004. 3. 12. 선고 2002다14242 판결(공2004상, 606)

대법원 2005. 1. 27. 선고 2003다49566 판결(공2005상, 301)

【전 문】

【원고(선정당사자), 피상고인】 원고 (소송대리인 변호사 최인호외 2인)

【피고, 상고인】 대한민국 (소송대리인 변호사 이임수외 4인)

【원심판결】 서울고법 2007. 10. 4. 선고 2007나4440 판결

【주 문】

상고를 기각한다. 상고비용은 피고가 부담한다.

【이 유】

상고이유(상고이유서 제출 기간 경과 후에 제출된 상고이유 보충서의 기재는 상고이유를 보충하는 범위 내에서)를 판단한다.

1. 상고이유 제1점에 대하여

항공기 소음의 측정은 전문적인 학식이나 경험이 있는 자의 감정에 의할 수밖에 없고, 또한 항공기 소음은 그 영향 범위가 넓고 지속적이기 때문에 실측만으로 이를 평가하는 것은 사실상 어렵다고 할 것이므로, 감정 대상 지역 중 대표적인 지점을 선정하여 일정 기간 항공기 소음을 실측한 값과 공인된 프로그램에 의하여 예측한 소음 값을 비교하여 그 예측값이 일정한 오차의 허용 범위 내에 들면 그 지역의 신빙성 있는 항공기 소음도로 인정하는 것이 일반적이다. 따라서 법정의 절차에 따라 선서하였거나 법원의 촉탁에 의한 감정인이 전문적인 학식과 경험을 바탕으로 위와 같은 과정을 거쳐 제출한 감정 결과는 그 소음 실측이나 예측 과정에서 상당히 중한 오류가 있었다거나 상대방이 그 신빙성을 탄핵할 만한 객관적인 자료를 제출하지 않는다면 실측 과정 등에서 있을 수 있는 사소한 오류의 가능성을 지적하는 것만으로 이를 쉽게 배척할 수는 없다.

그러므로 원심이 전문적인 학식과 경험을 갖춘 감정인이 법원의 감정 절차에 따라 제출한 갑 제1호증의 감정보고서를 이 사건 대구비행장에서 발생하는 항공기소음(이하 '이 사건 항공기 소음'이라 한다)의 증거로 채택한 것은 정당한 것으로 수긍이 가고, 거기에 상고이유에서 주장하는 채증법칙 위반의 위법이 없으므로, 이에 관한 피고의 상고이유의 주장은 이유 없다.

2. 상고이유 제2점에 대하여

소음 등을 포함한 공해 등의 위험지역으로 이주하여 들어가서 거주하는 경우와 같이 위험의 존재를 인식하면서 그로 인한 피해를 용인하며 접근한 것으로 볼 수 있는 경우에, 그 피해가 직접 생명이나 신체에 관련된 것이 아니라 정신적 고통이나 생활방해의 정도에 그치고 그 침해행위에 고도의 공공성이 인정되는 때에는, 위험에 접근한 후 실제로 입은 피해 정도가 위험에 접근할 당시에 인식하고 있었던 위험의 정도를 초과하는 것이거나 위험에 접근한 후에 그 위험이 특별히 증대하였다는 등의 특별한 사정이 없으면 가해자의 면책을 인정하여야 하는 경우도 있을 수 있다(대법원 2004. 3. 12. 선고 2002다14242 판결 참조). 특히 소음 등의 공해로 인한 법적 쟁송이 제기되거나 그 피해에 대한 보상이 실시되는 등 피해지역임이 구체적으로 드러나고 또한 이러한 사실이 그 지역에 널리 알려진 이후에 이주하여 오는 경우에는 위와 같은 위험에의 접근에 따른 가해자의 면책 여부를 보다 적극적으로 인정할 여지가 있을 것이다.

다만 일반인이 공해 등의 위험지역으로 이주하여 거주하는 경우라고 하더라도 위험에 접근할 당시에 그러한 위험이 존재하는 사실을 정확하게 알 수 없는 경우가 많고, 그 밖에 위험에 접근하게 된 경위와 동기 등의 여러 가지 사정을 종합하여 그와 같은 위험의 존재를 인식하면서도 위험으로 인한 피해를 용인하면서 접근하였다고 볼 수 없는 경우에는 손해배상액의 산정에 있어 형평의 원칙상 과실상계에 준하여 감액 사유로 고려하는 것이 상당하다(대법원 2005. 1. 27. 선고 2003다49566 판결 등 참조).

원심판결 이유에 의하면, 원심이 이 사건 대구비행장이 설치된 1970. 10. 경에는 그 주변 지역이 항공기 소음에 노출된 지역임이 널리 알려졌다고 볼 증거가 없으므로, 그때부터 위험에의 접근에 따른 감액을 하여야 한다는 피고의 주장을 배척한 다음, 1988. 7.경부터 매향리 사격장 주변 주민들에 의한 사격장 소음피해에 대한 민원 제기와 언론 보도로 사격장 및 비행장 주변 소음피해가 사회문제화되었으므로, 1989년경부터 비로소 이 사건 대구비행장 주변 지역이 계속적으로 항공기 소음에 노출된 지역으로 널리 알려졌다고 봄이 상당하다고 판단하여 1989. 1. 1. 이후에 전입한 원고들에 대하여 형평의 원칙상 과실상계에 준하여 손해배상액을 감액한 것은 위 법리에 따른 것으로 정당하므로, 이에 관한 피고의 상고이유의 주장도 이유 없다.

3. 상고이유 제3점에 대하여

국가배상법 제5조 제1항에 정하여진 '영조물의 설치 또는 관리의 하자'라 함은 공공의 목적에 공여된 영조물이 그 용도에 따라 갖추어야 할 안전성을 갖추지 못한 상태에 있음을 말하고, 여기서 안전성을 갖추지 못한 상태, 즉 타인에게 위해를 끼칠 위험성이 있는 상태라 함은 당해 영조물을 구성하는 물적 시설 그 자체에 있는 물리적 · 외형적 흠결이나 불비로 인하여 그 이용자에게 위해를 끼칠 위험성이 있는 경우뿐만 아니라, 그 영조물이 공공의 목적에 이용됨에 있어 그 이용 상태 및 정도가 일정한 한도를 초과하여 제3자에게 사회 통념상 수인할 것이 기대되는 한도를 넘는 피해를 입히는 경우까지 포함된다고 보아야 할 것이다. 그리고 수인한도의 기준을 결정함에 있어서는 일반적으로 침해되는 권리나 이익의 성질과 침해의 정도뿐만 아니라 침해행위가 갖는 공공성의 내용과 정도, 그 지역 환경의 특수성, 공법적인 규제에 의하여 확보하려는 환경기준, 침해를 방지 또는 경감시키거나 손해를 회피할 방안의 유무 및 그 난이 정도 등 여러 사정을 종합적으로 고려하여 구체적 사건에 따라 개별적으로 결정하여야 할 것이다 (대법원 2005. 1. 27. 선고 2003다49566 판결 등 참조).

원심판결 이유와 그 채택 증거에 의하면, 이 사건 대구비행장과 그 주변 지역은 당초 비행장이 개설되었을 때와는 달리 그 후 점차 주거지 및 도시화되어 인구가 밀집되는 등으로 비도시지역에 위치한 국내의 다른 비행장과는 확연히 구별되는 지역적 환경적 특성이 있음을 알 수 있는바, 원심이 이 사건 항공기 소음으로 인한 피해의 내용 및 정도, 이 사건 대구비행장 및 군용 항공기의 운항이 가지는 공공성과 아울러 위와 같은 지역적 특성 등의 여러 사정을 종합적으로 고려하여 원고들 거주지역의 소음피해가 소음도 85WECPNL 이상인 경우에는 사회생활상 통상의 수인한도를 넘어 위법하다고 판단한 것은 위 법리에 따른 것으로 정당하므로, 이에 관한 피고의 상고이유의 주장도 이유 없다.

4. 결론

그러므로 상고를 기각하고 상고 비용은 피고가 부담하기로 하여 관여 대법관의 일치된 의견으로 주문과 같이 판결한다.

대법관 차한성(재판장) 박시환(주심) 안대희 신영철

사례 4 항공기소음과 수인한도

대법원 2015. 10. 15. 선고 2013다23914 판결

【판시사항】

[1] 국가배상법 제5조 제1항에 정한 '영조물의 설치나 관리의 하자'의 의미 및 영조물의 이용으로 인한 피해의 수인한도 결정 방법
[2] 광주 공군비행장 주변에 입주한 군인, 군무원 및 가족들이 국가를 상대로 항공기 소음 피해에 대한 손해배상을 구한 사안에서, 광주 공군비행장 주변의 소음피해가 소음도 80웨클(WECPNL) 이상인 경우 사회생활상 통상의 수인한도를 넘어 위법하다고 본 원심 판단에 법리 오해의 위법이 있다고 한 사례
[3] 소음 등 공해의 위험지역으로 이주하였을 때 위험의 존재를 인식하고 피해를 용인하면서 접근한 것으로 볼 수 있는 경우, 가해자의 면책을 인정할 수 있는지 여부(원칙적 적극) 및 위험의 존재를 인식하고 피해를 용인하면서 접근한 것이라고 볼 수 없는 경우, 손해배상액 감액 사유로 고려하여야 하는지 여부(적극) / 일반인에 비하여 항공기 소음 피해에 관하여 잘 인식하거나 인식할 수 있는 공군에 속한 군인이나 군무원의 경우, 가해자의 면책이나 손해배상액의 감액에 있어 달리 볼 수 있는지 여부(소극)
[4] 과실상계 사유에 관한 사실인정이나 비율을 정하는 것이 사실심의 전권사항인지 여부(원칙적 적극) 및 손해배상액 감액 사유에 관한 고려에 있어서도 마찬가지인지 여부(적극)

【참조조문】

[1] 국가배상법 제5조 제1항, 민법 제750조 [2] 국가배상법 제5조 제1항, 구

공항소음 방지 및 소음대책지역 지원에 관한 법률(2010. 3. 31. 법률 제10193호로 개정되기 전의 것) 제5조 제1항, 제11조, 제12조, 구 공항소음 방지 및 소음대책지역 지원에 관한 법률 시행령(2011. 12. 8. 대통령령 제23356호로 개정되기 전의 것) 제2조 제1항, 구 소음·진동규제법 시행령(2010. 6. 28. 대통령령 제22224호로 개정되기 전의 것) 제9조 제1항(현행 소음·진동관리법 시행령 제9조 제1항 참조), 민법 제750조 [3] 민법 제396조, 제750조, 제763조 [4] 민법 제396조, 제750조, 제763조

【참조판례】

[1] 대법원 2005. 1. 27. 선고 2003다49566 판결(공2005상, 301)

대법원 2010. 11. 25. 선고 2007다74560 판결(공2011상, 4)

[3] 대법원 2004. 3. 12. 선고 2002다14242 판결(공2004상, 606)

대법원 2005. 1. 27. 선고 2003다49566 판결(공2005상, 301)

대법원 2010. 11. 25. 선고 2007다74560 판결(공2011상, 4)

[4] 대법원 2002. 11. 26. 선고 2002다43165 판결(공2003상, 211)

【전 문】

【원고(선정당사자), 피상고인】 원고 1 외 5인 (소송대리인 변호사 김동화)

【피고, 상고인】 대한민국

【원심판결】 서울고법 2013. 1. 31. 선고 2009나25908 판결

【주 문】

원심판결 중 피고 패소 부분을 파기하고, 이 부분 사건을 서울고등법원에 환송한다.

【이 유】

상고이유를 판단한다.

1. 상고이유 제1점에 관하여

가. 국가배상법 제5조 제1항에 정한 '영조물의 설치나 관리의 하자'란 공공의 목적에 공여된 영조물이 그 용도에 따라 갖추어야 할 안전성을 갖추지 못한 상태에 있음을 말하고, 여기서 안전성을 갖추지 못한 상태, 즉 타인에게 위해를 끼칠 위험성이 있는 상태란 그 영조물을 구성하는 물적 시설 자체에 있는 물리적·외형적 흠결이나 불비로 인하여 그 이용자에게 위해를 끼칠 위험성이 있는 경우뿐만 아니라 그 영조물이 공공의 목적에 이용됨에 있어 그 이용 상태 및 정도가 일정한 한도를 초과하여 제3자에게 사회 통념상 수인할 것이 기대되는 한도를 넘는 피해를 입히는 경우까지 포함한다고 보아야 할 것이다. 그리고 수인한도의 기준을 결정함에 있어서는 일반적으로 침해되는 권리나 이익의 성질과 침해의 정도뿐만 아니라 침해행위가 갖는 공공성의 내용과 정도, 그 지역 환경의 특수성, 공법적인 규제에 의하여 확보하려는 환경기준, 침해를 방지 또는 경감시키거나 손해를 회피할 방안의 유무 및 그 난이 정도 등 여러 사정을 종합적으로 고려하여 구체적 사건에 따라 개별적으로 결정하여야 할 것이다(대법원 2005. 1. 27. 선고 2003다49566 판결, 대법원 2010. 11. 25. 선고 2007다74560 판결 등 참조).

나. 원심판결 이유에 의하면, 원심은 그 채택 증거를 종합하여 그 판시와 같은 사실을 인정한 다음, 민간항공기가 아닌 전투기에 의하여 발생하는 소음의 정도와 유형 및 그에 따른 원고들이 입은 피해의 정도, 광주공군비행장이 위치한 지역은 종전에는 영산강을 사이에 두고 광주시와 경계를 두고 있다가 광주시가 광역시로 되면서 행정구역상 도시로 포함되었고, 그 후로도 도시화의 정도가 다소 느리게 진행되어 실제로 광역시 정도의 대도시 또는

그와 맞닿은 변두리라기보다 인근에 농지가 상당 비율로 분포되어 있는 읍 단위의 도농복합도시로 보이는 점 등 원고들의 거주지역과 소음구역의 현황 및 지역적 특수성, 관련 법령에서 정한 항공기 소음 규제기준 등을 고려하면, 원고들에 대한 광주 공군비행장 주변의 소음피해가 소음도 80웨클(WECPNL) 이상인 경우에는 사회생활상 통상의 수인한도를 넘어 위법하다고 판단하였다.

다. 그러나 원심의 판단은 다음과 같은 이유에서 수긍하기 어렵다. 대법원은 비행장 주변 지역의 항공기 소음을 원인으로 한 손해배상 사건에서 농촌지역에 위치한 서산 공군비행장, 충주 공군비행장, 군산 공군비행장, 평택 공군비행장의 경우 그 주변 지역의 소음도가 80웨클(WECPNL) 이상인 경우 사회생활상 통상의 수인한도를 넘어 위법하다고 본 반면, 도시지역에 위치한 대구 공군비행장이나 김포공항의 경우 그 주변 지역의 소음도가 85웨클(WECPNL) 이상인 경우 사회생활상 통상의 수인한도를 넘어 위법하다고 보았다. 이는 비행장 주변 지역이 당초 비행장이 개설되었을 때와는 달리 그 후 점차 도시화되어 인구가 밀집되는 등 도시지역으로서의 지역적, 환경적 특성이 있는 경우에는 농촌지역과 비교하여 통상 배경소음이 높다고 할 것이고, 배경소음이 낮은 농촌지역의 경우 도시지역과 비교하여 동일한 소음에 대하여 더 큰 불쾌감을 느낀다고 알려져 있으며 농촌지역 주민들의 옥외활동의 비중이 높다는 사정 등을 고려한 것이라고 할 것이다.

원심판결 이유와 기록에 의하면, ① 이 사건 광주 공군비행장과 그 주변 지역은 당초 비행장이 개설되었을 때와는 달리 그 후 점차 도시화되어 인구가 밀집되는 등으로 비도시지역에 위치한 국내의 다른 비행장과는 구별되는 반면, 도시지역에 위치한 대구 공군비행장이나 김포공항과 비교적 유사한 도시지역으로서의 지역적, 환경적 특성이 있다고 볼 수 있는 점, ② 이 사건 광주 공군비행장은 국토방위와 군사 전력을 유지하기 위한 필수 불가결한

군사시설로서, 대한민국의 존립과 안전을 보장하고 국민 전체의 재산과 생명을 보호하는 국가적 과제를 수행하는 등 고도의 공공성이 인정되는 점, ③ 구 소음 · 진동규제법 시행령(2010. 6. 28. 대통령령 제22224호로 일부 개정되기 전의 것) 제9조 제1항은 "법 제39조 제1항에 따른 항공기 소음의 한도는 공항 인근지역은 항공기 소음 영향도(WECPNL) 90으로 하고, 그 밖의 지역은 75로 한다."라고 규정하였고, 현행 소음 · 진동관리법 시행령도 동일한 내용으로 항공기 소음 한도를 규정하고 있으며, 2010. 3. 22. 법률 제10161호로 제정되어 2010. 9. 23.부터 시행된 공항소음 방지 및 소음대책지역 지원에 관한 법률 제5조 제1항, 제11조, 제12조, 같은 법 시행령 제2조 제1항은 공항 주변의 소음 대책 지역을 제1, 2, 3종 구역으로 구분하면서 제1종 구역을 '95웨클(WECPNL) 이상'으로, 제2종 구역을 '90웨클(WECPNL) 이상 95웨클(WECPNL) 미만'으로, 제3종 구역을 '75웨클(WECPNL) 이상 90웨클(WECPNL) 미만'으로 세분하고 있고, 소음 대책 지역의 지정 · 고시 당시 제1종 구역에 있던 건축물이나 토지에 한하여 이전 보상 청구를, 제1종 구역에 있는 토지에 한하여 토지매수 청구를 인정하고 있는 점, ④ 피고는 광주 공군비행장 인근 소음피해를 줄이기 위하여 주말 훈련이나 낮은 고도에서의 훈련을 자제하고, 방음정비소(Hush House)에서 전투기의 엔진을 점검하는 등 지속적으로 소음 감소대책을 시행하고 있는 점 등의 사정을 알 수 있다.

이와 같은 사정들을 앞에서 본 법리에 따라 살펴보면, 이 사건 청구에서 원심 판시와 같은 사정만으로는 광주 공군비행장 주변 지역의 소음도가 80웨클(WECPNL) 이상인 경우 사회생활상 통상의 수인한도를 넘는 소음피해를 입었다고 단정하기 어렵다.

라. 그럼에도 불구하고, 원심이 전투기에 의하여 발생하는 소음의 정도가 크고, 광주 공군비행장의 주변 지역이 읍단위의 도농복합도시로 보인다는

사정만을 들어 그 수인한도를 소음도 80웨클(WECPNL)로 판단한 다음 원고들의 청구를 인용하였는바, 이러한 원심의 판단에는 소음으로 인한 영조물 책임과 수인한도 기준 등에 관한 법리를 오해하여 판결에 영향을 미친 위법이 있다. 이 점을 지적하는 이 부분 상고이유는 이유 있다.

2. 상고이유 제2점에 관하여

원심판결 이유에 의하면, 원심은 ① 감정인이 제1심에서의 소음 감정 당시 광주 공군비행장에서 훈련 중인 F-5 팬텀 전투기와 T-50 이글 전투기의 프로파일 데이터가 아닌 대체 기종의 데이터를 사용하여 소음도를 예측하였으나, 원심에서의 보완 감정 당시에는 대체 기종이 아닌 F-5 팬텀 전투기의 데이터를 사용하여 소음 예측을 실시하였고, 그 결과 제1심에서의 예측 결과보다 소음도가 약 10웨클(WECPNL) 정도 낮게 나타난 점, ② 그런데 원심 보완 감정 결과에서의 오차율(평균 9.6%)이 제1심 소음 감정 결과에서의 오차율(평균 4.0%)보다 두 배 이상 크고, 감정인 스스로도 원심에서의 보완 감정 결과를 실측치에 바탕을 두고 있는 것이 아니라, 제1심 소음 감정 결과를 추론에 따라 보정한 결과라고 하고 있어 그 보완 감정 결과나 감정인이 제시한 제1심 소음 감정 결과에서 2.6웨클(WECPNL)을 낮추어 평가하는 방안을 기준으로 소음 지역의 소음도를 정하기는 곤란한 점, ③ 한편 광주 공군비행장의 주력 기종인 위 전투기와 대체 기종의 소음도 차이를 비교할 때, 위 전투기의 소음이 대체 기종에 비하여 평균 약 5웨클(WECPNL) 정도 낮게 측정된 점 등을 고려하여, 소음도 80웨클(WECPNL)을 초과하는 지역은 제1심에서의 소음 감정 결과 소음도 85웨클(WECPNL)을 초과하는 지역에 해당한다고 봄이 상당하다고 판단하였다.

관련 법리와 기록에 비추어 보면, 원심의 이러한 판단은 정당한 것으로 수긍할 수 있고, 거기에 상고이유 주장과 같이 소음도 산정 또는 감정서 채택에 관한 법리를 오해한 위법이 없다.

3. 상고이유 제3, 4점에 관하여

가. 소음 등 공해의 위험지역으로 이주하였을 때 그 위험의 존재를 인식하고 그로 인한 피해를 용인하면서 접근한 것으로 볼 수 있다면, 그 피해가 직접 생명이나 신체에 관련된 것이 아니라 정신적 고통이나 생활방해의 정도에 그치고 침해행위에 고도의 공공성이 인정되는 경우에는, 위험에 접근한 후 실제로 입은 피해 정도가 위험에 접근할 당시 인식하고 있었던 위험의 정도를 초과하는 것이거나 위험에 접근한 후 그 위험이 특별히 증대하였다는 등의 특별한 사정이 없는 한 가해자의 면책을 인정할 수도 있을 것이다(대법원 2004. 3. 12. 선고 2002다14242 판결 참조).

그러나 소음 등 공해의 위험지역으로 이주하였더라도 그 위험에 접근할 당시 위험이 존재하는 사실을 정확하게 알 수 없는 경우가 많고 근무지나 가족관계 등의 사정에 따라 불가피하게 위험지역으로 이주할 수도 있는 것이므로, 위험지역에 이주하게 된 경위와 동기 등 여러 사정에 비추어 위험의 존재를 인식하고 그로 인한 피해를 용인하면서 접근한 것으로 볼 수 없는 경우에는 가해자의 면책을 인정할 수 없고 손해배상액의 산정에 있어 형평의 원칙상 이와 같은 사정을 과실상계에 준하여 감액 사유로 고려할 수 있을 뿐이다(대법원 2005. 1. 27. 선고 2003다49566 판결, 대법원 2010. 11. 25. 선고 2007다74560 판결 등 참조). 그리고 공군비행장 주변의 항공기 소음 피해로 인한 손해배상 사건에서 공군에 속한 군인이나 군무원의 경우 일반인에 비하여 그 피해에 관하여 잘 인식하거나 인식할 수 있는 지위에 있다는 이유만으로 가해자의 면책이나 손해배상액의 감액에 있어 달리 볼 수는 없다.

나아가 불법행위로 인한 손해배상 사건에서 과실상계 사유에 관한 사실인정이나 그 비율을 정하는 것은 그것이 형평의 원칙에 비추어 현저히 불합리하다고 인정되지 아니하는 한 사실심의 전권사항에 속하고(대법원 2002. 11. 26. 선고 2002다43165 판결 등 참조), 이는 위와 같은 손해배상액의 감액 사유에 관한 고려에 있어서도 마찬가지라고 할 것이다.

나. 원심판결 이유에 의하면, 원심은 매 향리 사격장 주변 주민들이 1988. 7.경 사격장 소음피해로 인한 민원을 수차례 제기하였고, 이런 사실이 그 무렵부터 언론에서 빈번히 보도됨에 따라 사격장 및 비행장 주변 소음피해가 사회문제화되었다고 할 것이므로, 늦어도 1989년에는 광주 공군비행장 주변이 계속적으로 항공기 소음에 노출되는 지역인 것이 널리 알려졌다고 봄이 상당하고, 따라서 원고들 중 1989. 1. 1. 이후에 광주 공군비행장 주변에 입주한 원고들은 위 비행장의 소음피해를 인식하거나 과실로 이를 인식하지 못하고 입주하였다고 할 것이므로, 손해배상액의 산정에 있어 형평의 원칙상 과실상계에 준하여 1989. 1. 1. 이후에 자신들의 주거지에 전입한 원고들에 대해서는 손해액의 30%를 감액한다고 판단하였다.

앞서 본 법리와 기록에 비추어 보면, 원심의 이러한 판단은 정당한 것으로 수긍할 수 있고, 거기에 상고이유 주장과 같이 위험에의 접근에 의한 책임감면에 관한 법리를 오해한 위법이 없다.

다. 또한 원심판결 이유에 의하면, 원심은 항공기 소음의 특성, 소음 정도, 비행 횟수 및 주된 비행시간, 원고들의 거주지 및 피해 등을 고려하여 원고들의 위자료를 산정한 후, 원고들 중 1989. 1. 1. 이후에 자신들의 주거지에 전입한 원고들에 대해서는 손해액의 30%를 감액하였으나, 광주 공군비행장 주변의 주거지에 전입할 당시 군인, 군무원, 그 가족이었던 사정만으로 손해액 감액 비율에 차등을 두진 아니하였음을 알 수 있다.

앞서 본 법리와 기록에 비추어 보면, 군인, 군무원의 경우 자신의 근무지를 스스로 선택하거나 임의로 변경할 수 있는 것이 아니고, 근무지와의 거리 등을 이유로 불가피하게 공군비행장 주변 주거지역으로 전입한 사정을 인정할 수 있으며, 그 가족 또한 마찬가지인 점, 항공기 소음에 대하여 인식하고 있었거나 인식할 수 있었다는 사정만으로 그 소음피해를 용인하며 접근하였다고 단정할 수 없는 점, 여기에 1989. 1. 1. 이후에 광주 공군비행장 주변으로 전입한 군인, 군무원, 그 가족(미성년자 제외)에 대하여 일반인과 동일하게 손해액의 30%를 감액한 점 등을 종합하여 보면, 원심이 위자료 액수를 정하거나 그 감면사유를 고려함에 있어서 군인, 군무원, 그 가족들인 원고들을 일반인과 달리 취급하지 아니한 것이 형평의 원칙에 비추어 현저히 불합리하다고 보이지 아니하므로, 원심이 판시와 같은 손해배상액을 산정한 조치는 정당한 것으로 수긍할 수 있고, 거기에 상고이유 주장과 같이 군인, 군무원, 그 가족들에 대한 위험에의 접근에 의한 책임감 면에 관한 법리를 오해한 위법이 없다.

그리고 원심판결 이유에 '군인, 군무원, 그 가족들인 원고들에 대하여 손해배상 책임이 면제되어야 한다'는 피고의 주장에 대하여 직접적인 판단이 기재되어 있지 아니하나, 원심이 위 원고들의 손해배상청구를 일부 인용한 이상, 이러한 판결 이유의 전반적인 취지에 비추어 피고의 이 부분 주장을 배척하였음을 알 수 있다. 따라서 원심판결에 상고이유 주장과 같이 판단을 누락한 위법이 없다.

4. 결론

그러므로 나머지 상고이유에 대한 판단을 생략한 채 원심판결 중 피고 패소 부분을 파기하고, 이 부분 사건을 다시 심리 · 판단하도록 원심법원에 환송하기로 하여, 관여 대법관의 일치된 의견으로 주문과 같이 판결한다.

대법관 김창석(재판장) 이상훈 조희대 박상옥(주심)

사례 5 공군사격장 주변 지역에서 발생하는 소음과 손해배상

대법원 2010. 11. 11. 선고 2008다57975 판결
[공2010하,2235]

【판결요지】

[1] 사회 통념상 참을 수 있는 피해인지 여부에 관한 기준(수인한도의 기준)을 결정함에 있어서는 일반적으로 침해되는 권리나 이익의 성질과 침해의 정도뿐만 아니라 침해행위가 갖는 공공성의 내용과 정도, 그 지역 환경의 특수성, 공법적인 규제에 의하여 확보하려는 환경기준, 침해를 방지 또는 경감시키거나 손해를 회피할 방안의 유무 및 그 난이 정도 등 여러 사정을 종합적으로 고려하여 구체적 사건에 따라 개별적으로 결정하여야 한다.

[2] 소음 등을 포함한 공해 등의 위험지역으로 이주하여 들어가 거주하는 경우와 같이 위험의 존재를 인식하거나 과실로 인식하지 못하고 이주한 경우에는 손해배상액의 산정에 있어 형평의 원칙상 과실상계에 준하여 감경 또는 면제 사유로 고려하여야 한다.

[3] 공군사격장 주변 지역에서 발생하는 소음 등으로 피해를 입은 주민들이 국가를 상대로 손해배상을 청구한 사안에서, 사격장의 소음피해를 인식하거나 과실로 인식하지 못하고 이주한 일부 주민들의 경우, 비록 소음으로 인한 피해를 용인하고 이용하기 위하여 이주하였다는 등의 사정이 인정되지 않아 국가의 손해배상 책임을 완전히 면제할 수는 없다고 하더라도, 손해배상액을 산정함에 있어 그와 같은 사정을 전혀 참작하지 아니하여 감경조차 아니한 것은 형평의 원칙에 비추어 현저히 불합리하고, 불법행위로 인한 손해배상액의 산정에 관한 법리를 오해한 잘못이 있다는 이유로 원심판결을 파기한 사례.

【참조 조문】

[1] 국가배상법 제5조 제1항, 민법 제750조 [2] 국가배상법 제5조 제1항, 민법 제393조, 제396조, 제750조, 제763조 [3] 국가배상법 제5조 제1항, 민법 제393조, 제396조, 제750조, 제763조

【참조판례】

[1][2] 대법원 2005. 1. 27. 선고 2003다49566 판결(공2005상, 301)
[1] 대법원 2010. 7. 15. 선고 2006다84126 판결(공2010하, 1549)

【전 문】

【원고, 상고인 겸 피상고인】 원고 1외 2287명 (소송대리인 변호사 박재영)
【피고, 피상고인 겸 상고인】 대한민국 (소송대리인 공익법무관 김철홍)
【원심판결】 서울고법 2008. 7. 4. 선고 2004나25934 판결

【주 문】

원심판결을 파기하고, 사건을 서울고등법원에 환송한다.

【이 유】

상고이유(상고이유서 제출 기간이 경과한 후에 제출된 준비서면 등의 기재는 상고이유를 보충하는 범위 내에서)를 살펴본다.

1. 원고들 및 피고의 각 상고이유 제1점에 관하여

사회 통념상 참을 수 있는 피해인지 여부에 관한 기준(수인한도의 기준)을 결정함에 있어서는 일반적으로 침해되는 권리나 이익의 성질과 침해의 정도뿐만 아니라 침해행위가 갖는 공공성의 내용과 정도, 그 지역 환경의 특수

성, 공법적인 규제에 의하여 확보하려는 환경기준, 침해를 방지 또는 경감시키거나 손해를 회피할 방안의 유무 및 그 난이 정도 등 여러 사정을 종합적으로 고려하여 구체적 사건에 따라 개별적으로 결정하여야 한다(대법원 2005. 1. 27. 선고 2003다49566 판결 등 참조).

원심판결 이유에 의하면, 원심은 그 채용 증거들에 의하여 그 판시와 같은 사실들을 인정한 다음, ① 웅천사격장 주변 지역에서 전투기 훈련으로 발생하는 소음(폭발음, 기총사격소음, 전폭기의 급하강 · 급상승 등의 소음)은 공항의 경우와 달리 매우 날카롭고 충격적인 폭발 소음이기는 하나 하루 동안 지속적으로 발생하는 것이 아니라 훈련이 행하여지는 시간 동안 즉 1일 평균 3시간 내지 5시간 동안 간헐적으로 발생하는 점, ② 소음으로 인하여 원고들이 입은 정신적 고통 · 생활방해의 정도 및 신체적 피해의 위험성, ③ 원고들 거주지의 지역적 특성, ④ 피고의 소음방지 대책 실시 및 그 적정성, ⑤ 웅천사격장의 공공성 및 사회적 가치, ⑥ 소음 · 진동규제법, 항공법 및 환경정책기본법상의 소음기준, ⑦ 군용기가 함께 운용되고 있는 조건에서는 간략화된 항공기 소음 영향도의 평가척도가 잘 맞지 않는 점 등에 비추어 보면, 웅천사격장 주변 지역의 소음피해는 적어도 측정지점별 평균 등가소음도 70dB(A) 이상의 소음에 노출된 지역에 거주하는 원고들에 대하여는 수인한도를 초과한 것으로서 위법하다고 봄이 상당하다고 판단하였다.

앞서 본 법리를 기록에 비추어 살펴보면, 원심이 웅천사격장 주변 지역에 설정한 수인한도의 기준을 그 판시와 같이 정하고 이에 기하여 피고의 손해배상 책임을 인정한 판단은 수긍이 가고, 거기에 원고들 및 피고가 각 상고이유에서 주장하는 바와 같이 환경정책기본법 및 소음 · 진동규제법 위반, 판례 위반, 경험칙 위반, 금반언원칙 위반, 수인한도에 관한 법리 오해 등의 잘못이 없다.

2. 원고들의 상고이유 제2, 3점에 관하여

불법행위로 입은 정신적 고통에 대한 위자료 액수에 관하여는 사실심법원이 제반 사정을 참작하여 그 직권에 속하는 재량에 의하여 이를 확정할 수 있다고 할 것인바(대법원 2002. 11. 26. 선고 2002다43165 판결, 대법원 2006. 1. 26. 선고 2005다47014, 47021, 47038 판결 등 참조), 이러한 법리에 비추어 기록을 살펴보면, 원심이 웅천사격장에서 발생하는 소음의 특수성, 소음 정도 및 변론에 나타난 제반 사정을 참작하여 평균 등가소음도 75dB(A) 이상의 소음에 노출된 지역에 거주하는 원고들에 대한 위자료는 월 100,000원, 70dB(A) 이상 75dB(A) 미만의 소음에 노출된 지역에 거주하는 원고들에 대한 위자료는 월 70,000원으로 확정한 후 원고들의 거주기간을 계산함에 있어서는 실제로 거주한 기간을 피해 월수로 하되 마지막 월 미만은 버리고 일부 원고들의 군 복무 기간은 제외하는 방식으로 위자료 액수를 산정한 조치는 정당한 것으로 수긍할 수 있고, 거기에 원고들이 상고이유에서 주장하는 바와 같은 손해배상 기간이나 위자료 액수 산정에 관한 법리를 오해한 잘못 등이 있다고 할 수 없다.

3. 피고의 상고이유 제2, 4점에 관하여

원심은 그 채용 증거들에 의하여 그 판시와 같은 사실들을 인정한 다음, 이 사건 감정인의 소음 측정 방법은 적정하고 달리 소음 측정 방법 등이 부당하다는 점을 인정할 증거가 없고, 또한 피고의 당초 주장과 달리 저고도 전술의 훈련 비행 고도변경이 2000. 5.경 이루어졌다는 점을 인정할 증거가 부족하다고 판단하였는바, 기록에 비추어 살펴보면, 원심의 위와 같은 판단은 수긍할 수 있고, 거기에 피고가 상고이유에서 주장하는 바와 같이 채증법칙을 위반하여 사실을 오인한 잘못 등이 없다.

4. 피고의 상고이유 제3점에 관하여

소음 등을 포함한 공해 등의 위험지역으로 이주하여 들어가 거주하는 경우와 같이 위험의 존재를 인식하거나 과실로 인식하지 못하고 이주한 경우에는 손해배상액의 산정에 있어 형평의 원칙상 과실상계에 준하여 감경 또는 면제 사유로 고려하는 것이 상당하다(대법원 2005. 1. 27. 선고 2003다49566 판결 등 참조).

원심판결 이유에 의하면, 원심은 ① 일부 원고들의 경우 웅천사격장이 설치된 1986. 12. 이후 자신들의 현 주거지에 전입하였고, 이러한 원고들은 웅천사격장에서의 훈련 중에 발생하는 소음으로 인한 피해를 인식하거나 과실로 위 사실을 인식하지 못하고 입주하였다고 봄이 상당하나, 위 원고들이 위 소음으로 인한 피해로 인하여 정신적 고통을 당하는 경우 이러한 소음으로 인한 피해 상태를 이용하기 위하여 이주하였다는 등 특히 비난할 사유가 없는 한 자신들의 거주지가 소음 피해지역 내에 있음을 인식하였거나 과실로 인식하지 못한 것만 가지고 소음으로 인한 피해를 용인하였다고 보기 어렵고, ② 위 원고들이 소음으로 인한 피해를 용인하였다고 볼 수 없는 이상 피고의 위 원고들에 대한 손해배상 책임을 감면할 수는 없다고 판단하였다.

그러나 앞서 본 법리 및 기록에 비추어 살펴보면, 이 사건 웅천사격장의 소음피해를 인식하거나 과실로 인식하지 못하고 이주한 일부 원고들의 경우, 비록 위 원고들이 소음으로 인한 피해를 용인하고 이용하기 위하여 이주하였다는 등의 사정이 인정되지 않아 피고의 손해배상 책임을 완전히 면제할 수는 없다고 하더라도, 원심이 피고의 손해배상액을 산정함에 있어 위와 같은 사정을 전혀 참작하지 아니하여 감경조차 아니 한 것은 형평의 원칙에 비추어 현저히 불합리한 조치라 할 것이고, 따라서 원심의 위와 같은 판단에는 불법행위로 인한 손해배상액의 산정에 관한 법리를 오해한 잘못이 있다. 이 점을 지적하는 피고의 주장은 이유 있다.

한편, 원심은 피고의 손해배상 책임 감경 주장을 배척한 관계로 위와 같은 감경 사유의 발생 시점, 원고들의 전입 시기 및 그 변동사항, 재전입한 원고들의 경우 등에 관하여 충분한 심리를 하지 않았으므로, 부득이 원심판결을 전부 파기하지 않을 수 없다.

5. 결론

그러므로 원심판결을 파기하고, 사건을 다시 심리 · 판단하게 하기 위하여 원심법원에 환송하기로 하여, 관여 대법관의 일치된 의견으로 주문과 같이 판결한다.

대법관 이홍훈(재판장) 김능환 민일영(주심) 이인복

사례 6 매향리 사격장 소음 사건

대법원 2004. 3. 12. 선고 2002다14242 판결
[공2004.4.15.(200),606]

【판결요지】

[1] 국가배상법 제5조 제1항에 정하여진 '영조물의 설치 또는 관리의 하자'라 함은 공공의 목적에 공여된 영조물이 그 용도에 따라 갖추어야 할 안전성을 갖추지 못한 상태에 있음을 말하고, 여기서 안전성을 갖추지 못한 상태, 즉 타인에게 위해를 끼칠 위험성이 있는 상태라 함은 당해 영조물을 구성하는 물적 시설 그 자체에 있는 물리적·외형적 흠결이나 불비로 인하여 그 이용자에게 위해를 끼칠 위험성이 있는 경우뿐만 아니라 그 영조물이 공공의 목적에 이용됨에 있어 그 이용 상태 및 정도가 일정한 한도를 초과하여 제3자에게 사회 통념상 참을 수 없는 피해를 입히는 경우까지 포함된다고 보아야 할 것이고, 사회 통념상 참을 수 있는 피해인지의 여부는 그 영조물의 공공성, 피해의 내용과 정도, 이를 방지하기 위하여 노력한 정도 등을 종합적으로 고려하여 판단하여야 한다.

[2] 매향리 사격장에서 발생하는 소음 등으로 지역주민들이 입은 피해는 사회 통념상 참을 수 있는 정도를 넘는 것으로서 사격장의 설치 또는 관리에 하자가 있었다고 본 사례.

[3] 소음 등을 포함한 공해 등의 위험지역으로 이주하여 들어가서 거주하는 경우와 같이 위험의 존재를 인식하면서 그로 인한 피해를 용인하며 접근한 것으로 볼 수 있는 경우에 그 피해가 직접 생명이나 신체에 관련된 것이 아니라 정신적 고통이나 생활방해의 정도에 그치고, 그 침해행위에 상당한 고

도의 공공성이 인정되는 때에는 위험에 접근한 후 실제로 입은 피해 정도가 위험에 접근할 당시에 인식하고 있었던 위험의 정도를 초과하는 것이거나 위험에 접근한 후에 그 위험이 특별히 증대하였다는 등의 특별한 사정이 없는 한 가해자의 면책을 인정하여야 하는 경우도 있을 수 있을 것이나, 일반인이 공해 등의 위험지역으로 이주하여 거주하는 경우라고 하더라도 위험에 접근할 당시에 그러한 위험이 문제가 되고 있지 아니하였고, 그러한 위험이 존재하는 사실을 정확하게 알 수 없었으며, 그 밖에 위험에 접근하게 된 경위와 동기 등의 여러 가지 사정을 종합하여 그와 같은 위험의 존재를 인식하면서 굳이 위험으로 인한 피해를 용인하였다고 볼 수 없는 경우에는 그 책임이 감면되지 아니한다고 봄이 상당하다.

【참조 조문】

[1] 국가배상법 제5조 제1항 [2] 국가배상법 제5조 제1항, 대한민국과아메리카합중국간의상호방위조약제4조에의한시설과구역및대한민국에서의합중국군대의지위에관한협정의시행에관한민사특별법 제2조 제2항 [3] 국가배상법 제5조 제1항, 민법 제750조

【참조판례】

[1] 대법원 2002. 8. 23. 선고 2002다9158 판결(공2002하, 2211)

【전 문】

【원고, 피상고인 겸 상고인】 원고 1 외 13인 (소송대리인 법무법인 덕수 담당 변호사 이돈명 외 4인)

【피고, 상고인 겸 피상고인】 대한민국

【원심판결】 서울지법 2002. 1. 9. 선고 2001나29253 판결

【주 문】

1. 원심판결 중 주문 제1항을 다음과 같이 변경한다.

제1심판결의 주문 제1, 2항을 다음과 같이 변경한다.

가. 피고는, (1) 원고 1, 원고 2, 원고 3, 원고 4, 원고 5, 원고 6에게 각 11,050,000원 및 그 중 6,120,000원에 대하여는 1998. 3. 12.부터, 나머지 4,930,000원에 대하여는 2001. 11. 15.부터, 각 2003. 5. 31.까지는 연 5푼의, 그다음 날부터 완제일까지는 연 2할의 각 비율에 의한 금원을, (2) 원고 7, 원고 8, 원고 9, 원고 10, 원고 11, 원고 12, 원고 13, 원고 14에게 각 9,750,000원 및 그중 5,400,000원에 대하여는 1998. 3. 12.부터, 나머지 4,350,000원에 대하여는 2001. 11. 15.부터, 각 2003. 5. 31.까지는 연 5푼의, 그다음 날부터 완제일까지는 연 2할의 각 비율에 의한 금원을, 각 지급하라.

나. 원고들의 나머지 청구를 모두 기각한다.

2. 소송 총비용은 5분하여 그 2는 원고들이, 나머지는 피고가 부담한다.

【이 유】

1. 국가배상법 제5조 제1항에 정하여진 '영조물의 설치 또는 관리의 하자'라 함은 공공의 목적에 공여된 영조물이 그 용도에 따라 갖추어야 할 안전성을 갖추지 못한 상태에 있음을 말하고(대법원 2002. 8. 23. 선고 2002다9158 판결 참조), 여기서 안전성을 갖추지 못한 상태, 즉 타인에게 위해를 끼칠 위험성이 있는 상태라 함은 당해 영조물을 구성하는 물적 시설 그 자체에 있는 물리적 · 외형적 흠결이나 불비로 인하여 그 이용자에게 위해를 끼칠 위험성이 있는 경우뿐만 아니라 그 영조물이 공공의 목적에 이용됨에 있어 그 이용 상태 및 정도가 일정한 한도를 초과하여 제3자에게 사회 통념상 참을 수 없는 피해를 입히는 경우까지 포함된다고 보아야 할 것이고, 사회 통념상 참을 수 있는 피해인지의 여부는 그 영조물의 공공성, 피해의 내용과 정도, 이를 방지하기 위하여 노력한 정도 등을 종합적으로 고려하여 판단하여야 할 것이다.

원심은, 그 채용 증거들을 종합하여 1951. 미국 공군에 의하여 경기 화성군 우정면 매향리 소재 농섬을 중심으로 만들어지기 시작하여 1980.까지 그 일대 해상과 매향리 해안지역에 설치된 매향리 사격장은 해상사격장과 육상사격장으로 이루어져 있고, 미국 공군의 전투기와 공격용 헬리콥터 등이 그 사격장에서 통상 주말과 공휴일을 제외하고 한 달 평균 20일가량 오전 9시부터 오후 10시까지 사이에 매일 10회 이상 그리고 매회 20분 이상씩 폭탄투하와 기관총 사격 훈련 등을 실시하고 있는 사실, 이러한 훈련에 따르는 항공기 소음과 폭탄 파열음 및 오폭 사고 등으로 원고들을 포함하여 매향리 사격장 부근에 거주하는 주민들에게 계속하여 피해가 발생하자 미국 공군은 1989.부터 육상사격장에서의 폭탄투하훈련을 중단하였으나, 그 뒤 인도주의실천의사협의회나 사단법인 시민환경연구소 등이 매향리 사격장 부근 마을에서 소음을 측정한 결과 사격 훈련이 실시될 때 약 90dB 이상 최고 133.7dB까지의 소음이 발생하는 것으로 측정되었고, 1997. 국방부에서 작성한 매향리 일대 주민들의 청원에 대한 검토보고서에도 매향리 사격장의 운영으로 인하여 90dB 내지 120dB의 소음이 발생하는 것으로 조사된 사실, 또 제1심 감정인 소외인이 1998. 8.부터 1999. 3.까지 사이에 18일 동안 매향리 사격장에 가까운 원고들의 거주지역 중 대표적인 측정지점 7곳을 선택하여 소음을 측정하고 그 결과를 등가소음 수준으로 평가한 바에 따르면 그 지역의 1일 평균 소음은 70.2dB, 최고 1시간 평균 소음은 73.8dB, 최고 1분간 평균 소음은 120.9dB 내지 132.9dB이며 사격 훈련이 없는 경우의 배경소음은 평균 50dB 정도인 사실, 한편 미국 공군이 육상사격장에서의 폭탄투하훈련을 중단한 뒤에도 해상사격장에서의 오폭이나 육상사격장에서의 유탄 등으로 원고들 거주지역의 주민들이 다치거나 집이 손상되는 사고가 계속하여 발생하자 미국 공군은 2000. 8. 18.부터 육상사격장에서의 기관총 사격을 중지하는 한편, 해상사격장에서의 실탄 사격을 중단하고 연습탄에 의한 사격만을 하고 있으며 전투기의 선회 항로도 매향리 일대 상공에서 해상지역으로 변경한 사실 등을 인정한 다음, 그와 같은 사실관계에 기초하여, 매향리 사격장이 국가안보를 위하여 고도의 공익성을 가진 시설이지만 원고들이 거주하는 농어촌지역과 충분한 완충지대를 두지 아니하고 설치되어 주거지역 상공으로 전투기 등이 낮은 고도로 비행하면서 폭탄 투하와 기관총 사격 훈련 등을 실시함으로써 환경정책기본법상 주거지역 환경소음 기준인 50dB 내지 65dB을 훨씬 넘는 날카롭고 충격적인 소음이 주말이나 공휴일을 제외하고 매일 발생하여 원고들이 신체적 · 정신적으로 피해를 입었고, 텔레비전 시청이나 전화 통화 및 일상대화 또는 자녀교육 등 일상생활에 커다란 방해를 받고 있는데도 불구하고, 미국 공군이 2000. 8. 18. 사격 훈련 방법을 변경할 때까지 원고들의 피해를 줄이기 위한 노력을 충분히 하지 아니한 점 등에 비추어 볼 때, 2000. 8. 18. 이전까지 매향리 사격장에서 발생하는 소음 등으로 인하여 원고들이 입은 피해는 사회생활상 통상 참을 수 있는 정도를 넘는 것이므로 매향리 사격장의 설치 또는 관리에 하자가 있었다고 보아야 하고, 따라서 피고는 대한민국과 아메리카합중국 간의 상호 방위조약 제4조에 의한 시설과 구역 및 대한민국에서의 합중국 군대의 지위에 관한 협정의 시행에 관한 민사특별법 제2조 제2항, 국가배상법 제5조 제1항에 따라 원고들이 입은 손해를 배상할 책임이 있다고 판단하였다.

기록에 비추어 살펴보면, 원심의 증거 취사와 사실인정은 수긍할 수 있으며, 앞서 본 법리에 비추어 보면, 매향리 사격장의 이용에 따르는 피해 정도가 인근 주민들인 원고들의 수인한도를 넘어서는 것이어서 영조물의 설치 · 관리에 하자가 있다고 함이 상당하므로 같은 취지의 원심 판단은 정당하여 수긍할 수 있고, 거기에 피고가 상고이유로 주장하는 바와 같은 소음 발생의 정도에 관한 채증법칙 위배의 위법이나 국가배상법 제5조 제1항의 해석 적용에 관한 법령위반의 위법이 없다.

2. 소음 등을 포함한 공해 등의 위험지역으로 이주하여 들어가서 거주하는 경우와 같이 위험의 존재를 인식하면서 그로 인한 피해를 용인하며 접근한 것으로 볼 수 있는 경우에 그 피해가 직접 생명이나 신체에 관련된 것이 아니라 정신적 고통이나 생활방해의 정도에 그치고, 그 침해행위에 상당한 고도의 공공성이 인정되는 때에는 위험에 접근한 후 실제로 입은 피해 정도가 위험에 접근할 당시에 인식하고 있었던 위험의 정도를 초과하는 것이거나 위험에 접근한 후에 그 위험이 특별히 증대하였다는 등의 특별한 사정이 없는 한 가해자의 면책을 인정하여야 하는 경우도 있을 수 있을 것이다. 그러나 일반인이 공해 등의 위험지역으로 이주하여 거주하는 경우라고 하더라도 위험에 접근할 당시에 그러한 위험이 문제가 되고 있지 아니하였고, 그러한 위험이 존재하는 사실을 정확하게 알 수 없었으며, 그 밖에 위험에 접근하게 된 경위와 동기 등의 여러 가지 사정을 종합하여 그와 같은 위험의 존재를 인식하면서 굳이 위험으로 인한 피해를 용인하였다고 볼 수 없는 경우에는 그 책임이 감면되지 아니한다고 봄이 상당하다.

원심이, 그 채용 증거들에 의하여 원고들 중 원고 7, 원고 8, 원고 9, 원고 14가 매향리 사격장이 설치된 뒤 그 사격장 부근 마을에 거주하기 시작하였지만, 원고 7, 원고 8, 원고 9는 8세 내지 11세의 나이에 가족과 함께 매향리에서 거주하기 시작하였고, 원고 14는 1954.에 결혼하면서 이화리에서 거주하기 시작하였으며, 위 원고들이 매향리와 이화리에서 거주하기 시작한 뒤 20년 이상 지난 1988.경에야 비로소 매향리 사격장의 소음 등으로 인한 주민들의 피해가 사회적으로 문제 되기 시작한 사실을 인정한 다음, 이와 같이 위 원고들이 매향리 사격장 부근에서 거주하게 된 시기와 그 경위 등에 비추어 볼 때 그들이 매향리 사격장의 소음 등으로 인한 피해를 스스로 용인하고 사격장 부근 마을에서 거주하게 되었다고 볼 수 없고 달리 신의칙상 위 원고들에 대한 손해배상액을 감면할 만한 다른 사정이 있다고 볼 수도 없다고 판단하였는바, 기록에 비추어 살펴보면, 원심의 위와 같은 판단은 앞서 본 법리에 비추어 정당한 것으로 수긍할 수 있고, 거기에 피고가 상고이유로 주장하는 바와 같은 손해배상 책임의 감면에 관한 법리 오해 등의 위법이 없다.

3. 한편, 불법행위로 인하여 피해자가 입은 정신적 고통에 대한 위자료의 액수는 사실심법원이 여러 가지 사정을 참작하여 재량으로 정할 수 있다(대법원 2002. 11. 26. 선고 2002다43165 판결 참조).

원심은, 매향리 사격장에서 발생하는 소음 등으로 인하여 원고들이 입은 피해의 정도와 그 기간 및 원고들이 거주하는 지역의 위치 등을 참작하여 매향리 사격장에 가까운 매향 1·2·3리에 거주하는 원고들과 그 지역보다는 사격장에서 떨어져 있는 매향 4·5리, 석천3리, 이화 1·2·3리에 거주하는 원고들에게 서로 다른 기준을 적용하여 1995. 2. 27.부터 위와 같이 미국 공군이 사격 훈련 방법을 변경한 2000. 8. 18. 이전으로서 원고들이 구하는 2000. 7. 26.까지 매월 일정한 금액의 비율에 따른 위자료 액수를 정하였는바, 기록에 비추어 살펴보면, 원심의 위와 같은 판단은 수긍할 수 있고, 거기에 원고들과 피고가 상고이유로 주장하는 바와 같은 위자료 산정에 관한 법리 오해의 위법이 없다.

4. 직권으로 보건대, 2003. 5. 10. 법률 제6868호로 개정되기 전의 소송촉진등에관한특례법(이하 '소송촉진법'이라 한다) 제3조 제1항 본문 중 '대통령령으로 정하는 이율' 부분에 대하여 2003. 4. 24. 헌법재판소의 위헌결정이 있었고, 그에 따라 개정된 소송촉진법 제3조 제1항과 2003. 5. 29. 대통령령 제17981호로 개정된 소송촉진법제3조 제1항 본문의 법정이율에 관한 규정은 위 개정법률 시행 당시 법원에 계속 중인 사건에 대하여 2003. 6. 1. 이후에 적용할 법정이율을 연 2할로 한다고 규정하고 있으므로 이 사건에서 원고들의 손해배상채권에 대한 지연손해금을 산정함에 있어서도 원심판결 선

고 다음날인 2002. 1. 10.부터 2003. 5. 31.까지는 민법에 정하여진 연 5푼의, 그다음 날부터 완제일까지는 소송촉진법에 정하여진 연 2할의 비율에 의한 지연손해금 이율을 적용하여야 한다.

이와 달리 위 기간에 대하여 구소송촉진법에 정하여진 연 2할 5푼의 이율을 적용한 원심의 판단에는 결과적으로 지연손해금의 법정이율을 잘못 적용하여 판결 결과에 영향을 미친 위법이 있게 되었다고 할 것이므로 그 부분에서는 변경되어야 할 것이다.

5. 그러므로 피고는 위자료로서, (1) 원고 1, 원고 2, 원고 3, 원고 4, 원고 5, 원고 6에게 각 11,050,000원 및 그중 6,120,000원에 대하여는 1998. 3. 12.부터, 나머지 4,930,000원에 대하여는 2001. 11. 15.부터, 각 2003. 5. 31.까지는 민법에 정하여진 연 5푼의, 그다음 날부터 완제일까지는 소송촉진법에 정하여진 연 2할의 각 비율에 의한 지연손해금을, (2) 원고 7, 원고 8, 원고 9, 원고 10, 원고 11, 원고 12, 원고 13, 원고 14에게 각 9,750,000원 및 그중 5,400,000원에 대하여는 1998. 3. 12.부터, 나머지 4,350,000원에 대하여는 2001. 11. 15.부터, 각 2003. 5. 31.까지는 민법에 정하여진 연 5푼의, 그다음 날부터 완제일까지는 소송촉진법에 정하여진 연 2할의 각 비율에 의한 지연손해금을 각각 지급할 의무가 있다고 할 것이므로 원고들의 이 사건 청구는 위 인정 범위 안에서 이유 있어 인용하고, 나머지는 이유 없어 기각하여야 할 것인바, 이와 일부 결론을 달리한 원심판결 중 주문 제1항과 제1심 판결의 주문 제1, 2항을 이 판결의 주문 제1항과 같이 변경하고, 소송 총비용은 5분하여 그 2는 원고들이, 나머지는 피고가 각각 부담하기로 하여 관여 대법관의 일치된 의견으로 주문과 같이 판결한다.

대법관 유지담(재판장) 배기원 이강국(주심) 김용담

사례 7 김포공항 소음 사건

대법원 2005. 1. 27. 선고 2003다49566 판결
[공2005.3.1.(221),301]

【판결요지】

[1] 국가배상법 제5조 제1항에 정하여진 '영조물의 설치 또는 관리의 하자'라 함은 공공의 목적에 공여된 영조물이 그 용도에 따라 갖추어야 할 안전성을 갖추지 못한 상태에 있음을 말하고, 안전성을 갖추지 못한 상태, 즉 타인에게 위해를 끼칠 위험성이 있는 상태라 함은 당해 영조물을 구성하는 물적 시설 그 자체에 있는 물리적·외형적 흠결이나 불비로 인하여 그 이용자에게 위해를 끼칠 위험성이 있는 경우뿐만 아니라, 그 영조물이 공공의 목적에 이용됨에 있어 그 이용 상태 및 정도가 일정한 한도를 초과하여 제3자에게 사회 통념상 수인할 것이 기대되는 한도를 넘는 피해를 입히는 경우까지 포함된다고 보아야 한다.

[2] '영조물 설치 또는 하자'에 관한 제3자의 수인한도의 기준을 결정함에 있어서는 일반적으로 침해되는 권리나 이익의 성질과 침해의 정도뿐만 아니라 침해행위가 갖는 공공성의 내용과 정도, 그 지역 환경의 특수성, 공법적인 규제에 의하여 확보하려는 환경기준, 침해를 방지 또는 경감시키거나 손해를 회피할 방안의 유무 및 그 난이 정도 등 여러 사정을 종합적으로 고려하여 구체적 사건에 따라 개별적으로 결정하여야 한다.

[3] 소음 등을 포함한 공해 등의 위험지역으로 이주하여 들어가서 거주하는 경우와 같이 위험의 존재를 인식하면서 그로 인한 피해를 용인하며 접근한 것으로 볼 수 있는 경우에, 그 피해가 직접 생명이나 신체에 관련된 것이 아

니라 정신적 고통이나 생활방해의 정도에 그치고 그 침해행위에 고도의 공공성이 인정되는 때에는, 위험에 접근한 후 실제로 입은 피해 정도가 위험에 접근할 당시에 인식하고 있었던 위험의 정도를 초과하는 것이거나 위험에 접근한 후에 그 위험이 특별히 증대하였다는 등의 특별한 사정이 없는 한 가해자의 면책을 인정하여야 하는 경우도 있을 수 있을 것이나, 일반인이 공해 등의 위험지역으로 이주하여 거주하는 경우라고 하더라도 위험에 접근할 당시에 그러한 위험이 존재하는 사실을 정확하게 알 수 없는 경우가 많고, 그 밖에 위험에 접근하게 된 경위와 동기 등의 여러 가지 사정을 종합하여 그와 같은 위험의 존재를 인식하면서 굳이 위험으로 인한 피해를 용인하였다고 볼 수 없는 경우에는 손해배상액의 산정에 있어 형평의 원칙상 과실상계에 준하여 감액 사유로 고려하는 것이 상당하다.

[4] 김포공항에서 발생하는 소음 등으로 인근 주민들이 입은 피해는 사회 통념상 수인한도를 넘는 것으로서 김포공항의 설치·관리에 하자가 있다고 본 사례.

【참조 조문】

[1] 국가배상법 제5조 제1항 [2] 국가배상법 제5조 제1항 [3] 국가배상법 제5조 제1항, 민법 제750조 [4] 국가배상법 제5조 제1항, 민법 제750조

【참조판례】

[1][3] 대법원 2004. 3. 12. 선고 2002다14242 판결(공2004상, 606)

[1] 대법원 2000. 2. 25. 선고 99다54004 판결(공2000상, 830)

대법원 2001. 7. 27. 선고 2000다56822 판결(공2001하, 1937)

대법원 2002. 8. 23. 선고 2002다9158 판결(공2002하, 2211)

대법원 2004. 6. 11. 선고 2003다62026 판결

【전 문】

【원고(선정당사자), 피상고인】 원고 1 외 2인 (소송대리인 법무법인 두우 담당변호사 손석봉)

【피고, 상고인】 대한민국

【원심판결】 서울고법 2003. 8. 20. 선고 2002나55207 판결

【주 문】

상고를 기각한다. 상고 비용은 피고가 부담한다.

【이 유】

상고이유를 본다.

1. 상고이유 제1점, 제2점에 관하여

국가배상법 제5조 제1항에 정하여진 '영조물의 설치 또는 관리의 하자'라 함은 공공의 목적에 공여된 영조물이 그 용도에 따라 갖추어야 할 안전성을 갖추지 못한 상태에 있음을 말하고(대법원 2002. 8. 23. 선고 2002다9158 판결 참조), 여기서 안전성을 갖추지 못한 상태, 즉 타인에게 위해를 끼칠 위험성이 있는 상태라 함은 당해 영조물을 구성하는 물적 시설 그 자체에 있는 물리적 · 외형적 흠결이나 불비로 인하여 그 이용자에게 위해를 끼칠 위험성이 있는 경우뿐만 아니라, 그 영조물이 공공의 목적에 이용됨에 있어 그 이용 상태 및 정도가 일정한 한도를 초과하여 제3자에게 사회 통념상 수인할 것이 기대되는 한도를 넘는 피해를 입히는 경우까지 포함된다고 보아야 할 것이다(대법원 2004. 3. 12. 선고 2002다14242 판결 참조).

그리고 수인한도의 기준을 결정함에 있어서는 일반적으로 침해되는 권리나 이익의 성질과 침해의 정도뿐만 아니라 침해행위가 갖는 공공성의 내용과 정도, 그 지역 환경의 특수성, 공법적인 규제에 의하여 확보하려는 환경기준, 침해를 방지 또는 경감시키거나 손해를 회피할 방안의 유무 및 그 난

이 정도 등 여러 사정을 종합적으로 고려하여 구체적 사건에 따라 개별적으로 결정하여야 할 것이다.

원심판결 이유에 의하면, 원심은 설령 피고가 김포공항을 설치 · 관리함에 있어 항공 법령에 따른 항공기 소음기준 및 소음 대책을 준수하려는 노력을 경주하였다고 하더라도, 김포공항이 항공기 운항이라는 공공의 목적에 이용됨에 있어 그와 관련하여 배출하는 소음 등의 침해가 인근 주민인 선정자들에게 통상의 수인한도를 넘는 피해를 발생하게 하였다면 김포공항의 설치 · 관리상에 하자가 있다고 보아야 할 것이라고 전제한 다음, 그 판시와 같은 여러 사정을 종합적으로 고려하면 이 사건 김포공항 주변 지역의 소음과 관련하여서는 항공법시행규칙 제271조상의 공항소음피해예상지역(제3종구역)으로 분류되는 지역 중 85WECPNL 이상의 소음이 발생하는 경우에는 사회생활상 통상의 수인한도를 넘는 것으로서 위법성을 띠는 것으로 봄이 상당하다고 할 것인데, 이 사건 선정자들의 거주지역이 이에 해당하므로 김포공항을 설치 · 관리하는 국가는 이에 대하여 손해를 배상할 책임이 있다고 판단하였다.

김포공항과 그 주변 지역이 국내의 다른 민간공항이나 군용공항과 구별되는 특성을 기록에 비추어 살펴보면 원심이 구체적 사건인 김포공항 주변 지역에 설정한 수인한도의 기준을 그 판시와 같이 정하고 이에 기하여 김포공항을 설치 · 관리하는 국가의 손해배상 책임을 인정한 판단은 위 법리에 따른 것으로서 수긍이 가고, 거기에 상고이유에서 주장하는 바와 같이 영조물 설치 · 관리상의 하자에 관한 법리 오해, 소음피해로 인한 수인한도에 관한 법리 오해 등의 위법이 있다고 할 수 없다.

2. 상고이유 제3점에 관하여

원심판결 이유에 의하면, 원심은 피고가 선정자들 중 일부에 대하여 주택 방음공사 등 항공기 소음 대책을 실시하였다고 하더라도, 일상생활의 상당

부분은 방음 시설된 실내뿐만 아니라 실외에서도 이루어지는 점, 주택 방음공사를 실시하였다고 하여 소음이 완전히 차단되는 것이 아닌 점, 실내를 밀폐하였을 경우 냉방이나 환기시설이 필요하고 이러한 시설의 유지를 위해서는 비용이 필요한 점 등을 고려하면, 주택 방음공사를 실시한 이후에는 아무런 피해가 없다고 단정하기는 어렵고 다만 그 기간에 대하여 손해의 상당액을 감액함이 타당하다고 판단하여 피고의 면책주장을 배척하였다.

기록에 비추어 살펴보면, 원심이 피고의 이 부분 면책주장을 배척한 조치는 정당한 것으로 수긍이 가고, 거기에 상고이유에서 주장하는 바와 같이 손해배상 책임에 관한 법리 오해 등의 위법이 있다고 할 수 없다.

3. 상고이유 제4점에 관하여

소음 등을 포함한 공해 등의 위험지역으로 이주하여 들어가서 거주하는 경우와 같이 위험의 존재를 인식하면서 그로 인한 피해를 용인하며 접근한 것으로 볼 수 있는 경우에, 그 피해가 직접 생명이나 신체에 관련된 것이 아니라 정신적 고통이나 생활방해의 정도에 그치고 그 침해행위에 고도의 공공성이 인정되는 때에는, 위험에 접근한 후 실제로 입은 피해 정도가 위험에 접근할 당시에 인식하고 있었던 위험의 정도를 초과하는 것이거나 위험에 접근한 후에 그 위험이 특별히 증대하였다는 등의 특별한 사정이 없는 한 가해자의 면책을 인정하여야 하는 경우도 있을 수 있을 것이나(대법원 2004. 3. 12. 선고 2002다14242 판결 참조), 일반인이 공해 등의 위험지역으로 이주하여 거주하는 경우라고 하더라도 위험에 접근할 당시에 그러한 위험이 존재하는 사실을 정확하게 알 수 없는 경우가 많고, 그 밖에 위험에 접근하게 된 경위와 동기 등의 여러 가지 사정을 종합하여 그와 같은 위험의 존재를 인식하면서 굳이 위험으로 인한 피해를 용인하였다고 볼 수 없는 경우에는 손해배상액의 산정에 있어 형평의 원칙상 과실상계에 준하여 감액 사유로 고려하는 것이 상당하다.

원심판결 이유에 의하면, 원심은 서울지방항공청장이 김포공항 주변에 대하여 소음 피해지역 및 소음피해예상지역을 분류하여 지정 · 고시한 1993. 6. 21. 이후에 자신들의 주거지에 전입한 일부 선정자들이 항공기 소음으로 인한 피해를 인식하였거나 과실로 인식하지 못한 것만 가지고 소음으로 인한 피해를 용인하였다고 보기는 어렵고, 또한 그것만으로 피고의 위법한 침해행위가 위법하지 않게 된다거나 책임이 소멸한다고는 볼 수 없으며, 다만 손해배상액의 산정에 있어서 형평의 원칙상 위자료의 감액 사유로 고려함이 상당하다고 판단하여 이 부분 피고의 면책주장도 배척하였다.

기록과 앞서 본 법리에 비추어 살펴보면, 원심의 판단은 정당한 것으로 수긍이 가고, 거기에 상고이유에서 주장하는 바와 같이 손해배상 책임의 면제에 관한 법리 오해 등의 위법이 있다고 할 수 없다.

4. 결 론

그러므로 상고를 기각하고, 상고 비용은 패소자가 부담하는 것으로 하여 관여 대법관의 일치된 의견으로 주문과 같이 판결한다.

대법관　김영란(재판장) 윤재식 이용우(주심) 이규홍

사례 8 고속도로 확장 소음·진동 사건

대법원 2001. 2. 9. 선고 99다55434 판결
[집49(1)민,74;공2001.4.1.(127),606]

【판결요지】

[1] 불법행위 성립요건으로서의 위법성은 관련 행위 전체를 일체로만 판단하여 결정하여야 하는 것은 아니고, 문제가 되는 행위마다 개별적 · 상대적으로 판단하여야 할 것이므로 어느 시설을 적법하게 가동하거나 공용에 제공하는 경우에도 그로부터 발생하는 유해 배출물로 인하여 제3자가 손해를 입은 경우에는 그 위법성을 별도로 판단하여야 하고, 이러한 경우의 판단 기준은 그 유해의 정도가 사회생활상 통상의 수인한도를 넘는 것인지 여부라고 할 것이다.

[2] 고속도로의 확장으로 인하여 소음 · 진동이 증가하여 인근 양돈업자가 양돈업을 폐업하게 된 사안에서, 양돈업에 대한 침해의 정도가 사회 통념상 일반적으로 수인할 정도를 넘어선 것으로 보아 한국도로공사의 손해배상 책임을 인정한 사례.

[3] 환경정책기본법 제31조 제1항 및 제3조 제1호, 제3호, 제4호에 의하면, 사업장 등에서 발생하는 환경오염으로 인하여 피해가 발생한 경우에는 당해 사업자는 귀책 사유가 없더라도 그 피해를 배상하여야 하고, 위 환경오염에는 소음 · 진동으로 사람의 건강이나 환경에 피해를 주는 것도 포함되므로, 피해자들의 손해에 대하여 사업자는 그 귀책 사유가 없더라도 특별한 사정이 없는 한 이를 배상할 의무가 있다.

【참조 조문】

[1] 민법 제750조 [2] 민법 제750조 [3] 환경정책기본법 제3조 제1호, 제3호, 제4호, 제31조 제1항

【참조판례】

[1] 대법원 1991. 7. 23. 선고 89다카1275 판결(공1991, 2211)

대법원 1999. 7. 27. 선고 98다47528 판결(공1999하, 1755)

【전 문】

【원고, 상고인】 원고 1 외 2인 (소송대리인 법무법인 바른법률사무소 담당변호사 김찬진 외 9인)

【피고, 피상고인】 한국도로공사 (소송대리인 아주종합 법무법인 담당변호사 유효경 외 5인)

【원심판결】 서울고법 1999. 8. 25. 선고 98나36155 판결

【주 문】

원심판결을 파기하고, 사건을 서울고등법원에 환송한다.

【이 유】

상고이유를 본다.

1. 원심판결 이유에 의하면, 원심은 이 사건의 기본적 사실관계에 관하여, 원고들은 1993. 5. 1.부터 강원 횡성군 (주소 1 생략)필지 총면적 2,985㎡ 지상 건축물 연면적 1,785.6㎡의 양돈장에서 ○○농장의 상호로 약 1,600두의 돼지(모돈 180두, 기타 1,420두)를 양육하는 양돈업을 공동으로 경영하여 온 사실, 피고는 고속국도법 제6조 제1항의 규정에 의하여 건설교통부장관을

대행하여 고속국도를 점유 · 관리하는 법인으로서 1995년 1월 초경부터 1996년 1월 말경까지 약 13개월간 제4호 고속국도(영동고속도로) 중 위 양돈장 옆을 지나는 강원 원주군 (주소 2 생략)부터 강원 횡성군 (주소 3 생략)까지 사이의 구간을 기존의 2차로에서 4차로로 확장하는 공사를 시행한 사실, 위 확장공사가 완료됨에 따라 당초 65m 정도이던 위 양돈장과 고속국도 사이의 거리가 약 25m로 가까워졌고, 위 양돈장과 고속국도 사이의 자연 방음벽 역할을 하던 야산이 위 도로 확장을 위한 부지조성공사로 깎였을 뿐 아니라 교통량과 진행 차량 속도의 증가 및 확장한 고속도로면을 아스팔트 대신 아스콘을 사용하는 등의 사정으로 인하여 위 고속도로에서 발생하는 소음 · 진동이 종전의 약 45 내지 55dB에서 평균 75dB로 증가됨으로써 위 양돈장에서의 정상적인 양돈업이 불가능하게 되어 원고들은 1996. 5. 31. 위 양돈업을 폐업한 사실을 인정한 다음, 위 양돈업 폐업에 대하여 피고는 불법행위 등에 기한 손해배상 책임이 있다는 원고들의 이 사건 청구원인의 주장에 대하여는, 이 사건 도로 확장공사는 차량의 통행량 확대와 진행 속도의 개선을 위한 공익사업으로 이루어진 것으로 기존의 고속국도를 확장하는 과정에서 불가피하게 방음벽 역할을 하던 야산을 깎아낸 것이고, 한편 위 양돈장을 지나는 구간에 방음벽을 설치함으로써 소음과 진동을 다소 방지할 수는 있을 것이나, 그러한 통상의 방음벽을 설치하는 경우라 하더라도 양돈업을 계속함에 여전히 지장을 가져올 것으로 보이므로 피고가 위와 같이 도로의 확장으로 인하여 발생하는 소음과 진동을 방지하거나 감소시키는 조치를 취하지 아니하였다고 하여 피고가 이 사건 도로공사를 시행하는 과정 및 그 후에 도로를 유지 · 관리하는 과정에서 어떠한 위법성이 있었다거나, 원고들이 양돈업을 계속하지 못하게 될 결과를 예견하고, 그러한 결과가 발생하지 않도록 어떠한 조치를 취하여야 할 의무가 존재한다고 보기 어렵고, 이 사건 공사로 인하여 인근지역에 소음과 진동이 증가하였다는 점만으로 도로 자체에 어떤 위험성이 존재한다거나 더 나아가 그 이용으로 인한 위해가 발생할 가능성이 있다고 보기도 어려워 민법 제758조 제1항의 공작물책임도 인정될 수 없다는 이유로 피고에게는 이 사건 원고들의 피해를 배상할 책임이 있지 않다고 판단하였다.

2. 그러나 우선 원고들의 이 사건 피해에 대한 피고의 손해배상 책임을 인정할 수 없다는 원심의 판단은 다음과 같은 이유에서 수긍할 수 없다.

가. 먼저 불법행위 성립요건으로서의 위법성은 관련 행위 전체를 일체로만 판단하여 결정하여야 하는 것은 아니고, 문제가 되는 행위마다 개별적 · 상대적으로 판단하여야 할 것이므로 어느 시설을 적법하게 가동하거나 공용에 제공하는 경우에도 그로부터 발생하는 유해 배출물로 인하여 제3자가 손해를 입은 경우에는 그 위법성을 별도로 판단하여야 하고, 이러한 경우의 판단 기준은 그 유해의 정도가 사회생활상 통상의 수인한도를 넘는 것인지 여부라고 할 것이다(대법원 1991. 7. 23. 선고 89다카1275 판결, 1999. 7. 27. 선고 98다47528 판결 등 참조).

원심판결에 의하더라도 피고가 점유 · 관리하는 위 고속도로가 확장되고 공사 완료 후 차량의 교통량과 차량의 속도가 증가함에 따라 원고들이 이미 하고 있던 위 양돈업을 폐업하여야 할 만큼의 소음 · 진동이 발생하였다는 것인바, 그렇다면 원고들이 입은 위 피해의 성질과 내용 및 그 정도나 규모, 피해 원인과 그 밖에 기록으로 알 수 있는 위 고속도로 확장공사시나 공사 완료 후의 소음 정도와 일반적으로 허용되는 소음기준치, 피고가 위 고속도로 확장공사 전에 원고들의 피해를 방지하기 위하여, 고속도로 개통 후 원고들의 피해 경감을 위하여 아무런 조치를 취한 바 없는 점, 위 양돈장이 소재한 곳의 위치와 도로 근접성 및 그 주변 일대의 일반적인 토지이용 관계 등 여러 사정을 종합하여 볼 때, 위 고속도로 확장공사 및 차량 통행에 따른 소음으로 인한 원고들의 양돈업에 대한 침해는 그 정도가 사회 통념상 일반적으로 수인할 정도를 넘어선 것이라고 볼 것이고, 따라서 고속도로의 사용이나 자동차의 통행 그 자체가 공익적인 것이고, 고속도로에서의 차량 통행으로 인한 소음 · 진동이 불가피하게 발생한다 하더라도 그 정도가 수인한도를 넘어 원고들에게 위와 같이 양돈업을 폐업하게 하는 손해를 입혔다면 피고는 원고들에 대하여 그로 인한 손해배상 책임을 면할 수 없다 할 것이다.

나. 다음으로, 환경정책기본법 제31조 제1항 및 제3조 제1호, 제3호, 제4호에 의하면, 사업장 등에서 발생하는 환경오염으로 인하여 피해가 발생한 경우에는 당해 사업자는 귀책 사유가 없더라도 그 피해를 배상하여야 하고, 위 환경오염에는 소음 · 진동으로 사람의 건강이나 환경에 피해를 주는 것도 포함되므로, 이 사건 원고들의 손해에 대하여 피고는 그 귀책 사유가 없더라도 특별한 사정이 없는 한 이를 배상할 의무가 있다고 할 것이다.

다. 그럼에도 불구하고 이 사건 원고들의 피해와 관련하여 피고의 위법행위와 귀책 사유를 인정할 수 없다는 이유로 피고의 불법행위로 인한 손해배상 책임을 인정하지 아니한 원심의 판단에는 도로 등에서 수인한도를 넘는 소음 · 진동의 발생으로 인한 손해배상 책임의 성립에 관한 법리를 오해한 위법이 있다고 할 것이고, 이는 판결 결과에 영향을 미쳤음이 분명하므로, 이 점을 지적하는 원고들의 주장은 이유 있다.

3. 그러므로 나머지 상고이유에 대한 판단을 생략한 채 원심판결을 파기하고, 사건을 다시 심리 · 판단하게 하기 위하여 원심법원에 환송하기로 하여 관여 법관의 일치된 의견으로 주문과 같이 판결한다.

대법관 송진훈(재판장) 윤재식 이규홍(주심) 손지열

사례 9 고의로 소음을 발생시킨 행위와 스토킹 범죄에 해당하는지 문제 된 사건

대법원 2023. 12. 14. 선고 2023도10313 판결
[공2024상,254]

【판결요지】

[1] 스토킹 행위를 전제로 하는 스토킹 범죄는 행위자의 어떠한 행위를 매개로 이를 인식한 상대방에게 불안감 또는 공포심을 일으킴으로써 그의 자유로운 의사결정의 자유 및 생활 형성의 자유와 평온이 침해되는 것을 막고 이를 보호법익으로 하는 위험범이라고 볼 수 있으므로, 구 스토킹 범죄의 처벌 등에 관한 법률(2023. 7. 11. 법률 제19518호로 개정되기 전의 것, 이하 '구 스토킹 처벌법'이라 한다) 제2조 제1호 각 목의 행위가 객관적 · 일반적으로 볼 때 이를 인식한 상대방에게 불안감 또는 공포심을 일으키기에, 충분한 정도라고 평가될 수 있다면 현실적으로 상대방이 불안감 내지 공포심을 갖게 되었는지와 관계없이 '스토킹 행위'에 해당하고, 나아가 그와 같은 일련의 스토킹 행위가 지속되거나 반복되면 '스토킹 범죄'가 성립한다. 이때 구 스토킹 처벌법 제2조 제1호 각 목의 행위가 객관적 · 일반적으로 볼 때 상대방에게 불안감 또는 공포심을 일으키기에, 충분한 정도인지는 행위자와 상대방의 관계 · 지위 · 성향, 행위에 이르게 된 경위, 행위 태양, 행위자와 상대방의 언동, 주변의 상황 등 행위 전후의 여러 사정을 종합하여 객관적으로 판단하여야 한다.

[2] 빌라 아래층에 살던 피고인이 불상의 도구로 여러 차례 벽 또는 천장을 두드려 '쿵쿵' 소리를 내어 이를 위층에 살던 피해자의 의사에 반하여 피해자에게 도달하게 하였다는 공소사실로 스토킹 범죄의 처벌 등에 관한 법률 위

반죄로 기소된 사안에서, 이웃 간 소음 등으로 인한 분쟁 과정에서 위와 같은 행위가 발생하였다고 하여 곧바로 정당한 이유 없이 객관적 · 일반적으로 불안감 또는 공포심을 일으키는 '스토킹 행위'에 해당한다고 단정할 수는 없으나, 피고인이 층간소음 기타 주변의 생활 소음에 불만을 표시하며 수개월에 걸쳐 이웃들이 잠드는 시각인 늦은 밤부터 새벽 사이에 반복하여 도구로 벽을 치거나 음향기기를 트는 등으로 피해자를 비롯한 주변 이웃들에게 큰 소리가 전달되게 하였고, 피고인의 반복되는 행위로 다수의 이웃들은 수개월 내에 이사를 갈 수밖에 없었으며, 피고인은 이웃의 112 신고에 의하여 출동한 경찰관으로부터 주거지 문을 열어 줄 것을 요청받고도 대화 및 출입을 거부하였을 뿐만 아니라 주변 이웃들의 대화 시도를 거부하고 오히려 대화를 시도한 이웃을 스토킹 혐의로 고소하는 등 이웃 간의 분쟁을 합리적으로 해결하려 하기보다 이웃을 괴롭힐 의도로 위 행위를 한 것으로 보이는 점 등 피고인과 피해자의 관계, 구체적 행위 태양 및 경위, 피고인의 언동, 행위 전후의 여러 사정들에 비추어 보면, 피고인의 위 행위는 층간소음의 원인 확인이나 해결방안 모색 등을 위한 사회 통념상 합리적 범위 내의 정당한 이유 있는 행위라고 볼 수 없고, 객관적 · 일반적으로 상대방에게 불안감 내지 공포심을 일으키기에 충분하며, 나아가 위와 같은 일련의 행위가 지속되거나 반복되었으므로 '스토킹 범죄'를 구성한다고 본 원심 판단을 정당하다고 한 사례.

【참조 조문】

[1] 구 스토킹 범죄의 처벌 등에 관한 법률(2023. 7. 11. 법률 제19518호로 개정되기 전의 것) 제2조 제1호, 제2호 [2] 구 스토킹 범죄의 처벌 등에 관한 법률(2023. 7. 11. 법률 제19518호로 개정되기 전의 것) 제2조 제1호, 제2호

【참조판례】

[1] 대법원 2023. 9. 27. 선고 2023도6411 판결(공2023하, 1979)

【전 문】

【피 고 인】 피고인

【상 고 인】 피고인

【원심판결】 창원지법 2023. 7. 11. 선고 2022노2407 판결

【주 문】

상고를 기각한다.

【이 유】

상고이유를 판단한다.

1. 구 「스토킹 범죄의 처벌 등에 관한 법률」(2023. 7. 11. 법률 제19518호로 개정되기 전의 것, 이하 '구 스토킹 처벌법'이라 한다) 제2조 제1호는 "'스토킹 행위'란 상대방의 의사에 반하여 정당한 이유 없이 상대방 또는 그의 동거인, 가족에 대하여 다음 각 목의 어느 하나에 해당하는 행위를 하여 상대방에게 불안감 또는 공포심을 일으키는 것을 말한다."라고 규정하고, 그 유형 중 하나로 '상대방 등에게 직접 또는 제3자를 통하여 글 · 말 · 부호 · 음향 · 그림 · 영상 · 화상을 도달하게 하거나 주거 등 또는 그 부근에 물건 등을 두는 행위'를 들고 있다[(라)목]. 그리고 같은 조 제2호는 "'스토킹 범죄'란 지속적 또는 반복적으로 스토킹 행위를 하는 것을 말한다."라고 규정한다.

스토킹 행위를 전제로 하는 스토킹 범죄는 행위자의 어떠한 행위를 매개로 이를 인식한 상대방에게 불안감 또는 공포심을 일으킴으로써 그의 자유로운 의사결정의 자유 및 생활 형성의 자유와 평온이 침해되는 것을 막고 이

를 보호법익으로 하는 위험범이라고 볼 수 있으므로, 구 스토킹 처벌법 제2조 제1호 각 목의 행위가 객관적 · 일반적으로 볼 때 이를 인식한 상대방으로 하여금 불안감 또는 공포심을 일으키기에, 충분한 정도라고 평가될 수 있다면 현실적으로 상대방이 불안감 내지 공포심을 갖게 되었는지 여부와 관계없이 '스토킹 행위'에 해당하고, 나아가 그와 같은 일련의 스토킹 행위가 지속되거나 반복되면 '스토킹 범죄'가 성립한다. 이때 구 스토킹 처벌법 제2조 제1호 각 목의 행위가 객관적 · 일반적으로 볼 때 상대방으로 하여금 불안감 또는 공포심을 일으키기에, 충분한 정도인지는 행위자와 상대방의 관계 · 지위 · 성향, 행위에 이르게 된 경위, 행위 태양, 행위자와 상대방의 언동, 주변의 상황 등 행위 전후의 여러 사정을 종합하여 객관적으로 판단하여야 한다(대법원 2023. 9. 27. 선고 2023도6411 판결 참조).

2. 원심은 판시와 같은 이유로, 이 사건 빌라 아래층에 살던 피고인이 불상의 도구로 여러 차례 벽 또는 천장을 두드려 '쿵쿵' 소리를 내어 이를 위층에 살던 피해자의 의사에 반하여 피해자에게 도달하게 한 행위가 객관적으로 불안감 또는 공포심을 일으킬 정도로 평가되는 스토킹 행위에 해당한다고 보아, 이 사건 공소사실(무죄 부분 제외)을 유죄로 판단한 제1심의 판단을 유지하였다.

3. 이웃 간 소음 등으로 인한 분쟁 과정에서 위와 같은 행위가 발생하였다고 하여 곧바로 정당한 이유 없이 객관적 · 일반적으로 불안감 또는 공포심을 일으키는 '스토킹 행위'에 해당한다고 단정할 수는 없다. 그러나 원심판결 이유를 위 법리와 적법하게 채택된 증거에 비추어 살펴보면, 피고인은 층간소음 기타 주변의 생활 소음에 불만을 표시하며 수개월에 걸쳐 이웃들이 잠드는 시각인 늦은 밤부터 새벽 사이에 반복하여 도구로 벽을 치거나 음향기기

를 트는 등으로 피해자를 비롯한 주변 이웃들에게 큰 소리가 전달되게 하였고, 피고인의 반복되는 행위로 다수의 이웃은 수개월 내에 이사를 갈 수밖에 없었으며, 피고인은 이웃의 112 신고에 의하여 출동한 경찰관으로부터 주거지 문을 열어 줄 것을 요청받고도 '영장 들고 왔냐.'고 하면서 대화 및 출입을 거부하였을 뿐만 아니라 주변 이웃들의 대화 시도를 거부하고 오히려 대화를 시도한 이웃을 스토킹 혐의로 고소하는 등 이웃 간의 분쟁을 합리적으로 해결하려 하기보다 이웃을 괴롭힐 의도로 위 행위를 한 것으로 보이는 점 등 피고인과 피해자의 관계, 구체적 행위 태양 및 경위, 피고인의 언동, 행위 전후의 여러 사정들에 비추어 보면, 피고인의 위 행위는 층간소음의 원인 확인이나 해결방안 모색 등을 위한 사회 통념상 합리적 범위 내의 정당한 이유 있는 행위에 해당한다고 볼 수 없고 객관적 · 일반적으로 상대방에게 불안감 내지 공포심을 일으키기에 충분하다고 보이며, 나아가 위와 같은 일련의 행위가 지속되거나 반복되었으므로 '스토킹 범죄'를 구성한다고 본 원심의 판단은 수긍할 수 있고, 거기에 논리와 경험의 법칙을 위반하여 자유심증주의의 한계를 벗어나거나 구 스토킹 처벌법 위반죄의 성립에 관한 법리를 오해함으로써 판결에 영향을 미친 잘못이 없다.

4. 그러므로 상고를 기각하기로 하여, 관여 대법관의 일치된 의견으로 주문과 같이 판결한다.

대법관 오경미(재판장) 김선수(주심) 노태악 서경환

사례 10 공사 현장 소음·진동 사건

대법원 2023. 4. 13. 선고 2022다210000 판결

【판시사항】

공사 현장에서 발생하는 소음 · 진동으로 인근 제3자가 손해를 입은 경우, 위법성을 판단하는 기준 / 소음 · 진동으로 참을 한도를 넘는 피해가 발생하였는지 판단하는 기준 / 공사 현장 소음 · 진동이 행정 법규에서 정하는 기준을 넘는지가 참을 한도를 정하는 데 중요한 고려 요소가 될 수 있는지 여부(적극) / 위 기준에 형식적으로 부합한다고 하더라도 현실적인 피해의 정도가 현저하게 커서 사회 통념상 참을 한도를 넘는 경우, 위법행위로 평가될 수 있는지 여부(적극)

【참조 조문】

민법 제217조, 제750조

【참조판례】

대법원 2014. 2. 27. 선고 2009다40462 판결(공2014상, 680)

대법원 2017. 2. 15. 선고 2015다23321 판결(공2017상, 548)

대법원 2019. 11. 28. 선고 2016다233538, 233545 판결(공2020상, 153)

【전 문】

【원고, 상고인】 원고 (소송대리인 법무법인 동진 담당변호사 김택준 외 1인)

【피고, 피상고인】 피고 1 외 5인 (소송대리인 법무법인 나라 담당변호사 김수섭)

【원심판결】 수원고법 2022. 1. 13. 선고 2020나10592 판결

【주 문】

원심판결을 파기하고, 사건을 수원고등법원에 환송한다.

【이 유】

상고이유를 판단한다.

1. 사안의 개요

원심판결의 이유와 기록에 따르면 다음 사실을 알 수 있다.

가. 원고는 2012. 7.경부터 안양시 만안구 (주소 생략) 지상 건물 3, 4층에서 앵무새를 사육 · 번식하여 판매하는 이 사건 판매장을 운영해 왔다.

나. 피고 1, 피고 2, 피고 3, 피고 4는 2016. 12. 21. 이 사건 판매장 건물 바로 옆 부지에 지하 4층, 지상 15층 규모의 이 사건 건물 신축을 위한 건축허가를 받았다. 피고 영보종합건설 주식회사(이하 '피고 영보건설'이라 한다)는 2017. 1.부터 2017. 7.경까지, 피고 다은종합건설 주식회사(이하 '피고 다은건설'이라 한다)는 그 후부터 각각, 이 사건 건물 신축공사를 수행하였다.

다. 원고는 위 공사 기간 중 피고들에게 이 사건 건물 신축공사 현장에서 발생하는 소음 · 진동으로 인하여 원고가 사육하는 앵무새가 이상증세를 보이다가 폐사하는 등 피해를 입고 있다고 항의하였고, 안양시청에도 여러 차례 민원을 제기하였다.

2. 원심의 판단

원심은 판시와 같은 이유로, 이 사건 판매장과 이 사건 건물 신축공사 현

장은 상업지역에 위치하고 있는데 피고들이 「소음 · 진동관리법 시행규칙」에서 정한 상업지역 생활소음규제기준(이하 '생활소음규제기준'이라 한다)인 '주간 70dB(A) 이하'를 준수하여 공사를 진행하였고 안양시의 행정지도에 따라 흡음형(RPP) 방음벽을 설치하기도 하였으므로, 중앙환경분쟁조정위원회의 「환경피해 평가 방법 및 배상액 산정기준」에서 정한 가축 피해에 관한 소음기준(이하 '가축 피해 인정기준'이라 한다)인 60dB(A) 이하로 소음을 낮추지 않았다고 하여 피고들이 참을 한도를 넘는 위법한 행위를 하였다고 보기 어렵다고 판단하였다.

3. 대법원의 판단

가. 공사 현장에서 발생하는 소음 · 진동으로 인근 제3자가 손해를 입은 경우 그 위법성을 판단하는 기준은 소음 · 진동으로 인한 피해가 사회 통념상 일반적으로 참아내야 할 정도(이하 '참을 한도'라 한다)를 넘는 것인지 여부이다(대법원 2019. 11. 28. 선고 2016다233538, 233545 판결 등 참조). 소음 · 진동으로 참을 한도를 넘는 피해가 발생하였는지 여부는 구체적으로 피해의 성질 및 정도, 피해이익의 공공성, 가해행위의 태양, 가해행위의 공공성, 가해자의 방지 조치 또는 손해회피의 가능성, 공법상 규제기준의 위반 여부, 토지가 있는 지역의 용도와 이용현황, 토지이용의 선후관계 등 모든 사정을 종합적으로 고려하여 판단하여야 한다. 일반적으로 소음 · 진동을 규제하는 행정 법규는 인근 주민의 건강이나 재산, 환경을 소음 · 진동으로부터 보호하는 것을 주된 목적으로 하고 있기 때문에 여기에서 정하는 소음 · 진동에 관한 기준을 넘는지 여부는 참을 한도를 정하는 데 중요한 고려 요소가 될 수 있다(대법원 2017. 2. 15. 선고 2015다23321 판결 등 참조). 그러나 이러한 기준은 주민의 건강 등을 보호하기 위한 최소한도의 기준이므로, 그 기준을 넘어야만 참을 한도를 넘는 위법한 침해행위가 되는 것은 아니고 그

기준에 형식적으로 부합한다고 하더라도 현실적인 피해의 정도가 현저하게 커서 사회 통념상 참을 한도를 넘는 경우에는 위법행위로 평가될 수 있다(대법원 2014. 2. 27. 선고 2009다40462 판결 등 참조).

나. 1) 원심판결 이유를 위 법리와 기록에 비추어 살펴보면, 다음과 같은 이유로 원심 판단은 그대로 수긍하기 어렵다.

가) 일반적으로 생활소음규제기준은 건물 신축공사 현장의 소음이 참을 한도를 넘는 것인지를 판단하는 데 중요한 고려 요소가 될 수는 있으나 그 기준을 넘지 않았다고 하여 참을 한도를 넘는 피해가 발생하지 않았다고 단정할 수 없다. 더구나 이 사건은 건물 신축공사의 소음 때문에 사육하는 앵무새가 폐사하거나 산란율이 저하되는 피해를 입었다고 주장하는 경우이므로, 가축 피해에 따른 환경 분쟁 사건에서 손해와 배상의 기준에 관하여 정하고 있는 중앙환경분쟁조정위원회의 가축 피해 인정기준도 생활소음규제기준 못지않게 중요하게 고려되어야 한다. 그런데 가축 피해 인정기준에 의하면 가축의 폐사 · 유산 · 사산 · 압사 · 부상 등의 피해 유형에 대해서는 최대소음 70dB(A)을, 성장지연 · 수태율 저하 · 산자수 감소 · 생산성 저하 등의 피해 유형에 대해서는 평균 소음 60dB(A)을 각 해당 피해와 개연성을 인정할 수 있는 소음으로 정하고 있고, 이 사건 건물 신축공사로 이 사건 판매장에 발생한 소음은 이러한 가축 피해 인정기준에 도달하였거나 넘었다고 볼 수 있다.

나) 참을 한도를 넘는 피해가 발생하였는지를 판단함에 있어서는 건물이 위치한 지역의 「국토의 계획 및 이용에 관한 법률」상 용도뿐만 아니라 그 지역의 구체적인 이용 현황도 함께 고려되어야 한다(대법원 2021. 6. 3. 선고 2016다33202, 33219 판결 등 참조). 비록 이 사건 판매장과 이 사건 건물 신축공사 현장은 모두 상업지역에 위치하고 있으나, 이 지역에는 상가뿐만 아

니라 오피스텔 등 주거가 광범위하게 분포되어 있고, 원고는 2012년경부터 이 사건 공사가 시작되기 전까지 이 사건 판매장을 안정적으로 운영해 왔으므로 이러한 이용 현황도 충분히 고려되어야 한다.

다) 원고는 한강유역환경청장에게 이 사건 공사로 인하여 304마리의 국제적 멸종위기종 앵무새가 폐사하였다고 신고한 바 있고 담당 공무원도 이를 확인하였는데, 이는 원고가 주장하는 앵무새 사육두수의 거의 절반에 이른다. 이 사건 판매장의 월별 매출액, 사료 · 새장 등의 연간 매입액, 앵무새 연간 매입액도 이 사건 건물 공사가 시작된 이후에 전체적으로 감소하였다. 여기에다 관상조류는 60~70dB(A)의 소음에서는 10~20%의, 70~80dB(A)의 소음에서는 20~30%의 폐사 피해가 발생하는 것으로 예측한 연구 결과나 건설공사로 발생하는 불규칙하고 충격음을 동반하는 소음이 앵무새 등 조류에게 더 해로울 수 있다는 감정 내용을 더하여 보면, 이 사건 건물 신축공사로 발생한 소음이 원고의 앵무새 폐사 피해에 기여한 정도는 상당하다고 볼 수 있다.

라) 이 사건 판매장은 외관상으로도 앵무새를 사육하는 곳임을 알 수 있고, 원고가 공사 기간 중 피고들에게 공사 현장의 소음 등으로 앵무새가 폐사하는 등 피해를 입고 있다고 항의하고 안양시청에 여러 차례 민원을 제기하기도 하였으므로, 피고들로서는 이 사건 건물 신축공사로 이 사건 판매장에 피해가 발생하고 있음을 알았거나 알 수 있었다. 그런데도 피고들은 피해 방지를 위한 조치를 제때에 하지는 못한 것으로 보인다. 피고 다은건설이 흡음형(RPP) 방음벽을 설치하기는 하였으나 이는 이 사건 건물 신축공사가 시작되고 6~7개월 후에 이루어진 조치여서 일반적으로 공사 초기에 소음피해가 집중되는 점을 고려하면 피해 방지에 효과적으로 대응하였다고 보기는 어렵다.

마) 이러한 사정 등을 종합하면, 이 사건 건물 신축공사로 인하여 원고에게 발생한 손해는 사회 통념상 참을 한도를 넘는 피해라고 볼 여지가 충분하다.

2) 그렇다면 원심으로서는 이 사건 건물 신축공사로 발생한 소음이 생활소음규제기준을 넘지 않았다는 사정을 주된 이유로 하여 선불리 참을 한도를 넘지 않는 것이라고 단정할 것이 아니라, 이 사건 건물 신축공사로 발생한 소음의 태양과 정도, 가축 피해 인정기준을 넘는 소음이 도달하였는지, 그 소음으로 앵무새 폐사 등 피해가 발생하였는지, 그 피해는 어느 정도인지, 피고들이 피해의 발생을 예상할 수 있었고 이를 방지하기 위해 소음저감조치를 취했는지 등을 종합적으로 심리하여 원고에게 참을 한도를 넘는 피해가 발생하였는지 여부를 판단하였어야 했다. 그런데도 원심은 이와 달리 판단하였으니, 원심의 판단에는 환경소송에서 참을 한도 등에 관한 법리를 오해하여 필요한 심리를 다하지 아니함으로써 판결에 영향을 미친 잘못이 있다.

4. 결론

그러므로 나머지 상고이유에 대한 판단을 생략한 채 원심판결을 파기하고 사건을 다시 심리 · 판단하도록 원심법원에 환송하기로 하여, 관여 대법관의 일치된 의견으로 주문과 같이 판결한다.

대법관 안철상(재판장) 노정희 이흥구(주심) 오석준

사례 11 집회 · 시위 소음 사건

대법원 2004. 10. 15. 선고 2004도4467 판결
[공2004.11.15.(214),1900]

【판결요지】

[1] 집회나 시위는 다수인이 공동목적으로 회합하고 공공장소를 행진하거나 위력 또는 기세를 보여 불특정 다수인의 의견에 영향을 주거나 제압을 가하는 행위로서 그 회합에 참가한 다수인이나 참가하지 아니한 불특정 다수인에게 의견을 전달하기 위하여 어느 정도의 소음이 발생할 수밖에 없는 것은 부득이한 것이므로 집회나 시위에 참가하지 아니한 일반 국민도 이를 수인할 의무가 있다고 할 수 있으며, 합리적인 범위에서는 확성기 등 소리를 증폭하는 장치를 사용할 수 있고 확성기 등을 사용한 행위 자체를 위법하다고 할 수는 없으나, 그 집회나 시위의 장소, 태양, 내용과 소음 발생의 수단, 방법 및 그 결과 등에 비추어, 집회나 시위의 목적 달성의 범위를 넘어 사회 통념상 용인될 수 없는 정도로 타인에게 심각한 피해를 주는 소음을 발생시킨 경우에는 위법한 위력의 행사로서 정당행위라고는 할 수 없다.

[2] 신고한 옥외집회에서 고성능 확성기 등을 사용하여 발생 된 소음이 82.9dB 내지 100.1dB에 이르고, 사무실 내에서의 전화 통화, 대화 등이 어려웠으며, 밖에서는 부근을 통행하기조차 곤란하였고, 인근 상인들도 소음으로 인한 고통을 호소하는 정도에 이르렀다면 이는 위력으로 인근 상인 및 사무실 종사자들의 업무를 방해한 업무방해죄를 구성한다고 한 사례.

【참조 조문】

[1] 형법 제20조, 제314조 [2] 형법 제20조, 제314조

【전 문】

【피 고 인】 피고인 1 외 3인

【상 고 인】 피고인들

【변 호 인】 변호사 김현익

【원심판결】 대구지법 2004. 6. 25. 선고 2003노3694 판결

【주 문】

상고를 모두 기각한다.

【이 유】

상고이유를 본다.

집회 및 시위의 자유는 표현의 자유의 집단적인 형태로서 집단적인 의사표현을 통하여 공동의 이익을 추구하고 자유 민주국가에 있어서 국민의 정치적 · 사회적 의사 형성과정에 효과적인 역할을 하는 것이므로 민주정치의 실현에 매우 중요한 기본권인 것은 사실이지만, 그 수단과 방법이 폭행 · 협박 · 손괴 · 방화 등으로 질서를 문란하게 하는 행위에 해당하여 형사상 범죄를 성립시키는 경우에 있어서는 집회 및 시위행위 자체에 성질상 집단성이 내포되어 있는 것이라는 이유만으로 일반 형사 범죄와는 다른 특별한 취급을 하여야 할 근거는 없다.

그리고 집회나 시위는 다수인이 공동목적으로 회합하고 공공장소를 행진하거나 위력 또는 기세를 보여 불특정 다수인의 의견에 영향을 주거나 제압을 가하는 행위로서 그 회합에 참가한 다수인이나 참가하지 아니한 불특정 다수인에게 의견을 전달하기 위하여 어느 정도의 소음이 발생할 수밖에 없는 것은 부득이한 것이므로 집회나 시위에 참가하지 아니한 일반 국민도 이

를 수인할 의무가 있다고 할 수 있으며, 합리적인 범위에서는 확성기 등 소리를 증폭하는 장치를 사용할 수 있고 확성기 등을 사용한 행위 자체를 위법하다고 할 수는 없으나, 그 집회나 시위의 장소, 태양, 내용과 소음 발생의 수단, 방법 및 그 결과 등에 비추어, 집회나 시위의 목적 달성의 범위를 넘어 사회 통념상 용인될 수 없는 정도로 타인에게 심각한 피해를 주는 소음을 발생시킨 경우에는 위법한 위력의 행사로서 정당행위라고는 할 수 없다.

원심판결 이유에 의하면 원심은, 그 채용 증거에 의하여, 피고인들은 관할 경찰서장에게 옥외집회(시위)신고서를 제출한 후 2002. 10. 12.부터 2002. 12. 31.까지 10여 회에 걸쳐 ○○노총 대구지부, △△연대 등의 단체 소속 회원들을 포함하여 매회 평균 15명(많을 때는 40명) 정도를 동원하여 옥외집회를 개최한 사실, 당시 대구 중구청 종합민원실 앞 인도를 점거하고 현수막, 피켓 등을 설치한 채 승합차에 장착된 고성능 확성기, 앰프 등을 사용하여 "부당해고자 원직 복직, 중구청장 물러가라"는 구호를 외치고, 노동가를 불러 소음을 발생시킨 사실, 중구청 소속 직원에 의한 소음 측정 결과에 의하면 당시 집회 및 시위 소음은 82.9dB 내지 100.1dB에 이르렀고, 이로 인하여 중구청사 내에서는 전화 통화, 대화 등이 어려웠으며, 밖에서는 부근을 통행하기조차 곤란하였고, 인근 음식점, 자전거대리점, 제과점 등의 상인들도 소음으로 인한 고통을 호소한 사실을 인정한 다음, 이는 위력으로 중구청 인근 상인 및 사무실 종사자들의 업무를 방해한 업무방해죄를 구성하고, 형법 제20조의 사회상규에 위배되지 아니하는 정당한 행위에 해당하여 위법성이 없어진다고 볼 수 없다고 판단하였는바, 앞서 본 법리와 기록에 비추어 살펴보면, 원심의 위와 같은 인정과 판단은 정당하고, 거기에 상고이유 주장과 같은 채증법칙 위반이나 업무방해죄에 관한 법리 오해, 법치국가의 과잉금지 원칙에 위반하는 등 판결에 영향을 미친 위법이 있다고 할 수 없다. 그리고 위와 같은 소음의 측정은 반드시 소음·진동규제법 등의 공정시험 방법에 의한 것만을 인정하여야 한다는 것은 독자적인 주장으로 그 이유 없다. 상고이유의 주장은 모두 받아들일 수 없다.

그러므로 상고를 모두 기각하기로 하여 관여 대법관의 일치된 의견으로 주문과 같이 판결한다.

대법관 김용담(재판장) 유지담 배기원(주심) 이강국

사례 12 도로 소음에 따른 소음 생활방해 사건

대법원 2016. 11. 25. 선고 2014다57846 판결
[공2017상,8]

【판결요지】

[1] 민법 제217조는 제1항에서 "토지소유자는 매연, 열기체, 액체, 음향, 진동 기타 이에 유사한 것으로 이웃 토지의 사용을 방해하거나 이웃 거주자의 생활에 고통을 주지 아니하도록 적당한 조처를 할 의무가 있다."라고 정하고, 제2항에서 "이웃 거주자는 전항의 사태가 이웃 토지의 통상 용도에 적당한 것인 때에는 이를 인용할 의무가 있다."라고 정하고 있다. 소음은 이 규정에서 정하는 생활방해에 해당하므로, 제2항에 따라 이웃 거주자는 소음이 이웃 토지의 통상 용도에 적당한 것일 때에는 이를 인용할 의무가 있다.

[2] 도로에서 발생하는 소음으로 말미암아 생활에 고통을 받는 경우에 이웃 거주자에게 인용 의무가 있는지는 일반적으로 사회통념에 비추어 도로 소음이 참아내야 할 정도(이하 '참을 한도'라고 한다)를 넘는지에 따라 결정하여야 한다. 이는 구체적으로 소음으로 인한 피해의 성질과 정도, 피해이익의 공공성, 가해행위의 종류와 태양, 가해행위의 공공성, 가해자의 방지 조치 또는 손해회피의 가능성, 공법상 규제기준의 위반 여부, 지역성, 토지이용의 선후관계 등 모든 사정을 종합적으로 고려하여 판단하여야 한다. 그리고 도로가 현대생활에서 필수 불가결한 시설로서 지역 간 교통, 균형개발과 국가의 산업경제 활동에 큰 편익을 제공하는 것이고, 도시개발사업도 주변의 정비된 도로망 건설을 필수적인 요소로 하여 이루어지고 있는 점, 자동차 교통이 교통의 많은 부분을 차지하고 있고, 도시화·산업화에 따라 주거의 과밀화가 진행되고 있는 현실에서 일정한 정도의 도로 소음의 발생과 증가는 사

회발전에 따라 피할 수 없는 변화에 속하는 점 등도 충분히 고려되어야 한다. [3] 도로 소음을 규제하는 행정법규는 인근 주민을 소음으로부터 보호하는 데 주요한 목적이 있기 때문에 도로 소음이 이 기준을 넘는지는 일반적으로 사회통념에 비추어 참아내야 할 정도(이하 '참을 한도'라고 한다)를 정하는 데 중요하게 고려해야 한다. 그러나 도로변 지역의 소음에 관한 환경정책기본법의 소음 환경기준을 넘는 도로 소음이 있다고 하여 바로 참을 한도를 넘는 위법한 침해행위가 있어 민사책임이 성립한다고 단정할 수 없다. 도로 소음으로 인한 생활방해를 원인으로 제기된 사건에서 공동주택에 거주하는 사람들이 참을 한도를 넘는 생활방해를 받고 있는지는 특별한 사정이 없는 한 소음피해지점에서 소음원 방향으로 창문 · 출입문 또는 건물 벽 밖의 0.5~1m 떨어진 지점에서 측정된 실외소음도가 아니라, 일상생활이 주로 이루어지는 장소인 거실에서 도로 등 해당 소음원에 면한 방향의 모든 창호를 개방한 상태로 측정한 소음도가 환경정책기본법상 소음 환경기준 등을 넘는지 여부에 따라 판단하는 것이 타당하다.

【참조 조문】

[1] 민법 제217조 [2] 민법 제217조 [3] 민법 제217조, 환경정책기본법 제12조 제1항, 제2항, 환경정책기본법 시행령 제2조 [별표]

【참조판례】

[2][3] 대법원 2015. 9. 24. 선고 2011다91784 판결(공2015하, 1596)

【전 문】

【원고, 피상고인】 별지 원고 명단 기재와 같다. (소송대리인 법무법인 로원 담당변호사 고은아 외 4인)

【피고, 상고인】 창원시 (소송대리인 법무법인 다율 담당변호사 조종만)

【원심판결】 부산고법 2014. 7. 24. 선고 (창원)2013나3128 판결

【주 문】

원심판결 중 제2 예비적 청구에 관한 피고 패소 부분을 파기하고, 이 부분 사건을 부산고등법원에 환송한다.

【이 유】

상고이유를 판단한다.

1. 민법 제217조는 제1항에서 "토지소유자는 매연, 열기체, 액체, 음향, 진동 기타 이에 유사한 것으로 이웃 토지의 사용을 방해하거나 이웃 거주자의 생활에 고통을 주지 아니하도록 적당한 조처를 할 의무가 있다."라고 정하고, 제2항에서 "이웃 거주자는 전항의 사태가 이웃 토지의 통상 용도에 적당한 것인 때에는 이를 인용할 의무가 있다."라고 정하고 있다. 소음은 이 규정에서 정하는 생활방해에 해당하므로, 제2항에 따라 이웃 거주자는 소음이 이웃 토지의 통상 용도에 적당한 것인 때에는 이를 인용할 의무가 있다.

도로에서 발생하는 소음으로 말미암아 생활에 고통을 받는 경우에 이웃 거주자에게 인용 의무가 있는지 여부는 일반적으로 사회통념에 비추어 도로 소음이 참아내야 할 정도(이하 '참을 한도'라고 한다)를 넘는지 여부에 따라 결정하여야 한다. 이는 구체적으로 소음으로 인한 피해의 성질과 정도, 피해이익의 공공성, 가해행위의 종류와 태양, 가해행위의 공공성, 가해자의 방지조치 또는 손해회피의 가능성, 공법상 규제기준의 위반 여부, 지역성, 토지이용의 선후관계 등 모든 사정을 종합적으로 고려하여 판단하여야 한다. 그리고 도로가 현대생활에서 필수 불가결한 시설로서 지역 간 교통, 균형개발과 국가의 산업경제 활동에 큰 편익을 제공하는 것이고, 도시개발사업도 주변의 정비된 도로망 건설을 필수적인 요소로 하여 이루어지고 있는 점, 자동

차 교통이 교통의 많은 부분을 차지하고 있고, 도시화 · 산업화에 따라 주거의 과밀화가 진행되고 있는 현실에서 일정한 정도의 도로 소음의 발생과 증가는 사회발전에 따라 피할 수 없는 변화에 속하는 점 등도 충분히 고려되어야 한다.

도로 소음을 규제하는 행정 법규는 인근 주민을 소음으로부터 보호하는 데 주요한 목적이 있기 때문에 도로 소음이 이 기준을 넘는지 여부는 참을 한도를 정하는 데 중요하게 고려해야 한다. 그러나 도로변 지역의 소음에 관한 환경정책기본법의 소음 환경기준을 넘는 도로 소음이 있다고 하여 바로 참을 한도를 넘는 위법한 침해행위가 있어 민사책임이 성립한다고 단정할 수 없다. 도로 소음으로 인한 생활방해를 원인으로 제기된 사건에서 공동주택에 거주하는 사람들이 참을 한도를 넘는 생활방해를 받고 있는지는 특별한 사정이 없는 한 소음피해지점에서 소음원 방향으로 창문 · 출입문 또는 건물 벽 밖의 0.5~1m 떨어진 지점에서 측정된 실외소음도가 아니라, 일상생활이 주로 이루어지는 장소인 거실에서 도로 등 해당 소음원에 면한 방향의 모든 창호를 개방한 상태로 측정한 소음도가 환경정책기본법상 소음 환경기준 등을 넘는지 여부에 따라 판단하는 것이 타당하다(대법원 2015. 9. 24. 선고 2011다91784 판결 등 참조).

2. 원심은, 다음과 같은 이유로 피고는 국가배상법 제5조에 의한 이 사건 도로의 관리자로서 원고들에게 이 사건 도로의 소음으로 인하여 발생한 정신적 손해를 배상할 책임이 있다고 판단하였다.

(1) 이 사건 아파트의 사용검사 승인 전에 측정된 이 사건 도로의 소음도가 환경정책기본법에서 정한 주간 소음 환경기준 65dB(A)이나 야간 소음 환경기준 55dB(A)을 넘는 것으로 나타났다. 감정인이 이 사건 아파트 중 도로변에 위치한 호실에서 소음을 측정한 결과 야간소음이 55dB(A)을 넘어

57dB(A)에서 68dB(A)에 이르고, 도로변에 위치한 대부분의 호실에서 위 기준을 10dB(A) 이상 넘는 소음이 측정되었다.

(2) 이 사건 아파트는 국토의 계획 및 이용에 관한 법률에서 정한 제2종 일반주거지역에 위치하고 있어 거주자들의 주거환경을 보호할 필요성이 크다.

(3) 피고는 소음으로 인한 문제를 알고 있었는데도, 사용검사 승인일부터 이 사건 소가 제기되기까지 과속 방지 감시카메라 설치 외에 달리 소음저감 방안을 조사 · 계획하거나 실행한 적이 있음을 인정할 만한 자료가 없고, 이 사건 소 제기 이후에야 비로소 '도로교통 소음 영향평가 및 저감방안'을 검토하여 보고서를 제출하였다.

(4) 이러한 사정들을 종합하면 이 사건 도로에는 설치 · 관리상의 하자가 존재하고 이로 인하여 원고들 주거지의 소음도가 환경정책기본법에서 정한 일반주거지역의 소음 환경기준을 넘어 사회 통념상 참을 한도를 넘어서는 생활이익의 침해가 있었다고 볼 수 있다.

3. 원심은 위와 같이 피고의 손해배상 책임을 인정하면서 감정인이 소음측정기의 마이크로폰을 이 사건 아파트 베란다 창문으로부터 돌출시켜 이 사건 도로 방향으로 설치하여 측정한 소음도와 이에 기초하여 산정한 실외소음도를 그대로 받아들였다.

그러나 원심의 판단은 다음과 같은 이유로 받아들이기 어렵다.

원심판결 이유와 기록에 의하면 다음의 사실을 알 수 있다. 즉, 이 사건 도로중 국도 25호선은 2002. 8. 30. 사용 개시되었고 국도 2호선은 2004. 1. 19. 사용 개시되었다. 그런데 이 사건 아파트는 2004. 5. 28. 주택건설사업계획 승인이 이루어졌고 2006. 8. 31. 사용승인을 받아 수분양자들이 입주하기 시작하였다. 원고들은 이 사건 아파트에 거주할 당시 일정 정도의 도로소음 발생과 증가를 알았거나 알 수 있었다고 볼 수 있다.

공동주택에 거주하는 사람들의 생활이익이 중요함은 물론이지만, 자동차 교통망의 중요한 축을 이루고 있는 이 사건 도로는 지역경제 전반의 기반을 공고히 하고 지역주민들 생활의 질을 향상시키는 등 그 공공성과 사회적 가치가 매우 크다. 이 사건 도로에서 자동차의 운행으로 소음이 발생할 수밖에 없으므로 그 주변에 거주하는 사람들은 이러한 소음을 어느 정도까지는 참아내야 한다. 도시화 · 산업화와 이로 인한 주거의 과밀화로 도시에 거주하는 대부분 거주자는 어느 정도의 소음이 존재하는 상황에서 특정 장소에 거주하기 시작하고, 거주자가 고요하고 평온한 상태에서 쾌적한 일상생활을 누릴 수 있는 생활이익은 원칙적으로 그가 거주를 시작한 때 그 장소에 있는 소음도를 기초로 형성되기 시작한다. 원고들이 거주하는 이 사건 아파트 각 세대에서 위와 같은 원심이 인정한 실외소음도를 원고들이 일상생활을 주로 하는 지점의 소음도로 보기는 어렵다. 따라서 위 1.에서 보았듯이 원고들의 일상생활이 주로 이루어지는 장소인 거실에서 도로 등 소음원에 면한 방향의 모든 창호를 개방한 상태로 측정한 소음도를 기준으로 환경정책기본법상 소음 환경기준 등을 넘는지 여부를 판단하는 것이 타당하다. 그러므로 원심이 들고 있는 사정만으로 원고들에게 바로 참을 한도를 넘는 생활방해가 인정되어 피고에게 손해배상 책임이 인정된다고 단정하기 어렵다.

4. 따라서 원심으로서는 위에서 본 사정들을 충분히 고려하여 피고가 원고들에 대하여 손해배상 책임을 부담하는지를 판단하였어야 할 것인데, 원고들의 일상생활이 주로 이루어지는 지점의 소음도를 측정하지 않고 토지이용의 선후관계를 제대로 고려하지 않은 채 피고의 손해배상 책임을 인정하였다. 이러한 원심의 판단에는 도로 소음으로 인한 생활방해에서 참을 한도에 관한 법리를 오해하여 필요한 심리를 다하지 않음으로써 판결에 영향을 미친 잘못이 있다.

5. 그러므로 나머지 상고이유에 대한 판단을 생략한 채 원심판결 중 제2 예

비적 청구에 관한 피고 패소 부분을 파기하고, 이 부분 사건을 다시 심리 · 판단하도록 원심법원에 환송하기로 하여, 관여 대법관의 일치된 의견으로 주문과 같이 판결한다.

대법관 박보영(재판장) 박병대 권순일 김재형(주심)

사례 13 고속도로 소음 사건

대법원 2007. 6. 15. 선고 2004다37904,37911 판결
[공2007.7.15.(278),1062]

【판결요지】

[1] 고속도로로부터 발생하는 소음이 피해 주민들 주택을 기준으로 일정 한도를 초과하여 유입되지 않도록 하라는 취지의 유지청구는 소음발생원을 특정하여 일정한 종류의 생활방해를 일정 한도 이상 미치게 하는 것을 금지하는 것으로 청구가 특정되지 않은 것이라고 할 수 없고, 이러한 내용의 판결이 확정될 경우 민사집행법 제261조 제1항에 따라 간접강제의 방법으로 집행을 할 수 있으므로, 이러한 청구가 내용이 특정되지 않거나 강제집행이 불가능하여 부적법하다고 볼 수는 없다.

[2] 건물의 소유자 또는 점유자가 인근의 소음으로 인하여 정온하고 쾌적한 일상생활을 영유할 수 있는 생활이익이 침해되고 그 침해가 사회 통념상 수인한도를 넘어서는 경우에 건물의 소유자 또는 점유자는 그 소유권 또는 점유권에 기하여 소음피해의 제거나 예방을 위한 유지청구를 할 수 있다.

[3] 구 주택건설기준 등에 관한 규정(1992. 12. 31. 대통령령 제13811호로 개정되기 전의 것) 제9조 제1항, 제3조, 구 주택건설촉진법(1992. 12. 8. 법률 제4530호로 개정되기 전의 것) 제3조 제5호, 제6조 제1항, 제33조 제1항, 구 주택건설촉진법 시행령(1992. 12. 21. 대통령령 제13782호로 개정되기 전의 것) 제9조 제1항, 제32조 제1항 등 관계 규정을 살펴보면, 구 주택건설기준 등에 관한 규정 제9조 제1항에 따라 주택건설사업계획 승인을 얻어 공동주택을 건설하기 위하여, 방음벽 등의 방음시설을 설치하여 공동주택 건설지점의 소음도가 65㏈ 미만이 되도록 조치하여야 하는 공동주택은 20세대 이

상으로서 건설부장관의 사업계획승인을 얻어 건설한 공동주택을 의미한다.
[4] 인근 고속도로에서 유입되는 소음으로 인하여 입은 환경 등 생활이익의 침해를 이유로 일정 한도를 초과하는 소음이 유입되지 않도록 하라는 내용의 유지청구 소송에서 그 침해가 사회 통념상 일반적으로 수인할 정도를 넘어서는지의 여부는 피해의 성질 및 정도, 피해이익의 공공성, 가해행위의 태양, 가해행위의 공공성, 가해자의 방지 조치 또는 손해회피의 가능성, 인·허가 관계 등 공법상 기준에의 적합 여부, 지역성, 토지이용의 선후관계 등 모든 사정을 종합적으로 고려하여 판단하여야 한다.
[5] 민법 제758조에 정한 '공작물의 설치 또는 보존의 하자'라 함은 공작물이 그 용도에 따라 갖추어야 할 안전성을 갖추지 못한 상태에 있음을 말하고, 안전성을 갖추지 못한 상태, 즉 타인에게 위해를 끼칠 위험성이 있는 상태라 함은 당해 공작물을 구성하는 물적 시설 그 자체에 있는 물리적·외형적 흠결이나 불비로 인하여 그 이용자에게 위해를 끼칠 위험성이 있는 경우뿐만 아니라, 그 공작물이 이용됨에 있어 그 이용 상태 및 정도가 일정한 한도를 초과하여 제3자에게 사회 통념상 수인할 것이 기대되는 한도를 넘는 피해를 입히는 경우까지 포함된다고 보아야 하고, 이 경우 제3자의 수인한도의 기준을 결정함에 있어서는 일반적으로 침해되는 권리나 이익의 성질과 침해의 정도뿐만 아니라 침해행위가 갖는 공공성의 내용과 정도, 그 지역 환경의 특수성, 공법적인 규제에 의하여 확보하려는 환경기준, 침해를 방지 또는 경감시키거나 손해를 회피할 방안의 유무 및 그 난이 정도 등 여러 사정을 종합적으로 고려하여 구체적 사건에 따라 개별적으로 결정하여야 한다.
[6] 계약의 합의해제는 명시적으로 이루어진 경우뿐만 아니라 묵시적으로 이루어질 수도 있는 것으로, 계약의 성립 후에 당사자 쌍방의 계약 실현 의사의 결여 또는 포기로 인하여 쌍방 모두 이행의 제공이나 최고에 이름이 없이 장기간 이를 방치하였다면, 그 계약은 당사자 쌍방이 계약을 실현하지 아니

할 의사가 일치함으로써 묵시적으로 합의 해제되었다고 해석함이 상당하다.
[7] 가분채권의 묵시적인 일부청구라고 볼 수 없는 경우, 청구를 확장하기 위한 항소의 이익이 인정되지 않는다고 한 사례.

【참조 조문】

[1] 민사소송법 제248조[소의 제기], 민사집행법 제261조 제1항 [2] 민법 제205조, 제214조, 제217조 [3] 구 주택건설촉진법(1992. 12. 8. 법률 제4530호로 개정되기 전의 것) 제3조 제5호(현행 주택법 제2조 제5호 참조), 제6조 제1항(현행 주택법 제9조 제1항 참조), 제33조 제1항(현행 주택법 제16조 제1항 참조), 구 주택건설촉진법 시행령(1992. 12. 21. 대통령령 제13782호로 개정되기 전의 것) 제9조 제1항(현행 주택법 시행령 제10조 제1항 참조), 제32조 제1항(현행 주택법 시행령 제15조 제1항 참조), 구 주택건설기준 등에 관한 규정(1992. 12. 31. 대통령령 제13811호로 개정되기 전의 것) 제3조, 제9조 제1항 [4] 민법 제205조, 제214조, 제217조 [5] 민법 제758조 [6] 민법 제543조 [7] 민사소송법 제390조, 제422조

【참조판례】

[2] 대법원 1999. 7. 27. 선고 98다47528 판결(공1999하, 1755)
[4] 대법원 1997. 7. 22. 선고 96다56153 판결(공1997하, 2636)
대법원 2003. 11. 14. 선고 2003다27108 판결
[5] 대법원 2005. 1. 27. 선고 2003다49566 판결(공2005상, 301)
[6] 대법원 1994. 8. 26. 선고 93다28836 판결(공1994하, 2512)
대법원 2003. 1. 24. 선고 2000다5336, 5343 판결(공2003상, 677)
대법원 2007. 5. 11. 선고 2005후1202 판결(공2007상, 920)

【전 문】

【원고(반소피고), 상고인】 한국도로공사 (소송대리인 법무법인 정평 담당변호사 임재철외 3인)
【피고(반소원고), 피상고인】 피고(반소원고) 1외 87인
【피고, 피상고인】 부천시 (소송대리인 법무법인 한결 담당변호사 여영학 외 4인)
【원심판결】 서울고법 2004. 6. 15. 선고 2003나75888, 75895 판결

【주 문】
상고를 모두 기각한다. 상고비용은 원고(반소피고)가 부담한다.

【이 유】
상고이유(상고이유서 제출 기간 경과 후 제출된 상고이유 보충서의 기재는 그 보충의 범위 내에서)를 본다.

1. 피고(반소원고, 이하 '피고 주민들'이라 한다)에 대한 상고이유

가. 상고이유 제1점에 대하여
(1) 원고(반소피고, 이하 '원고'라 한다)가 관리하는 부평-신월간 경인고속도로(이하 '이 사건 고속도로'라 한다)로부터 발생하는 소음이 피고 주민들 주택을 기준으로 일정 한도를 초과하여 유입되지 않도록 하라는 취지의 유지청구는, 소음발생원을 특정하여 일정한 종류의 생활방해를 일정 한도 이상 미치게 하는 것을 금지하는 것으로 청구가 특정되지 않은 것이라고 할 수 없고, 이러한 내용의 판결이 확정될 경우 민사집행법 제261조 제1항에 따라

간접강제의 방법으로 집행을 할 수 있으므로, 이러한 청구가 내용이 특정되지 않거나 강제집행이 불가능하여 부적법하다고 볼 수는 없다.

원심이 같은 취지에서 피고 주민들의 반소 청구 중 유지청구 부분을 적법하다고 본 것은 정당하고, 거기에 상고이유로 주장하는 바와 같은 청구의 특정, 집행 방법과 관련한 청구의 적법성 판단에 관한 법리 오해의 위법은 없다.

(2) 건물의 소유자 또는 점유자가 인근의 소음으로 인하여 정온하고 쾌적한 일상생활을 영유할 수 있는 생활이익이 침해되고 그 침해가 사회 통념상 수인한도를 넘어서는 경우에 건물의 소유자 또는 점유자는 그 소유권 또는 점유권에 기하여 소음피해의 제거나 예방을 위한 유지청구를 할 수 있다(대법원 1999. 7. 27. 선고 98다47528 판결 참조).

원심이 같은 취지에서 이 사건 ○○빌라, △△빌라, □□빌라(이하 '이 사건 빌라'라 한다)의 소유자 또는 점유자인 피고 주민들이 소유권 또는 점유권에 기한 물권적 청구권의 행사로 원고를 상대로 이 사건 고속도로로부터 발생하는 소음이 일정 한도를 초과하여 유입되지 않도록 하라는 취지의 유지청구를 할 수 있다고 판단한 것은 적법하고, 거기에 상고이유로 주장하는 바와 같이 환경침해로 인한 유지청구의 청구권원과 관련한 법리 오해의 위법이 있다고 할 수 없다.

나. 상고이유 제2점에 대하여

구 주택건설기준 등에 관한 규정(1992. 12. 31. 대통령령 제13811호로 개정되기 전의 것, 이하 '주택건설기준'이라 한다) 제9조 제1항은 공동주택을 건설하는 지점의 소음도가 건설부장관이 환경처장관과 협의하여 고시하는 소음측정기준에 의하여 65㏈ 이상인 경우에는 공동주택을 철도 · 고속도로 등 소음 발생시설로부터 수평거리 50m 이상 떨어진 곳에 배치하거나 방음벽 · 수림대 등의 방음시설을 설치하여 당해 공동주택의 건설지점의 소음도가 65㏈ 미만이 되도록 하고 있고, 주택건설기준 제3조에 의하면 위 제9조는 구 주택건설촉진법(1992. 12. 8. 법률 제4530호로 개정되기 전의 것) 제3조 제5호에 의한 '사업 주체'가 같은 법 제33조 제1항에 의하여 주택건설사업계획의 승인을 얻어 건설하는 주택에 관하여 적용된다. 또한, 같은 법 제3조 제5호에 의하면 '사업 주체'라 함은 국가 · 지방자치단체 · 대한주택공사 · 한국토지개발공사 및 제6조에 의하여 등록한 주택건설사업자 또는 대지조성사업자 등 이 법에 의하여 주택건설사업 또는 대지조성 사업을 시행하는 자를 말하며, 같은 법 제6조 제1항은 연간 대통령령으로 정하는 호수 이상의 주택건설사업 또는 연간 대통령령으로 정하는 면적 이상의 대지조성 사업을 영위하고자 하는 자는 건설부에 등록하여야 한다고 규정하고, 같은 법 제33조 제1항은 대통령령으로 정하는 호수 이상의 주택을 건설하거나 대통령령으로 정하는 면적 이상의 대지를 조성하고자 하는 자는 사업계획을 작성하여 건설부장관의 승인을 얻어야 한다고 규정하고 있으며, 구 주택건설촉진법 시행령(1992. 12. 21. 대통령령 제13782호로 개정되기 전의 것) 제9조 제1항은 주택건설촉진법 제6조 제1항에 규정된 '대통령령으로 정하는 호수'는 공동주택의 경우에는 20세대라고 정하고 있으며, 같은 시행령 제32조 제1항은 주택건설촉진법 제33조 제1항에서 '대통령령으로 정하는 호수 이상의 주택'이라 함은 공동주택의 경우에는 20세대 이상의 주택을 말한다고 규정하고 있다.

이러한 관계 규정을 살펴보면, 주택건설기준 제9조 제1항에 따라 주택건설사업계획 승인을 얻어 공동주택을 건설하기 위하여, 방음벽 등의 방음시설을 설치하여 공동주택 건설지점의 소음도가 65㏈ 미만이 되도록 조치하여야 하는 공동주택은, 20세대 이상으로서 건설부장관의 사업계획승인을 얻어 건설한 공동주택을 의미한다고 할 것이다.

원심이 적법하게 인정한 사실 및 기록에 의하면, 이 사건 빌라는 각 동별로 건축주를 달리하여 건축허가를 받아 이루어진 다세대주택으로, 각 동별 대지의 지번을 달리하며 각 동은 별개의 건축물로 각 15세대로 이루어진 사실을 알 수 있는바, 위 인정 사실을 위 법리에 비추어 살펴보면, 이 사건 빌라의 전체 세대수가 20세대를 초과한다고 하더라도 각 동은 별개의 건축물이어서 이를 하나의 공동주택이라고 볼 수 없고, 또한 이 사건 빌라가 주택건설촉진법 제33조 제1항의 규정에 따라 사업계획승인을 받아 건축된 공동주택이라고 볼 만한 사정도 없으므로, 결국, 이 사건 빌라는 위 주택건설기준 제9조 제1항이 적용되는 공동주택이라고 할 수 없다.

따라서 원심이 이 사건 빌라는 주택건설기준 제9조 제1항이 적용되는 경우가 아니라고 판단한 것은 정당하고, 거기에 상고이유로 주장하는 바와 같은 주택건설기준 제9조 제1항의 적용 대상이 되는 공동주택의 해석에 관한 법리 오해의 위법이 있다고 할 수 없다.

다. 상고이유 제3점에 대하여

인근 고속도로에서 유입되는 소음으로 인하여 입은 환경 등 생활이익의 침해를 이유로 일정 한도를 초과하는 소음이 유입되지 않도록 하라는 내용의 유지청구 소송에서 그 침해가 사회 통념상 일반적으로 수인할 정도를 넘어서는지의 여부는 피해의 성질 및 정도, 피해이익의 공공성, 가해행위의 태양, 가해행위의 공공성, 가해자의 방지 조치 또는 손해회피의 가능성, 인·허가 관계 등 공법상 기준에의 적합 여부, 지역성, 토지이용의 선후관계 등 모든 사정을 종합적으로 고려하여 판단하여야 한다(대법원 1997. 7. 22. 선고 96다56153 판결, 2003. 11. 14. 선고 2003다27108 판결 등 참조).

또한, 민법 제758조 소정의 '공작물의 설치 또는 보존의 하자'라 함은 공작물이 그 용도에 따라 갖추어야 할 안전성을 갖추지 못한 상태에 있음을 말하고, 안전성을 갖추지 못한 상태, 즉 타인에게 위해를 끼칠 위험성이 있는 상태라 함은 당해 공작물을 구성하는 물적 시설 그 자체에 있는 물리적·외형적 흠결이나 불비로 인하여 그 이용자에게 위해를 끼칠 위험성이 있는 경우뿐만 아니라, 그 공작물이 이용됨에 있어 그 이용 상태 및 정도가 일정한 한도를 초과하여 제3자에게 사회 통념상 수인할 것이 기대되는 한도를 넘는 피해를 입히는 경우까지 포함된다고 보아야 하고, 이 경우 제3자의 수인한도의 기준을 결정함에 있어서는 일반적으로 침해되는 권리나 이익의 성질과 침해의 정도뿐만 아니라 침해행위가 갖는 공공성의 내용과 정도, 그 지역 환경의 특수성, 공법적인 규제에 의하여 확보하려는 환경기준, 침해를 방지 또는 경감시키거나 손해를 회피할 방안의 유무 및 그 난이 정도 등 여러 사정을 종합적으로 고려하여 구체적 사건에 따라 개별적으로 결정하여야 한다(대법원 2005. 1. 27. 선고 2003다49566 판결 참조).

원심이 적법하게 인정한 사실 및 기록에 의하면, 이 사건 고속도로의 8차선 확장공사는 1992. 7. 14.경 완료되고, 이 사건 빌라는 1992. 11. 말경 준공된 것이어서 피고 주민들이 입주하기 전에 고속도로의 확장공사가 완료된 것이기는 하나, 원고는 이 사건 고속도로의 8차선 확장 공사에 착공한 후 준공이 되기 1년 전 무렵 그 소유였던 이 사건 빌라 부지를 이 사건 빌라의 건축주에게 매도하여 그 지상에 이 사건 빌라가 신축되었고, 위 확장 공사의 준공 전에 이 사건 빌라의 건축공사가 시작되었으므로, 이 사건 부지의 매도인으로서 이 사건 빌라의 주민들에게 소음피해가 가지 않도록 이 사건 빌라의 높이 및 구조 등을 고려한 방음벽을 설치할 수 있었던 것으로 보이는 점, 피고 주민들의 거주지는 일반주거지역으로 환경정책기본법 제10조, 같은 법 시행령 제2조에 의하면, 도로변 지역에 있는 일반주거지역의 소음 환경기준은 낮에 65㏈, 밤에 55㏈을 초과하지 않도록 규정하고 있는 점, 이 사건 빌라 거주자들에 대한 이 사건 고속도로의 소음피해가 본격적으로 문제 된 것은

1997. 8.경부터인데, 원고는 이 사건 고속도로의 통행 차량으로 인한 소음 공해를 방지하기 위하여 확장공사 당시 높이 4.5m의 방음벽을 설치하고, 2001. 8. 5.경에는 통행 차량의 과속 방지를 위한 무인 속도측정기를 설치하고, 2001. 10.경에는 도로 평탄화를 위한 내 유동성 포장을 하였으나, 소음·진동 공정시험 방법(환경부고시 제2003-221호, 2003. 12. 31.) 제5장 제1절 1의 (3)항에서 규정하는 바와 같이 이 사건 빌라 각 세대의 외부 소음도를 측정한 결과, 피고 주민들 주거지의 1일 평균 소음도는 66㏈에서 78㏈까지 나타나고 있는 점, 피고 부천시는 이 사건 빌라 주민들의 민원에 따라 이 사건 지역을 소음·진동규제법 제28조 소정의 교통소음·진동 규제지역으로 지정하여 같은 법 제30조, 제31조에 따라 지방경찰청장에게 요청하여 통행 차량에 대한 속도 제한, 우회 등의 조치를 하거나, 방음시설에 관한 조치를 취하고자 하였으나, 원고가 차량 운행 등을 규제할 경우 교통 소통에 지장이 발생한다는 등의 이유로 이를 반대하여 교통소음·진동 규제지역으로 지정하지 못한 점, 원고는 기존 방음벽의 옹벽을 이용하여 보강할 수 있는 최대 높이인 7.5m 높이의 방음벽 설치를 주장하나, 이 사건 빌라의 최고층인 4층의 높이가 12m 정도 됨에 따라, 소음피해가 가장 심한 4층 주택의 소음도를 감소하기 위해서는 13m 높이로 방음벽을 보강할 것이 요청되고, 그 공사비용은 7.5m로 보강할 경우에는 5억 원 정도, 13m로 보강할 경우에는 12억 원 정도가 소요되는 점을 알 수 있다.

이러한 인정 사실을 위 법리에 비추어 살펴보면, 원고가 관리하는 이 사건 고속도로의 공공적 기능, 원고가 이 사건 고속도로를 설치, 관리함에 있어서 소음피해를 줄이기 위한 노력을 경주한 면이 있다고 하더라도, 원고가 이 사건 고속도로의 확장공사 착공 후 이 사건 빌라 부지를 매도하여 이 사건 빌라가 신축되었다는 사정을 고려한다면, 이 사건 빌라의 각 주택의 소음과 관련하여 환경정책기본법상 소음 환경기준인 65㏈ 이상의 소음이 발생하는 경우에는 사회생활상 통상의 수인한도를 넘는 것으로서 위법하다고 할 것이고, 이러한 사실관계하에서는 피고 주민들이 이 사건 고속도로의 확장공사 이후 입주하였다는 사정만으로 피고 주민들의 원고에 대한 유지청구가 신의칙에 반하여 허용될 수 없는 경우라고 볼 수도 없다.

따라서 원심이 1일 평균 소음이 65㏈ 이상인 주택에 거주하는 피고 주민들의 유지청구 및 손해배상청구에 대하여 이 사건 고속도로를 설치 · 관리하는 원고는 그 설치 · 관리상의 하자로 인한 손해배상 책임 및 이 사건 고속도로에서 유입되는 소음이 65㏈을 넘지 않도록 해야 할 책임이 있다고 판단한 것은 정당하고, 거기에 상고이유에서 주장하는 바와 같이 소음피해로 인한 수인한도에 관한 법리 오해 및 유지청구와 관련한 신의칙 위반 여부의 판단에 관한 법리 오해 등의 위법이 있다고 할 수 없다.

라. 상고이유 제4점에 대하여

계약의 합의해제는 명시적으로 이루어진 경우뿐만 아니라 묵시적으로 이루어질 수도 있는 것으로, 계약의 성립 후에 당사자 쌍방의 계약 실현 의사의 결여 또는 포기로 인하여 쌍방 모두 이행의 제공이나 최고에 이름이 없이 장기간 이를 방치하였다면, 그 계약은 당사자 쌍방이 계약을 실현하지 아니할 의사가 일치됨으로써 묵시적으로 합의 해제되었다고 해석함이 상당하다(대법원 1994. 8. 26. 선고 93다28836 판결 참조).

원심이 적법하게 인정한 사실 및 기록에 의하면, 원고, 이 사건 빌라 주민들의 대표, 피고 부천시가 참석한 2000. 2. 22. 및 같은 해 3.3.자 회의에서 이 사건 고속도로에서 발생하는 소음피해에 대한 대책으로 현재의 방음벽 옹벽을 이용하여 높일 수 있는 최대 높이인 7.5m 높이로 방음벽을 보강하기로 합의하였으나, 피고 주민들 등 이 사건 빌라 주민들이 주민 대표의 대표성을 부정하며 방음벽 높이 조정에 반대하였고, 이 사건 빌라의 4층 세대 높이가 지상 12m에 이르러 7.5m 높이의 방음벽으로는 전체 주민들에 대한 실효성 있는 소음방지 대책이 될 수 없는 상황에서 원고도 장기간 방음벽 보강 공사에 나아가지 않은 사실, 그 후 이 사건 빌라 주민들이 중앙환경분쟁조정위원회에 분쟁조정 신청을 하여 2002. 2. 14. 원고는 이 사건 고속도로에서 유입되는 소음을 방지하기 위하여 13m 높이의 방음벽으로 보강하라는 내용의 재정이 내려지자, 이를 다투기 위하여 원고가 제소함에 따라 이 사건 소송에 이르게 된 사실을 알 수 있다.

위 인정 사실을 위 법리에 비추어 살펴보면, 원고와 피고 주민들 사이의 2000. 2. 22. 및 같은 해 3. 3.자 회의 결과 성립된 합의는 원고와 피고 주민들의 계약 실현 의사의 결여 등으로 쌍방 모두 이행의 제공이나 최고에 이름이 없이 장기간 이를 방치하여 당사자들의 계약을 실현하지 아니할 의사가 일치됨으로써 묵시적으로 합의해제 되었다고 할 것이다.

따라서 원심의 설시는 다소 부적절하나, 원심이 2000. 2. 22. 및 같은 해 3. 3.자 회의 결과 성립된 합의는 원고와 피고 주민들 사이에서 묵시적으로 해제되었다는 취지로 판단한 것은 정당하고, 거기에 상고이유로 주장하는 바와 같은 계약의 묵시적 해제에 관한 법리 오해의 위법은 없다.

2. 피고 부천시에 대한 상고이유

상소는 자기에게 불이익한 재판에 대하여 유리하게 취소 변경을 구하는 것이므로 전부 승소한 판결에 대하여는 항소를 허용하지 아니하는 것이 원칙이다.

원심이 적법하게 인정한 사실 및 기록에 의하면, 원고의 피고 부천시에 대한 청구는, 원고, 피고 주민들, 피고 부천시가 2000. 2. 22. 및 같은 해 3. 3.자 회의 결과 원고가 이 사건 방음벽을 7.5m로 증축하고, 이에 따른 비용은 분담하기로 한 후, 2000. 7. 10. 원고와 피고 부천시가 방음벽을 7.5m로 증축할 경우 발생하는 비용 5억 원 중 피고 부천시가 공사비의 10%인 5,000만 원과 주민들 부담분 600만 원을 부담하기로 한 약정에 기한 청구임을 알 수 있으므로, 원고의 이 사건 청구가 가분채권의 묵시적인 일부청구라고는 볼 수 없다.

따라서 이러한 경우 청구를 확장하기 위한 항소의 이익은 인정되지 않는 것이므로, 원심이 같은 이유에서 원고의 피고 부천시에 대한 항소를 각하한 것은 정당하고, 거기에 상고이유로 주장하는 바와 같은 가분채권의 일부청구와 관련한 항소이익에 관한 법리 오해의 위법이 있다고 할 수 없다.

3. 결 론

그러므로 상고를 모두 기각하기로 하여 관여 대법관의 일치된 의견으로 주문과 같이 판결한다.

대법관 박일환(재판장) 김용담(주심) 박시환 김능환

사례 14 도로 소음 사건

대법원 2015. 10. 15. 선고 2013다89433,89440,89457 판결

【판시사항】

[1] 도로 소음에 따른 생활방해의 정도가 '참을 한도'를 넘는지 판단하는 기준과 고려할 사항 / 이미 운영 중인 또는 운영이 예정된 고속국도에 근접하여 주거를 시작한 경우, '참을 한도'를 넘는지는 보다 엄격히 판단하여야 하는지 여부(적극)

[2] 도로변 지역의 소음에 관한 환경정책기본법의 소음 환경기준을 초과하는 도로 소음이 있다고 하여 민사상 '참을 한도'를 넘는 위법한 침해행위가 있다고 단정할 수 있는지 여부(소극) / 도로 소음에 따른 생활방해를 원인으로 제기된 사건에서 공동주택에 거주하는 사람들이 '참을 한도'를 넘는 생활방해를 받고 있는지는 거실에서 소음원에 면한 방향의 모든 창호를 개방한 상태로 측정한 소음도가 환경정책기본법상 소음 환경기준 등을 초과하는지에 따라 판단하여야 하는지 여부(적극)

[3] 도로 소음에 따른 생활방해를 원인으로 소음의 예방 또는 배제를 구하는 방지 청구의 당부를 판단하는 경우, 방지 청구의 허용으로 방지 청구를 구하는 당사자가 받게 될 이익과 상대방 및 제3자가 받게 될 불이익 등을 비교·교량하여야 하는지 여부(적극)

【참조조문】

[1] 민법 제205조, 제206조, 제214조, 제217조 [2] 민법 제205조, 제206조, 제

214조, 제217조, 환경정책기본법 제12조 제1항, 제2항, 환경정책기본법 시행령 제2조 [별표] [3] 민법 제205조, 제206조, 제214조, 제217조

【참조판례】

[1][2][3] 대법원 2015. 9. 24. 선고 2011다91784 판결(공2015하, 1596)

[1] 대법원 1999. 7. 27. 선고 98다47528 판결(공1999하, 1755)

대법원 2007. 6. 15. 선고 2004다37904, 37911 판결(공2007하, 1062)

[2] 대법원 2010. 11. 25. 선고 2008다49868 판결

【전 문】

【원고(반소피고), 상고인】 한국도로공사 (소송대리인 법무법인(유한) 제이피 담당변호사 임재철 외 4인)

【피고(반소원고, 선정당사자), 피상고인】 피고(반소원고, 선정당사자) (소송대리인 변호사 이기석)

【원심판결】 광주고법 2013. 10. 16. 선고 2012나1381, 1398, 1404 판결

【주 문】

원심판결 중 본소 및 반소에 관한 원고(반소피고) 패소 부분을 파기하고, 이 부분 사건을 광주고등법원에 환송한다.

【이 유】

상고이유를 판단한다.

1. 가. 도로에서 발생하는 소음으로 말미암아 생활에 고통을 받는(이하 '생활방해'라 한다) 정도가 사회 통념상 일반적으로 참아내야 할 정도(이하 '참을 한도'라 한다)를 넘는지는 피해의 성질과 정도, 피해이익의 공공성, 가해

행위의 태양, 가해행위의 공공성, 가해자의 방지 조치 또는 손해회피의 가능성, 공법상 규제기준의 위반 여부, 지역성, 토지이용의 선후관계 등 모든 사정을 종합적으로 고려하여 판단하여야 한다(대법원 1999. 7. 27. 선고 98다47528 판결, 대법원 2007. 6. 15. 선고 2004다37904, 37911 판결 등 참조). 그리고 도로는 현대생활에서 필수 불가결한 시설로서 지역 간 교통과 균형개발 및 국가의 산업경제 활동에 큰 편익을 제공하고, 도시개발사업도 주변의 정비된 도로망 건설을 필수적인 요소로 하여 이루어지고 있는 점, 자동차 교통이 교통의 많은 부분을 차지하고 있고, 도시화 · 산업화에 따른 주거의 과밀화가 진행되고 있는 현실에서 일정한 정도의 도로 소음의 발생과 증가는 사회발전에 따른 필연적인 변화에 속하는 점, 국가를 대신하여 고속국도를 관리하는 주체는 동등한 피해 상황에 있는 국민 전체를 기준으로 도로 소음 방지 조치의 내용을 결정할 수밖에 없고, 따라서 그 방지 조치도 기술적 · 경제적으로 한계를 지닐 수밖에 없는 점 등도 충분히 고려하여야 한다. 특히 고속국도는 자동차 전용의 고속교통에 공용되는 도로로서 도로 소음의 정도가 일반 도로보다 높은 반면 자동차 교통망의 중요한 축을 이루고 있고, 당해 지역경제뿐 아니라 국민경제 전반의 기반을 공고히 하며 전체 국민 생활의 질을 향상시키는 데 중요한 역할을 담당하고 있으므로, 이미 운영 중이거나 운영이 예정된 고속국도에 근접하여 주거를 시작한 경우의 '참을 한도' 초과 여부는 보다 엄격히 판단하여야 할 것이다.

한편 공법상 기준으로서 환경정책기본법의 환경기준은 국민의 건강을 보호하고 쾌적한 환경을 조성하기 위하여 유지되는 것이 바람직한 기준 즉 환경행정에서 정책목표로 설정된 기준인 점(대법원 2010. 11. 25. 선고 2008다49868 판결 등 참조), 이러한 환경기준은 도로법이나 도로교통법에 규정된 도로의 종류와 등급, 차로의 수, 도로와 주거의 선후관계를 고려하지 아니한 채 오로지 적용 대상 지역에 따라 일정한 기준을 정하고 있을 뿐이어서 모든 상황의 도로에 구체적인 규제의 기준으로 적용될 수 있는 것으로 보기 어려운 점, 2층 이상의 건물에 미치는 도로교통소음이 환경정책기본법의 환경기준을 준수하였는지는 '소음 · 진동 환경오염공정시험기준'(환경부고시 제2008-22호)이나 '소음 · 진동 공정시험기준'(환경부고시 제2010-142호)에 규정된 측정 방법에 따라 소음피해지점에서 소음원 방향으로 창문 · 출입문 또는 건물 벽 밖의 0.5~1m 떨어진 지점에서 측정된 실외소음에 의하여 판정하도록 되어 있으나, 공동주택에 거주하는 사람들에 대하여는 일상생활이 실제 이루어지는 실내에서 측정된 소음도에 따라 '참을 한도' 초과 여부를 판단함이 타당한 점 등을 고려하면, 도로변 지역의 소음에 관한 환경정책기본법의 소음 환경기준을 위반하는 도로 소음이 있다고 하여 바로 민사상 '참을 한도'를 넘는 위법한 침해행위가 있다고 단정할 수 없다.

따라서 도로 소음으로 인한 생활방해를 원인으로 제기된 사건에서 공동주택에 거주하는 사람들이 생활방해를 받고 있는지는 일상생활이 실제 주로 이루어지는 장소인 거실에서 도로 등 해당 소음원에 면한 방향의 모든 창호를 개방한 상태로 측정한 소음도를 기준으로 환경정책기본법상 소음 환경기준 등을 초과하였는지에 따라 판단하는 것이 타당하다.

나. 나아가 도로 소음으로 인한 생활방해를 원인으로 소음의 예방 또는 배제를 구하는 방지 청구는 금전배상을 구하는 손해배상청구와는 내용과 요건을 서로 달리하는 것이어서 같은 사정이라도 청구의 내용에 따라 고려 요소의 중요도에 차이가 생길 수 있고, 방지 청구는 그것이 인용될 경우 소송당사자뿐 아니라 제3자의 이해관계에도 중대한 영향을 미칠 수 있으므로, 방지 청구의 당부를 판단하는 법원으로서는 해당 청구가 인용될 경우에 방지청구를 구하는 당사자가 받게 될 이익과 상대방 및 제3자가 받게 될 불이익 등을 비교 · 교량하여야 한다.

2. 원심은, ① 환경정책기본법 제12조 제2항, 같은 법 시행령 제2조가 정한 도로변 일반주거지역의 소음 환경기준은 주간(06:00~22:00) 65데시벨(dB), 야간(22:00~06:00) 55데시벨(dB)인 점, ② 광주시보건환경연구원이 '소음·진동 환경오염공정시험기준'에 따라 측정한 이 사건 아파트 101동의 7층 이상 거주 세대의 야간 실외소음도는 72데시벨(dB), 101동의 6층 이하 거주 세대의 야간 실외소음도는 68데시벨(dB), 102동의 17층 이상 거주 세대의 야간 실외소음도는 65데시벨(dB)로서, 피고(반소원고, 선정당사자. 이하 '피고'라 한다) 및 선정자들(이하 피고와 선정자들을 합하여 지칭할 때는 '피고 등'이라 한다)이 거주하는 세대의 야간 실외소음도가 도로변 일반주거지역의 야간 소음 환경기준을 훨씬 상회하고 있는 점, ③ 원고(반소피고. 이하 '원고'라 한다)는 이 사건 고속도로의 설치·관리자로서 이 사건 아파트 건설 사업계획 승인 당시 이 사건 고속도로의 교통량이 증가할 것을 예상하거나 예상할 수 있었음에도 현재까지 소음피해를 방지하기 위한 별다른 조치를 취하지 아니한 점 등을 들어, 이 사건 고속도로에서 발생한 소음이 피고 등의 참을 한도를 초과하였다고 판단하였다. 나아가 원심은 이를 전제로, 원고는 참을 한도를 초과하는 곳에 거주하는 피고 등에 대하여 이 사건 고속도로에서 발생한 소음으로 인하여 입은 손해를 배상할 의무가 있고, 이 사건 고속도로로부터 피고 등에게 도달되는 소음이 '참을 한도'의 기준인 65데시벨(dB) 이상 유입되지 아니하도록 할 의무가 있다고 판단하였다.

3. 그러나 원심의 판단은 다음과 같은 이유로 받아들이기 어렵다.

가. 원심판결 이유와 기록에 의하면, ① 이 사건 고속도로는 1973. 11.경 개통되었고, 1986. 9.경 논산부터 서광주 사이의 구간에서, 1989. 8.경 서광주부터 고서 사이의 구간에서 확장공사가 이루어졌는데, 약 13년이 경과한 2003. 4.경 이 사건 아파트에 관하여 사업계획이 승인되었고, 2005. 10.경

사용검사처분을 받아 그 무렵 피고 등이 이 사건 아파트에 입주하기 시작한 점, ② 도시화 · 산업화 및 이로 인한 주거의 과밀화로 인하여 도시에 거주하는 대부분 거주자는 어느 정도의 소음이 존재하는 상황에서 특정 장소에 거주를 시작하게 되고, 거주자가 고요하고 평온한 상태에서 쾌적한 일상생활을 누릴 수 있는 생활이익은 원칙적으로 그가 거주를 시작한 때 그 장소에서의 소음도를 기초로 형성되기 시작하는 것인데, 피고 등은 이 사건 아파트에 거주를 시작할 당시 이 사건 고속도로로 인한 일정 정도의 도로 소음의 발생과 증가를 알았거나 알 수 있었던 것으로 보이는 점, ③ 원심은 이 사건 아파트에 관하여 광주시보건환경연구원이 2009. 10. 8. '소음 · 진동 환경오염공정시험기준'에 따라 측정한 실외소음도를 그대로 받아들여 원고의 손해배상의무 및 방음 대책 이행 의무를 인정하였으나, 피고 등이 거주하는 이 사건 아파트 각 세대에서 그 실외소음도를 피고 등이 일상생활을 주로 하는 지점의 소음도로 보기는 어렵고, 피고 등의 일상생활이 실제 주로 이루어지는 장소인 거실에서 도로 등 소음원에 면한 방향의 모든 창호를 개방한 상태로 측정한 소음도를 기준으로 환경정책기본법상 소음 환경기준 등을 초과하는지를 판단하는 것이 타당한 점, ④ 공동주택에 거주하는 사람들의 생활이익이 중요함은 물론이지만, 자동차 교통망의 중요한 축을 이루고 있는 이 사건 고속도로는 지역경제 전반의 기반을 공고히 하고, 지역주민들 생활의 질을 향상시키는 등 그 공공성과 사회적 가치가 크다고 할 수 있는 점 등의 사정을 알 수 있다.

이와 같은 사정들을 앞에서 본 법리에 비추어 살펴보면, 이 사건에서 원심 판시와 같은 사정만으로 피고 등에게 바로 '참을 한도'를 넘는 생활방해가 인정된다고 단정하기 어렵다.

나. 한편 원심판결 이유와 기록에 의하면, 피고 등은 원고가 이 사건 고속도로의 설치 · 관리자로서 소음피해를 방지하기 위한 조치를 취할 의무가 있

음에도 이를 이행하지 아니하여 피고 등이 정신적 고통을 입고 있으므로 원고는 민법 제758조에 의하여 피고 등의 손해를 배상할 의무 및 방음 대책을 이행할 의무가 있다고 주장하였음을 알 수 있다.

그러나 공작물의 설치 · 보존상의 하자로 인하여 발생한 소음피해에 관하여 민법 제758조에 기하여서는 손해배상을 청구할 수 있을 뿐 침해행위의 배제를 구하는 방지 청구를 할 수는 없다. 침해행위의 배제를 구하려면 피고 등은 그 청구권원을 명확히 밝혀야 하고, 소유권이나 점유권에 기한 물권적 청구권의 행사로서 방지 청구를 하는 것이라면 법원의 방지 청구의 당부 판단 및 원고의 방어권 행사를 위하여 방음 대책 이행 의무의 구체적인 내용을 주장하였어야 한다. 방지 청구의 당부를 판단하는 원심으로서는 석명권을 행사하는 등의 방법으로 일정 정도 이상의 도로 소음이 유입되지 아니하도록 하기 위하여는 어떠한 조치나 공사가 필요한지를 구체적으로 주장하도록 한 다음, 이를 전제로 그러한 방음 대책 이행으로 인하여 피고 등이 받게 될 이익과 원고 및 이 사건 고속도로의 이용자들이 받게 될 불이익 등을 비교 · 교량하였어야 한다.

다. 원심으로서는 앞에서 본 여러 사정을 충분히 고려하여 원고가 피고 등에 대하여 손해배상 의무 및 방음 대책 이행 의무를 부담하는지를 판단하였어야 할 것임에도, 피고 등의 일상생활이 실제 주로 이루어지는 지점의 소음도를 측정하지 아니하였을 뿐만 아니라 이 사건 고속도로의 특성과 토지이용의 선후관계를 제대로 고려하지 아니하였고, 또 피고 등으로 하여금 원고가 부담하여야 할 방음 대책 이행 의무의 구체적인 내용을 주장하도록 하지 아니하였으며, 이 사건 방지 청구가 받아들여짐으로써 소송당사자들과 도로이용자들이 받게 될 이익 · 불이익을 비교 · 교량하지 아니한 채 원고의 손해배상 의무 및 방음 대책 이행 의무를 인정하였다. 이러한 원심의 판단에는 도로 소음으로 말미암은 생활방해에서 '참을 한도' 및 그 생활방해를 원인으로 하는 방지 청구권에 관한 법리를 오해하여 필요한 심리를 다하지 아니함으로써 판결 결과에 영향을 미친 위법이 있다. 이 점을 지적하는 취지의 상고이유 주장은 이유 있다.

4. 그러므로 원심판결 중 본소 및 반소에 관한 원고 패소 부분을 파기하고, 이 부분 사건을 다시 심리 · 판단하게 하기 위하여 원심법원에 환송하기로 하여 관여 대법관의 일치된 의견으로 주문과 같이 판결한다.

대법관 조희대(재판장) 이상훈(주심) 김창석 박상옥

사례 15 주거지 음악 소리와 경범죄 처벌법 위반 사건

대법원 2018. 12. 13. 선고 2016도19417 판결
[공2019상,338]

【판시사항】

[1] 경찰관 직무집행법 제6조에 따른 경찰관의 제지 조치가 적법한 직무집행으로 평가되기 위한 요건 및 경찰관의 제지 조치가 적법한지 판단하는 기준
[2] 주거지에서 음악 소리를 크게 내거나 큰 소리로 떠들어 이웃을 시끄럽게 하는 행위가 경범죄 처벌법상 경범죄에 해당하는지 여부(적극) / 경찰관이 경찰관 직무집행법에 따라 경범죄에 해당하는 행위를 예방・진압・수사하고, 필요한 경우 제지할 수 있는지 여부(적극)
[3] 피고인은 평소 집에서 심한 고성과 욕설, 시끄러운 음악 소리 등으로 이웃 주민들로부터 수회에 걸쳐 112신고가 있어 왔던 사람인데, 피고인의 집이 소란스럽다는 112 신고를 받고 출동한 경찰관 갑, 을이 인터폰으로 문을 열어달라고 하였으나 욕설을 하였고, 경찰관들이 피고인을 만나기 위해 전기차단기를 내리자 화가 나 식칼을 들고나와 욕설을 하면서 경찰관들을 향해 찌를 듯이 협박함으로써 갑, 을의 112 신고 업무 처리에 관한 직무집행을 방해하였다고 하여 특수공무집행방해로 기소된 사안에서, 공소사실을 무죄로 판단한 원심판결에 필요한 심리를 다하지 않은 채 논리와 경험의 법칙에 반하여 자유심증주의의 한계를 벗어나거나 경찰관 직무집행법의 해석과 적용, 공무집행의 적법성 등에 관한 법리를 오해한 잘못이 있다고 한 사례

【판결요지】

[1] 경찰관 직무집행법은 경찰관이 국민의 자유와 권리를 보호하고 사회공공

의 질서를 유지하기 위하여 직무 수행에 필요한 사항을 정하면서 경찰관의 직권은 직무 수행에 필요한 최소한도에서 행사되어야 한다고 정하고 있다(제1조). 경찰관 직무집행법 제2조는 경찰관 직무의 범위로 국민의 생명·신체·재산의 보호(제1호), 범죄의 예방·진압·수사(제2호), 범죄피해자 보호(제2호의2), 공공의 안녕과 질서 유지(제7호)를 포함하고 있다.

경찰관 직무집행법 제6조는 "경찰관은 범죄행위가 목전에 행하여지려고 하고 있다고 인정될 때는 이를 예방하기 위하여 관계인에게 필요한 경고를 하고, 그 행위로 인하여 사람의 생명·신체에 위해를 끼치거나 재산에 중대한 손해를 끼칠 우려가 있어 긴급한 경우에는 그 행위를 제지할 수 있다."라고 정하고 있다. 위 조항 중 경찰관의 제지에 관한 부분은 범죄 예방을 위한 경찰 행정상 즉시강제, 즉 눈앞의 급박한 경찰상 장해를 제거할 필요가 있고 의무를 명할 시간적 여유가 없거나 의무를 명하는 방법으로는 그 목적을 달성하기 어려운 상황에서 의무 불이행을 전제로 하지 않고 경찰이 직접 실력을 행사하여 경찰상 필요한 상태를 실현하는 권력적 사실행위에 관한 근거 조항이다. 경찰관 직무집행법 제6조에 따른 경찰관의 제지 조치가 적법한 직무집행으로 평가되기 위해서는, 형사처벌의 대상이 되는 행위가 눈앞에서 막 이루어지려고 하는 것이 객관적으로 인정될 수 있는 상황이고, 그 행위를 당장 제지하지 않으면 곧 인명·신체에 위해를 미치거나 재산에 중대한 손해를 끼칠 우려가 있는 상황이어서, 직접 제지하는 방법 외에는 위와 같은 결과를 막을 수 없는 절박한 사태이어야 한다. 다만 경찰관의 제지 조치가 적법한지는 제지 조치 당시의 구체적 상황을 기초로 판단하여야 하고 사후적으로 순수한 객관적 기준에서 판단할 것은 아니다.

[2] 주거지에서 음악 소리를 크게 내거나 큰 소리로 떠들어 이웃을 시끄럽게 하는 행위는 경범죄 처벌법 제3조 제1항 제21호에서 경범죄로 정한 '인근 소란 등'에 해당한다. 경찰관은 경찰관 직무집행법에 따라 경범죄에 해당하는

행위를 예방 · 진압 · 수사하고, 필요한 경우 제지할 수 있다.

[3] 피고인은 평소 집에서 심한 고성과 욕설, 시끄러운 음악 소리 등으로 이웃 주민들로부터 수회에 걸쳐 112 신고가 있어 왔던 사람인데, 피고인의 집이 소란스럽다는 112 신고를 받고 출동한 경찰관 갑, 을이 인터폰으로 문을 열어달라고 하였으나 욕설을 하였고, 경찰관들이 피고인을 만나기 위해 전기차단기를 내리자 화가 나 식칼(전체 길이 약 37cm, 칼날 길이 약 24cm)을 들고나와 욕설을 하면서 경찰관들을 향해 찌를 듯이 협박함으로써 갑, 을의 112신고 업무 처리에 관한 직무집행을 방해하였다고 하여 특수공무집행방해로 기소된 사안에서, 피고인이 자정에 가까운 한밤중에 음악을 크게 켜놓거나 소리를 지른 것은 경범죄 처벌법 제3조 제1항 제21호에서 금지하는 인근 소란행위에 해당하고, 그로 인하여 인근 주민들이 잠을 이루지 못하게 될 수 있으며, 갑과 을이 112신고를 받고 출동하여 눈앞에서 벌어지고 있는 범죄행위를 막고 주민들의 피해를 예방하기 위해 피고인을 만나려 하였으나 피고인은 문조차 열어주지 않고 소란행위를 멈추지 않았던 상황이라면 피고인의 행위를 제지하고 수사하는 것은 경찰관의 직무상 권한이자 의무라고 볼 수 있으므로, 위와 같은 상황에서 갑과 을이 피고인의 집으로 통하는 전기를 일시적으로 차단한 것은 피고인을 집 밖으로 나오도록 유도한 것으로서, 피고인의 범죄행위를 진압 · 예방하고 수사하기 위해 필요하고도 적절한 조치로 보이고, 경찰관 직무집행법 제1조의 목적에 맞게 제2조의 직무 범위 내에서 제6조에서 정한 즉시강제의 요건을 충족한 적법한 직무집행으로 볼 여지가 있다는 이유로, 이와 달리 보아 공소사실을 무죄로 판단한 원심판결에 필요한 심리를 다하지 않은 채 논리와 경험의 법칙에 반하여 자유심증주의의 한계를 벗어나거나 경찰관 직무집행법의 해석과 적용, 공무집행의 적법성 등에 관한 법리를 오해한 잘못이 있다고 한 사례.

【참조조문】

[1] 경찰관 직무집행법 제1조, 제2조 제1호, 제2호, 제2호의2, 제7호, 제6조 [2] 경범죄 처벌법 제3조 제21호 [3] 형법 제136조 제1항, 제144조 제1항, 경범죄 처벌법 제3조 제1항 제21호, 경찰관 직무집행법 제1조, 제2조 제1호, 제2호, 제2호의2, 제7호, 제6조, 형사소송법 제308조

【참조판례】

[1] 대법원 2013. 6. 13. 선고 2012도9937 판결(공2013하, 1272)

【전 문】

【피 고 인】 피고인

【상 고 인】 검사

【원심판결】 부산지법 2016. 11. 11. 선고 2016노3442 판결

【주 문】

원심판결을 파기하고, 사건을 부산지방법원에 환송한다.

【이 유】

상고이유를 판단한다.

1. 공소사실 요지

피고인은 평소 집에서 심한 고성과 욕설, 시끄러운 음악 소리 등으로 이웃 주민들로부터 수회에 걸쳐 112신고가 있어 왔던 사람이다.

피고인은 2016. 6. 8. 23:40경 부산 부산진구 (주소 생략), ○○○○○빌라 △△△호에서 이웃 주민으로부터 '△△△호에서 난리가 났다.'는 112신고를

받고 출동한 부산진경찰서 ㅁㅁ지구대 소속 경위 공소외 1과 순경 공소외 2가 인터폰으로 소란스럽다는 신고를 받고 왔으니 문을 열어달라고 하였으나, "야, 씨발놈아, 개새끼야, 꺼져라."라고 욕설을 하고 경찰관들이 피고인을 만나기 위해 전기차단기를 내리자 화가 나 위험한 물건인 식칼(전체 길이 약 37cm, 칼날 길이 약 24cm)을 들고나와 경찰관들에게 "야이, 씨발새끼야, 빨리 불 안키나, 이 씹새끼들이 죽어 볼래? 불 안키면 다 죽여버린다."라고 하면서 식칼로 경찰관들을 향해 찌를 듯이 협박하였다.

이로써 피고인은 경찰관인 공소외 1과 공소외 2의 112신고 업무 처리에 관한 정당한 직무집행을 방해하였다.

2. 원심 판단

원심은, 다음과 같은 이유로 이 사건 공소사실이 합리적 의심의 여지 없이 증명되었다고 보기 어렵다면서 제1심판결을 파기하고 피고인에게 무죄를 선고하였다.

공소사실과 달리 경찰관들은 피고인의 집에 가기 전에 사전 고지 없이 전기를 차단한 것으로 보인다. 검사는 경찰관들의 직무집행에 관한 근거 법령으로 경찰관 직무집행법 제4조 제1항, 제6조 등을 들고 있으나, 피고인은 법 제4조 제1항에서 정한 구호대상자가 아니고, 피고인의 행위는 소음을 발생시킨 것에 불과한 점 등에 비추어 당시 상황이 경찰관 직무집행법 제6조에서 정한 '사람의 생명 또는 신체에 위해를 끼칠 우려가 있는 긴급한 경우'에 해당한다고 보이지 않는다. 경찰관들의 단전 조치는 범죄행위의 예방을 위한 경고라고 볼 수도 없고, 구체적 직무집행에 관한 법률상 요건과 방식을 갖추지 못한 것으로서 적법한 직무집행으로 볼 수 없다.

피고인이 식칼을 들고 출입문 밖으로 나오게 된 것은 경찰관들의 단전 조치에 항의하러 나오면서 우연히 들고 있었던 것으로 보이고, 공소외 1의 진술만으로 피고인이 경찰관들을 협박하기 위해 식칼을 휘둘렀다고 단정하기 어렵다.

3. 대법원 판단

가. 경찰관 직무집행법은 경찰관이 국민의 자유와 권리를 보호하고 사회 공공의 질서를 유지하기 위하여 직무 수행에 필요한 사항을 정하면서 경찰관의 직권은 직무 수행에 필요한 최소한도에서 행사되어야 한다고 정하고 있다(제1조). 경찰관 직무집행법 제2조는 경찰관 직무의 범위로 국민의 생명·신체·재산의 보호(제1호), 범죄의 예방·진압·수사(제2호), 범죄피해자 보호(제2호의2), 공공의 안녕과 질서 유지(제7호)를 포함하고 있다.

경찰관 직무집행법 제6조는 "경찰관은 범죄행위가 목전에 행하여지려고 하고 있다고 인정될 때는 이를 예방하기 위하여 관계인에게 필요한 경고를 하고, 그 행위로 인하여 사람의 생명·신체에 위해를 끼치거나 재산에 중대한 손해를 끼칠 우려가 있어 긴급한 경우에는 그 행위를 제지할 수 있다."라고 정하고 있다. 위 조항 중 경찰관의 제지에 관한 부분은 범죄 예방을 위한 경찰 행정상 즉시강제, 즉 눈앞의 급박한 경찰상 장해를 제거할 필요가 있고 의무를 명할 시간적 여유가 없거나 의무를 명하는 방법으로는 그 목적을 달성하기 어려운 상황에서 의무 불이행을 전제로 하지 않고 경찰이 직접 실력을 행사하여 경찰상 필요한 상태를 실현하는 권력적 사실행위에 관한 근거 조항이다. 경찰관 직무집행법 제6조에 따른 경찰관의 제지 조치가 적법한 직무집행으로 평가되기 위해서는, 형사처벌의 대상이 되는 행위가 눈앞에서 막 이루어지려고 하는 것이 객관적으로 인정될 수 있는 상황이고, 그 행위를 당장 제지하지 않으면 곧 인명·신체에 위해를 미치거나 재산에 중대한 손해를 끼칠 우려가 있는 상황이어서, 직접 제지하는 방법 외에는 위와 같은 결과를 막을 수 없는 절박한 사태이어야 한다. 다만 경찰관의 제지 조치가 적법한지는 제지 조치 당시의 구체적 상황을 기초로 판단하여야 하고 사후적으로 순수한 객관적 기준에서 판단할 것은 아니다(대법원 2013. 6. 13. 선고 2012도9937 판결 등 참조).

주거지에서 음악 소리를 크게 내거나 큰 소리로 떠들어 이웃을 시끄럽게 하는 행위는 경범죄 처벌법 제3조 제1항 제21호에서 경범죄로 정한 '인근 소란 등'에 해당한다. 경찰관은 경찰관 직무집행법에 따라 경범죄에 해당하는 행위를 예방 · 진압 · 수사하고, 필요한 경우 제지할 수 있다.

나. 원심판결 이유와 기록에 따르면 다음의 사실을 알 수 있다.

(1) 피고인은 2015. 12. 17. 이후 이 사건 공소사실 일시인 2016. 6. 8.까지 소음 등의 사유로 총 24회 112신고가 되었는데, 대부분 신고 시각은 밤이나 새벽 시간이었고 그중에는 '옆집 음악 소리 때문에 매일 고통스럽다. 새벽 5시인데도 음악을 미친 듯이 틀어놓고 있다. 제발 도와 달라.'거나 마약을 복용했는지 확인해보라는 내용도 있다.

(2) 공소외 1과 공소외 2는 2016. 6. 8. 23:40경 112신고를 받고 피고인의 집으로 출동하여 피고인과 대치하다가 다른 순찰 근무자에게 지원을 요청하였고, 추가로 현장에 출동한 순경 공소외 3, 공소외 4와 함께 피고인을 제압하고 피고인을 현행범인으로 체포하면서 식칼을 압수하였다. 이때 공소외 1과 공소외 2 등이 작성한 현행범인체포서의 체포 사유와 압수 조서의 압수 경위로 다음과 같은 내용이 기재되어 있다.

현장에 출동하니 시끄러운 음악 소리와 함께 알 수 없는 고함소리가 나서 진위를 파악하기 위해 출입문을 열어달라고 하자 욕설을 하며 문을 열어주지 않아 1층에 있는 차단기를 내려 전기를 차단하였다. 이때 피고인이 갑자기 문을 열고 나와 식칼을 들고 찌를 듯이 휘두르며 욕설을 하였다. 공소외 2가 피고인에게 "진정하세요. 칼 내려놓으시면 차단기 올려 드리겠습니다.

칼 내려놓으세요."라고 해도 계속해서 "씨발새끼들 빨리 불켜라, 불 안키면 다 죽여버린다."라고 하면서 칼을 휘두르며 10분간 대치하다 집에 들어갔다. 10분쯤 뒤에 피고인이 다시 칼을 들고나와 욕설을 하자 순경 공소외 3이 "칼 내려놓으세요. 내려놓지 않으면 쏩니다."라고 경고하였다. 그 순간 피고인이 칼을 들고 달려들었고, 경찰관이 테이저건을 쏘아 칼을 바닥에 떨어뜨리고 쓰러뜨린 다음 피고인을 현행범인으로 체포하고 칼을 압수한 것이다.

(3) 피고인에 대한 검찰 피의자신문조서에는 다음과 같이 기재되어 있다.

'전원을 차단하기 전에 경찰이 문을 열어달라고 하던가요.'라는 검사의 질문에 '네, 문 두드리고 인터폰하고 그랬습니다. 초인종을 누르고 얼굴도 안 비춰서 당신 누구냐고 얼굴 좀 확인하자고 성질을 냈습니다. 사람이 요리하고 있는데 밤 12시 넘어서 화가 났습니다. 인터폰을 누를 때는 시끄럽게 만들지 말고 그냥 가라고 말했습니다. 그리고 경찰이 불을 꺼서 문을 열었습니다.'라고 답하였다. '그 이후에는 어떻게 하였는가요.'라는 검사의 질문에는 '당신들 죽여버리겠다고 화를 굉장히 많이 냈고 고함을 질렀습니다. 죽여버리겠다, 죽고 싶냐, 꺼지라고 막말을 좀 했고 문을 닫았습니다. 집에 들어와서 불이 꺼진 집 침대에 혼자 앉아 있었는데 문을 계속 두드렸습니다. 불을 켜고 가라고 했는데 불을 안 켜서 제가 전원을 켜기 위해 나갔습니다. 제가 칼을 들고 나갔습니다. 그것은 저의 방어를 위한 것이었습니다. 제가 불을 켜기 위해 갈 때 그 사람들이 덤빌 수 있기 때문에 칼을 들고 나갔습니다. 그런데 그때 경찰이 전자총으로 저를 쐈습니다.'라고 답하였다. 또 '아무리 전원을 껐다고 해도 칼을 들고 위협하는 것은 심하다고 생각하지 않나요.'라는 검사의 질문에는 '그 부분은 제가 변호인과 상의해서 왜 제가 그렇게까지 극도로 화가 났는지 자료를 준비해서 따로 제출하도록 하겠습니다.'라고 답하였다.

(4) 제1심에서 피고인의 변호인은 의견서에서 사건의 경과에 관하여 다음과 같이 주장하였고, 검사가 제출한 증거에 모두 동의하였다. 원심에서 피고인의 변호인이 제출한 항소이유서 내용도 동일하다.

경찰관들은 초인종을 수차례 누르고 현관문을 두드리며 나오라고 끈질기게 요구하였고 피고인이 나가지 않자 급기야 전기를 차단하였다. 피고인은 수 개월간 경찰관들이 자신을 괴롭혀 극심한 스트레스를 받아오던 중 또 단전이 되자 요리하면서 들고 있던 칼을 그대로 든 채 집 밖으로 나가 경찰관들에게 항의한 것이다.

다. 위에서 본 사실관계와 법리에 비추어 보면 다음과 같이 판단할 수 있다.

(1) 공소외 1에 대한 경찰 진술조서에 공소외 1과 공소외 2가 피고인의 집에 가기 전에 전기를 차단하였다는 내용이 기재되어 있다. 그러나 위와 같은 기재가 객관적 사실에 부합한다면 공소외 1과 공소외 2가 도착하기 전에 이미 밖에서 크게 들릴 정도의 음악 소리가 그치고 피고인이 전기차단기를 올리기 위해 집 밖으로 나왔을 것으로 보이고, 공소외 1과 공소외 2가 피고인 집에 도착했을 때 음악 소리가 크게 들렸고 초인종을 눌러도 문을 열어주지 않았다는 진술 내용과는 모순된다.

피고인에 대한 현행범인체포서, 압수 조서 등을 비롯하여 피고인의 검찰 진술과 변호인의 의견서 등에서 모두 일치하여 공소외 1과 공소외 2가 피고인에게 문을 열라고 하였으나 거부하자 전기를 차단하였다는 것이고, 이에 대해 피고인이 화가 나 밖으로 나왔다는 것인데, 이것이 자연스러운 사건의 경과라고 할 수 있다.

따라서 공소사실과 달리 공소외 1과 공소외 2가 피고인의 집에 도착하기 전에 이미 전기를 차단하였다고 본 원심 판단은 논리와 경험의 법칙에 반하여 자유심증주의의 한계를 벗어났다고 볼 여지가 있다.

(2) 피고인은 공소외 1과 공소외 2가 전기를 차단하자 화가 나서 집 밖으로 나와 공소외 1, 공소외 2와 약 10분간 대치하였다. 당시 공소외 2가 순찰 중인 경찰관에게 지원을 요청하여 2명의 경찰관이 추가로 현장에 출동하였는데, 피고인이 식칼을 들고 공소외 1과 공소외 2를 위협하였기 때문에 지원을 요청한 것으로 보는 것이 자연스럽다. 이때 피고인이 식칼을 가지고 있지 않았거나 경찰관들의 제지에 따랐는데도 지원을 요청한 것이라면, 2명의 경찰관이 단순히 소란스러운 여성 1명을 제압하기 위하여 추가 지원을 요청하였다는 것이 되어 매우 이례적이고 납득하기 어렵다. 피고인이 처음 집 밖으로 나올 때 식칼을 들고나와 공소외 1, 공소외 2에게 욕설과 위협을 하면서 대치한 뒤 집에 들어갔다가 다시 나오면서도 식칼을 들고나온 것은 원래 식칼을 의식적으로 가지고 나온 것임을 뒷받침하는 사정이다. 더욱이 피고인은 검찰에서 방어를 위해 식칼을 들고 나간 것이고 너무 화가 났기 때문이라고 진술하였는데, 이는 경찰관들과의 대치 상황을 염두에 두고 유형력 행사에 식칼을 이용하기 위해 가지고 나온 것이라는 취지라고 볼 수 있다.

따라서 공소사실과 달리 피고인이 경찰관들의 단전 조치에 항의하러 나오면서 우연히 식칼을 들고 있었던 것으로 보인다는 원심의 판단 역시 논리와 경험의 법칙에 반하여 자유심증주의의 한계를 벗어났다고 볼 여지가 있다.

(3) 피고인이 자정에 가까운 한밤중에 음악을 크게 켜놓거나 소리를 지른 것은 경범죄 처벌법 제3조 제1항 제21호에서 금지하는 인근 소란행위에 해당하고, 그로 인하여 인근 주민들이 잠을 이루지 못하게 될 수 있다. 공소외 1과 공소외 2는 112신고를 받고 출동하여 눈앞에서 벌어지고 있는 범죄행위를 막고 주민들의 피해를 예방하기 위해 피고인을 만나려 하였으나 피고인은 문조차 열어주지 않고 소란행위를 멈추지 않았다. 이러한 상황이라면 피고인의 행위를 제지하고 수사하는 것은 경찰관의 직무상 권한이자 의무라고

볼 수 있다.

위와 같은 상황에서 공소외 1과 공소외 2가 피고인의 집으로 통하는 전기를 일시적으로 차단한 것은 피고인을 집 밖으로 나오도록 유도한 것으로서, 피고인의 범죄행위를 진압·예방하고 수사하기 위해 필요하고도 적절한 조치로 보이고, 경찰관 직무집행법 제1조의 목적에 맞게 제2조의 직무 범위 내에서 제6조에서 정한 즉시강제의 요건을 충족한 적법한 직무집행으로 볼 여지가 있다.

라. 그런데도 원심이 공소외 1과 공소외 2의 직무집행이 위법하고 피고인이 위험한 물건을 휴대한 경우로 볼 수 없다면서 공소사실을 무죄로 판단한 것은 필요한 심리를 다하지 않은 채 논리와 경험의 법칙에 반하여 자유심증주의의 한계를 벗어나거나 경찰관 직무집행법의 해석과 적용, 공무집행의 적법성 등에 관한 법리를 오해하여 판결에 영향을 미친 잘못이 있다. 이를 지적하는 검사의 상고이유 주장은 정당하다.

4. 결론

검사의 상고는 이유 있어 원심판결을 파기하고 사건을 다시 심리·판단하도록 원심법원에 환송하기로 하여, 대법관의 일치된 의견으로 주문과 같이 판결한다.

대법관 이동원(재판장) 조희대 김재형(주심) 민유숙

사례 16 공동주택 층간소음 사건

대법원 2021. 9. 30.자 2020마7677 결정

【판시사항】

[1] 공동주택의 아래층 거주자가 위층 거주자에게 층간소음에 항의하는 행위가 정당한 권리행사로서의 범위를 벗어나 사법상 위법한 가해행위로 평가되기 위한 요건으로 이익침해의 정도가 사회 통념상 수인한도를 넘었는지 판단하는 기준

[2] 인격권 침해에 대하여 사전(예방적) 구제 수단으로 침해행위 정지·방지 등의 금지 청구권이 인정되기 위한 요건

[3] 판결절차에서 부작위채무의 이행을 명하면서 간접강제를 명할 수 있는지 여부(적극) 및 그 요건 / 이러한 법리는 가처분결정에서도 마찬가지인지 여부(적극)

[4] 공동주택 아래층에 사는 갑이 층간소음을 낸다는 불만으로 위층에 사는 을에게 약 1~2분 간격으로 수십 차례 전화를 걸고, 비방하거나 조롱하는 내용이 담긴 수십 통의 문자메시지를 보내는 등의 행동을 하자 을이 갑을 상대로 접근금지 등을 구하는 가처분 신청을 한 사안에서, 이러한 항의 표시는 층간소음에 대한 정당한 권리행사를 넘어 을의 인격권 및 평온한 사생활을 추구할 권리를 침해하는 것이라고 보아 침해행위 정지·방지 등의 금지 청구권이 피보전권리가 됨을 전제로 접근금지 가처분 신청을 인용하면서, 제1심 가처분결정 후에도 갑이 같은 행위를 반복하고 있다는 이유로 간접강제를 명한 원심결정을 수긍한 사례

【참조조문】

[1] 민법 제2조, 제750조 [2] 민법 제751조, 제764조, 민사집행법 제300조 제2항 [3] 민사집행법 제261조, 제300조 [4] 민법 제2조, 제750조, 제751조, 민사집행법 제261조, 제300조 제2항

【참조판례】

[1] 대법원 2003. 11. 14. 선고 2003다28989 판결

[2][3] 대법원 1996. 4. 12. 선고 93다40614, 40621 판결(공1996상, 1486)

대법원 2014. 5. 29. 선고 2011다31225 판결(공2014하, 1285)

[3] 대법원 2008. 12. 24. 자 2008마1608 결정(공2009상, 105)

대법원 2013. 2. 14. 선고 2012다26398 판결(공2013상, 464)

대법원 2021. 7. 22. 선고 2020다248124 전원합의체 판결(공2021하, 1529)

【전 문】

【채권자, 상대방】 채권자 (소송대리인 법무법인 유안 담당변호사 이태환)

【채무자, 재항고인】 채무자

【원심결정】 부산고법 2020. 10. 23. 자 (창원)2020라10061 결정

【주 문】

재항고를 기각한다. 재항고 비용은 채무자가 부담한다.

【이 유】

재항고 이유를 판단한다.

1. 사건의 경위

원심결정 이유와 기록에 의하면 다음과 같은 사실을 알 수 있다.

가. 공동주택 위층에 사는 채권자는 아래층에 사는 채무자를 상대로, 자신의 주거지에 대한 접근 및 전화를 걸거나 문자메시지 등을 보내는 행위 등을 금지하는 내용의 접근금지 가처분 신청을 하면서 만약 이를 위반할 경우 위반행위당 100만 원씩의 지급을 명하는 간접강제를 함께 신청하였다.

나. 제1심은, 공동주택 아래층에 사는 채무자가 층간소음을 낸다는 불만으로 2020. 5. 초순경 위층에 사는 채권자에게 약 1~2분 간격으로 수십 차례 전화를 걸고, 비방하거나 조롱하는 내용이 담긴 수십 통의 문자메시지를 보낸 사실, 채무자가 자신의 집 천장을 두드릴 뿐만 아니라 채권자의 집 현관문 앞에 자주 나타나 서성거리거나 라면을 끓여 먹는 등의 행동을 한 사실 등이 소명되고, 이러한 항의 표시는 층간소음에 대한 정당한 권리행사를 넘어 채권자의 인격권 및 평온한 사생활을 추구할 권리를 침해하는 것이라고 판단하여 침해행위 정지·방지 등의 금지 청구권이 피보전권리가 됨을 전제로 접근금지 가처분 신청을 인용하였다.

다. 원심은 채무자가 제1심 가처분결정을 받고도 여전히 채권자의 집을 찾아가거나 문자메시지를 보내는 등 같은 행위를 반복하고 있는 사정 등에 비추어, 이후에도 가처분에서 명한 금지사항을 반복할 개연성이 있다고 판단하여, 위반행위 1회당 30만 원씩의 지급을 명하는 간접강제 결정을 하였다.

2. 판단

가. 관련 법리

1) 공동주택의 아래층 거주자가 위층 거주자에게 층간소음에 항의하는 행위가 정당한 권리행사로서의 범위를 벗어나 사법상 위법한 가해행위로 평가되기 위해서는 그 이익침해의 정도가 사회 통념상 일반적으로 인용하는 수

인한도를 넘어야 한다 할 것이고, 사회 통념상 수인한도를 넘었는지 여부는 피해의 정도, 피해이익의 성질 및 그에 대한 사회적 평가, 건물의 구조 및 용도, 지역성, 건물 이용의 선후관계, 가해 방지 및 피해회피의 가능성, 공법적 규제의 위반 여부, 교섭 경과 등 모든 사정을 종합적으로 고려하여 판단하여야 한다(대법원 2003. 11. 14. 선고 2003다28989 판결 등 참조).

2) 인격권은 그 성질상 일단 침해된 후의 구제 수단(금전배상이나 명예 회복 처분 등)만으로는 그 피해의 완전한 회복이 어렵고 손해전보의 실효성을 기대하기 어려우므로, 인격권 침해에 대하여는 사전(예방적) 구제 수단으로 침해행위 정지 · 방지 등의 금지 청구권도 인정된다(대법원 1996. 4. 12. 선고 93다40614, 40621 판결 등 참조). 그리고 그러한 금지 청구권이 인정되기 위해서는 민법상 불법행위로 인정되는 인격권 침해행위가 계속되어 금전배상을 명하는 것만으로는 피해자 구제의 실효성을 기대하기 어렵고 침해행위의 금지로 인하여 보호되는 피해자의 이익과 그로 인한 가해자의 불이익을 비교 · 교량할 때 피해자의 이익이 더 큰 경우여야 한다(대법원 2014. 5. 29. 선고 2011다31225 판결 등 참조).

3) 부작위채무에 관하여 판결절차의 변론 종결 당시에 보아 부작위채무를 명하는 집행권원이 성립하더라도 채무자가 이를 단기간 내에 위반할 개연성이 있고, 또한 판결절차에서 민사집행법 제261조에 의하여 명할 적정한 배상액을 산정할 수 있는 경우에는 판결절차에서도 채무불이행에 대한 간접강제를 할 수 있다(대법원 2021. 7. 22. 선고 2020다248124 전원합의체 판결 등 참조). 이러한 법리는 가처분결정에서도 마찬가지이다(대법원 2008. 12. 24. 자 2008마1608 결정, 대법원 2013. 2. 14. 선고 2012다26398 판결 등 참조).

나. 위와 같은 법리에 비추어 살펴보면, 원심의 판단에 재항고 이유 주장과 같은 간접강제의 요건 등에 관한 법령위반의 잘못이 없다.

3. 결론

그러므로 재항고를 기각하고 재항고 비용은 패소자가 부담하도록 하여, 관여 대법관의 일치된 의견으로 주문과 같이 결정한다.

대법관 천대엽(재판장) 조재연 민유숙(주심) 이동원

사례 17 집회 · 시위 과정에서 음향 발생과 공무집행방해죄 사건

대법원 2009. 10. 29. 선고 2007도3584 판결
[공2009하,2046]

【판시사항】

공무원의 직무 수행에 대한 비판이나 시정 등을 요구하는 집회 · 시위 과정에서 음향을 발생시킨 행위가 공무집행방해죄에서의 폭행에 해당하는지 여부(한정 적극) 및 그 판단 기준

【판결요지】

민주사회에서 공무원의 직무 수행에 대한 시민들의 건전한 비판과 감시는 가능한 한 널리 허용되어야 한다는 점에서 볼 때, 공무원의 직무 수행에 대한 비판이나 시정 등을 요구하는 집회 · 시위 과정에서 일시적으로 상당한 소음이 발생하였다는 사정만으로는 이를 공무집행방해죄에서의 음향으로 인한 폭행이 있었다고 할 수는 없다. 그러나 의사전달 수단으로서 합리적 범위를 넘어서 상대방에게 고통을 줄 의도로 음향을 이용하였다면 이를 폭행으로 인정할 수 있을 것인바, 구체적인 상황에서 공무집행방해죄에서의 음향으로 인한 폭행에 해당하는지 여부는 음량의 크기나 음의 높이, 음향의 지속시간, 종류, 음향 발생 행위자의 의도, 음향 발생원과 직무를 집행 중인 공무원과의 거리, 음향 발생 당시의 주변 상황을 종합적으로 고려하여 판단하여야 한다.

【참조조문】

형법 제136조

【참조판례】

대법원 1998. 5. 12. 선고 98도662 판결(공1998상, 1689)

대법원 2003. 1. 10. 선고 2000도5716 판결(공2003상, 654)

【전 문】

【피 고 인】 피고인 1외 2인

【상 고 인】 피고인 1, 3 및 검사

【원심판결】 서울서부지법 2007. 4. 24. 선고 2007노54 판결

【주 문】

원심판결 중 피고인 1, 2에 대한 부분을 파기하고, 이 부분 사건을 서울서부지방법원 합의부로 환송한다. 피고인 3의 상고를 기각한다.

【이 유】

상고이유를 본다.

1. 검사의 상고이유에 관하여

공무집행방해죄는 직무를 집행하는 공무원에 대하여 폭행 또는 협박을 함으로써 성립하는 것인데, 여기에서 폭행이라 함은 공무원에 대하여 직접적인 유형력의 행사뿐만 아니라 간접적으로 유형력을 행사하는 행위도 포함하는 것이고(대법원 1998. 5. 12. 선고 98도662 판결 참조), 음향으로 상대방의 청각기관을 직접적으로 자극하여 육체적 · 정신적 고통을 주는 행위도 유형력의 행사로서 폭행에 해당할 수 있다(대법원 2003. 1. 10. 선고 2000도5716 판결 참조).

다만 민주사회에서 공무원의 직무 수행에 대한 시민들의 건전한 비판과 감

시는 가능한 한 널리 허용되어야 한다는 점에서 볼 때, 공무원의 직무 수행에 대한 비판이나 시정 등을 요구하는 집회 · 시위 과정에서 일시적으로 상당한 소음이 발생하였다는 사정만으로는 이를 공무집행방해죄에서의 음향으로 인한 폭행이 있었다고 할 수는 없을 것이나, 그와 같은 의사전달 수단으로서 합리적 범위를 넘어서 상대방에게 고통을 줄 의도로 음향을 이용하였다면 이를 폭행으로 인정할 수 있을 것인바, 구체적인 상황에서 공무집행방해죄에서의 음향으로 인한 폭행에 해당하는지 여부는 음량의 크기나 음의 높이, 음향의 지속시간, 종류, 음향 발생 행위자의 의도, 음향 발생원과 직무를 집행 중인 공무원과의 거리, 음향 발생 당시의 주변 상황을 종합적으로 고려하여 판단하여야 할 것이다.

그런데 원심은 음향 발생행위만으로는 공무집행방해죄에서의 폭행이 될 수 없다는 전제하에서 위 피고인들에 대한 공무집행방해의 점에 관한 주위적 공소사실에 대하여 무죄로 선고하였는바, 이러한 원심의 판단에는 공무집행방해죄에서의 폭행에 관한 법리 등을 오해하여 판결 결과에 영향을 미친 위법이 있다고 할 것이므로 이 점을 지적하는 검사의 상고이유 주장은 이유 있다.

2. 피고인 1, 3의 상고이유에 관하여

형사소송법 제383조의 규정에 의하면, 원심판결에 대한 상고는 원심판결에 형사소송법 제383조의 각호에 규정된 사유가 있는 경우에 한하여 가능한데, ㅇㅇ동5가 철거민 문제의 책임자는 ㅇㅇ구청으로서 피고인들에게 임대주택에의 입주를 보장한 내용을 문서로 하여야 하고, 재개발 정비조합과 건설회사들의 강제 철거과정에서 멸실된 피고인들의 가보와 재산을 반환하라는 취지의 피고인들의 주장은 형사소송법 제383조 각호로 규정된 어느 사유에도 해당되는 것이 아니므로 적법한 상고이유가 되지 못한다.

3. 결론

그렇다면 원심판결 중 피고인 1, 2에 대한 2005. 9. 9.자 및 2005. 10. 24자 범행에 대한 주위적 · 예비적 공소사실 부분은 파기되어야 할 것인바, 원심판결은 유죄로 인정된 예비적 공소사실과 실체적 경합 관계에 있는 나머지 죄를 형법 제37조 전단의 경합범에 해당한다고 하여 피고인 1에 대하여는 하나의 형을 선고하고, 피고인 2에 대하여는 하나의 형을 정한 뒤 그 형의 선고를 유예하였으므로, 원심판결 중 피고인 1, 2에 대한 부분을 모두 파기하여 이 부분 사건을 다시 심리 · 판단하게 하기 위하여 원심법원으로 환송하고, 피고인 3의 상고는 기각하기로 관여 대법관의 일치된 의견으로 주문과 같이 판결한다.

대법관 전수안(재판장) 양승태(주심) 김지형 양창수

사례 18 광업소 귀마개 미지급 사건

대법원 1989. 12. 12. 선고 88다카32418 판결
[공1990.2.15.(866),335]

【판시사항】

귀마개 등의 지급을 요구하지 않은 피해자에게 60%의 과실상계를 인정한 사례

【판결요지】

광업소의 굴진막장에서 선상부로 작업하는 원고로서도 그 자신의 안전과 건강을 위하여 피고 회사에 안전한 귀마개 등 보호구의 지급을 요구하여 착용하고 지급이 없을 때에는 스스로 대용품을 마련하여서라도 착용하여야 하며, 신체에 이상이 있을 때는 정밀검사를 받아보는 등의 방법으로 이를 확인하고 피고 회사에 작업의 전환이나 작업시간의 단축을 요구하는 등의 조치를 취하지 아니한 잘못이 있다고 인정되므로 위 질환의 발생 경위에 비추어 볼 때 원고의 과실 정도를 60%로 보아 과실상계를 인정한 원고의 조처에 수긍이 간다.

【참조조문】

민법 제763조

【전 문】

【원고, 상고인 겸 피상고인】 원고 1

【원고, 피상고인】 원고 2 외 4인 (원고들 소송대리인 변호사 조영래 외 3인)
【피고, 피상고인 겸 상고인】 대한석탄공사 소송대리인 변호사 박창래
【원심판결】 서울고등법원 1988.11.10. 선고 88나190 판결

【주 문】
각 상고를 기각한다.
상고 비용은 상고인의 각자 부담으로 한다.

【이 유】
1. 피고 소송대리인의 상고이유를 본다.

원심판결 이유에 의하면, 원심은 그 거시 증거에 의하여 원고 1은 1978.7.19. 피고 공사 나전광업소에 입사한 이래 약 7년간 굴진 후 산부 및 선산 부로 근무하여 왔는데 그 판시와 같은 양측 감각신경성난청에 걸려 1985.7.5. 피고 공사를 퇴직한 사실, 위 나전광업소 굴진막장에서 소음원은 주로 천공 및 경석 처리작업 시의 기계음인데 천공 및 경석 처리작업에는 평균 4시간 30분 정도 소요되고 굴진 부들은 매일 2시간 소음에 노출되는 사실, 1976.부터 1985. 사이에 위 광업소 굴진막장에서의 천공 및 경석 처리작업 시에 발생하는 소음의 수준은 평균적으로 104 내지 106 레시벨 정도이었을 것으로 추정되는데 이는 산업안전보건법과 같은법시행령에 근거한 노동부 고시 제1호 작업환경 측정 방법에 의한 소음의 허용농도를 초과한 것으로서 굴진부들에게 신체상 악영향을 미칠 위험성이 있는 사실, 그런데 피고 공사는 ① 위 원고의 근무기간 중 귀마개를 1983.경에 1회 지급하였을 뿐이고 그나마 그 수명이 길어야 3, 4개월, 대부분은 1, 2개월밖에 되지 못하였으며 피고 공사는 그 작용을 독려, 감독한 바 없고, ② 건강진단을 매년 실시하고도 그 결과를 위 원고에게 알려준 바 없으며, (3) 그 밖에 피고 공사가 원

고를 비롯한 굴진 부들의 소음재해를 예방하기 위하여 개선 조치를 취한 바 없는 사실을 각각 인정한 다음, 위 인정 사실에 의하면 위 원고는 굴진막장에서 굴진 부로 근무하면서 굴진 작업 때에 발생하는 강렬한 소음에 장기간 반복적, 계속적으로 노출됨으로써 양측 감각신경성난청에 이환되었다고 할 것이고 이는 피고 공사가 소음재해의 발생 방지를 위하여 필요한 제반 조치를 취하지 아니한 과실에 기인한 것이라고 판단하고 있다.

기록에 의하여 원심이 취사한 증거관계를 살펴보면, 위와 같은 원심의 사실인정에 수긍이 가고 소론과 같이 채증법칙에 위반하여 사실을 오인한 위법이 없으며, 또 위 사실관계에 터 잡아 위 원고의 난청이 피고가 예견 가능한 재해로서 피고의 과실에 기인한 것이라고 판단한 조치도 정당하다.

소론과 같이 착암기나 록 쇼 벨 등 굴진 작업에 사용하는 기계의 소음을 제거하거나 흡수하는 것이 기술적으로 불가능한 것이라고 하더라도 귀마개 등 보호구를 지급하고 그 착용을 독려, 감독하거나 계속 작업의 시간을 단축 조정하는 등 재해 발생 방지를 위한 예방조치는 가능한 것이므로 이러한 예방조치를 게을리하였다면 불법행위의 과실책임을 면할 수 없다고 할 것이다. 결국 원심판결에 불법 행위성립에 관한 법리를 오해한 위법이 있다는 논지도 이유 없다.

2. 원고 1 소송대리인의 상고이유를 본다.

원심판결 이유에 의하면, 원심은 원고 1도 그 자신의 안전과 건강을 위하여 피고 회사에 안전한 귀마개 등 보호구의 지급을 요구하여 착용하고 지급이 없을 때는 스스로 대용품을 마련하여서라도 착용하여야 하며, 신체에 이상이 있을 때는 정밀검사를 받아보는 등의 방법으로 이를 확인하고 피고 회사에 작업의 전환이나 작업시간의 단축을 요구하는 등의 조치를 취하지 아니한 잘못이 있다고 인정한 후 위 질환의 발생 경위에 비추어 위 원고의 과실 정도를 60퍼센트로 보아 과실상계를 하였는바, 기록에 의하여 살펴보면 위와 같은 원심의 피해자 과실 인정은 정당하고 과실 비율에도 수긍이 가며 소론과 같은 채증법칙 위반으로 인한 사실오인이나 과실상계의 법리 오해로 인하여 위 원고의 과실 비율을 너무 높게 인정한 위법이 없으므로 논지는 이유 없다.

3. 그러므로 원고 1과 피고의 각 상고를 기각하고, 상고 비용은 패소자의 부담으로 하여 관여 법관의 일치된 의견으로 주문과 같이 판결한다.

대법관 김상원(재판장) 이회창 배석 김주한

색인(INDEX)

소음의 법사회학

1판 1쇄 인쇄 2025년 12월 20일
1판 1쇄 발행 2025년 12월 30일
저 자 이철호
발 행 인 이범만
발 행 처 **21세기사** (제395-406000025100200400001 5호)
경기도 파주시 산남로 72-16(10882)
Tel. 031-942-7861 Fax. 031-942-7864
E-mail : 21cbook@naver.com
Home-page : www.21cbook.co.kr
ISBN 979-11-6833-193-8

정가 25,000원